AF533970

SV

Rahel Jaeggi

Fortschritt und Regression

Suhrkamp

Erste Auflage 2023
Originalausgabe

Umschlaggestaltung: Hermann Michels und Regina Göllner
Satz: Satz-Offizin Hümmer GmbH, Waldbüttelbrunn
Druck und Bindung: GGP Media GmbH, Pößneck
Printed in Germany
ISBN 978-3-518-58714-0

www.suhrkamp.de

Inhalt

Vorwort 7

Einleitung 19

1 Was ist Fortschritt? 45
2 Reform oder Revolution: Kontinuität und Diskontinuität des Fortschritts 68
3 Im Kontext: Moralischer Fortschritt und sozialer Wandel 89
4 Krise und Konflikt: Die Dynamik sozialen Wandels 138
5 Wandel zum Besseren? Fortschritt als sich anreichernder Erfahrungsprozess 171
6 Verrat am Möglichen: Zur Anatomie der Regression 212

Dank 247
Ausführliches Inhaltsverzeichnis 251

Für Andreas und Jakob

… und für UUU

1931-2021

Vorwort

> Ich weiß, dass ich ungefähr Mitte der sechziger Jahre, vielleicht sogar vierundsechzig schon, vielleicht fünfundsechzig, und ganz sicher aber sechsundsechzig, dass ich in diesen Jahren gemerkt habe, dass die Sommer von Jahr zu Jahr länger, und nicht nur länger, sondern auch besser werden. Und dass ich eigentlich den Eindruck hatte, die Welt wird von Jahr zu Jahr besser – und dass man das im Sommer aber am deutlichsten merkt […]. *Peter Kurzeck*[1]

> Hat der Fortschritt Jahreszeiten? *Dietmar Dath*[2]

Dieses Buch beschäftigt sich mit einem Thema, das die zeitgenössische Diskussion philosophisch wie politisch umtreibt, auch wenn das nicht immer offen zutage liegt: mit dem sozialen Fortschritt und seinem Gegenpol, der Regression. Dabei ist die Situation, so viel lässt sich sagen, unübersichtlich.

Auch wenn Fortschritte hier und dort zu verzeichnen sind: Von der Einschätzung, dass die Menschheit sich »im Wechsel von Ruhe und Bewegung, von Gutem und Bösem, zwar langsam, aber stetig auf eine größere Vollkommenheit«[3] zubewege, wie es Jacques Turgot in einem der Gründungstexte der modernen Fortschrittsidee formuliert hat, sind die meisten Menschen heutzutage weit entfernt.

1 Peter Kurzeck, *Unerwartet Marseille*, Audio-CD, Frankfurt/M. 2012.

2 Dietmar Dath, *Maschinenwinter. Wissen, Technik, Sozialismus*, Frankfurt/M. 2008, S. 13.

3 Anne Robert Jacques Turgot, »Philosophische Darstellung der allmählichen Fortschritte des menschlichen Geistes«, in: Johannes Rohbeck, Liselotte Steinbrügge (Hg.), *Über die Fortschritte des menschlichen Geistes*, Frankfurt/M. 1990, S. 140-164, hier S. 141.

Das gilt nicht etwa nur für diejenigen Orte der Weltgeschichte, die in Krieg, Gewalt und Chaos, in offener Ausbeutung und Unterdrückung versinken und die von den Segnungen des Fortschritts immer schon nur die dunkle Seite erfahren haben. Der Ukraine-Krieg und die anhaltenden Kriege in Libyen, Syrien und an vielen anderen Orten der Welt, die Lage der Frauen in Afghanistan und im Iran, aber auch das weltweite Wiedererstarken nationalistischer und autoritärer Bewegungen lassen die Befürchtung aufkommen, dass bereits erreichte Fortschritte zunichtegemacht werden könnten. Und die in den letzten Jahren im Mittelmeer ertrunkenen Geflüchteten sind zum Sinnbild dafür geworden, dass an den Grenzen Europas – ebendesjenigen Europas, das andernorts im Namen von Freiheit und Demokratie mit militärischem Einsatz verteidigt werden soll – selbst Mindeststandards der Humanität unterlaufen werden.[4] Wenn gleichzeitig brennende Wälder und schmelzende Gletscher die Klimakatastrophe auch in den privilegierten Teilen der Welt immer fassbarer werden lassen, sät das Zweifel an den Errungenschaften der sich als »fortschrittlich« verstehenden Lebens- und Wirtschaftsweise der westlichen Welt. Selbst im »Herzen der Bestie« scheint so die Fortschrittshoffnung aufgebraucht. Dass eine deutsche Regierung unter dem Titel »Fortschrittskoalition« antritt, klingt angesichts der Vielzahl der sich miteinander verflechtenden ungelösten Krisen wie das Pfeifen im Walde, mehr nach einer Beschwörungsformel als nach einem Programm.

Umstritten ist aber nicht nur die Sache, also die Frage, ob es so etwas wie Fortschritt historisch gegeben hat oder in Zukunft geben wird; umstritten ist schon der Begriff des Fortschritts selbst. Während manche Theoretiker:innen unverblümt einen stetigen kumulativen Fortschrittsprozess in vielen Bereichen des menschlichen Le-

4 Vgl. hierzu Maximilian Pichl, Der »Moria-Komplex« – Verantwortungslosigkeit, Unzuständigkeit und Entrechtung fünf Jahre nach dem EU-Türkei-Abkommen und der Einführung des Hotspot-Systems, Frankfurt/M. 2021, und Bernd Kasparek, *Europas Grenzen. Flucht, Asyl und Migration*, Berlin 2019.

bens konstatieren,[5] halten andere schon den Begriff des Fortschritts für überholt und gefährlich oder sogar, wie Ashis Nandy es drastisch fasst, für »eine[n] der schmutzigsten Begriffe unseres Wortschatzes«.[6] Und während einige ihrer Hoffnung auf Emanzipation mindestens implizit eine Fortschrittsgeschichte unterlegen, konstatieren andere, dass wir uns von solchen »antiquierten Entwicklungsbegriffen«[7] gerade unter dem Gesichtspunkt der Bekämpfung sozialer und kolonialer Herrschaft frei machen müssen. James Tully bringt es auf den Punkt: »Die Sprache von Fortschritt und Entwicklung ist für zwei Drittel der Weltbevölkerung die Sprache von Unterdrückung und Herrschaft.«[8]

Während der Fortschritt heute also notorisch umstritten ist, hat der Begriff der Regression an historischem Momentum gewonnen. Regression, so scheint es, ist überall.[9] Als Regression und Rückfall hinter erreichte Errungenschaften der liberalen Demokratie gelten Regierungsstile, wie sie Donald Trump, Jair Bolsonaro, Viktor Orbán oder Recep Tayyip Erdoğan pflegen. Als Regression kann man das hasserfüllt rechtspopulistische Ressentiment gegen die Plurali-

5 In diesem Sinne Steven Pinker, *Aufklärung jetzt. Für Vernunft, Wissenschaft, Humanismus und Fortschritt,* Frankfurt/M. 2018, S. 408-415.

6 Ashis Nandy, »Fortschritt«, in: Hans Joas (Hg.), *Vielfalt der Moderne – Ansichten der Moderne*, Frankfurt/M. 2012, S. 53-66, hier S. 53.

7 Glen Sean Coulthard, *Red Skin, White Masks. Rejecting the Colonial Politics of Recognition,* Minneapolis 2014, S. 11.

8 Zit. nach Amy Allen, *Das Ende des Fortschritts. Zur Dekolonisierung der normativen Grundlagen der kritischen Theorie,* Frankfurt/M., New York 2019, S. 34.

9 So erschien bereits im Frühjahr 2017 ein Aufsatzband, in dem international führende Theoretiker:innen sich angesichts des Wahlsiegs von Donald Trump in den USA und der weltweiten Zunahme an autoritären und rechtspopulistischen Bewegungen unter dem Titel »Die große Regression« an eine Zeitdiagnose wagten. Vgl. Heinrich Geiselberger (Hg.), *Die große Regression. Eine internationale Debatte über die geistige Situation der Zeit*, Berlin 2017. Auch Michael Zürn und Armin Schäfer haben sich der Problematik jüngst unter dem Titel der »demokratischen Regression« angenommen: *Die demokratische Regression. Die politischen Ursachen des autoritären Populismus*, Berlin 2021.

sierung und Diversifizierung von Identitäten und Lebensweisen auffassen.[10] Dass in den USA Bücher aus Schulbibliotheken aussortiert werden, weil sie *gender*- und *race*-bezogene Themen ansprechen,[11] zeigt, wie fragil die Erfolge der antirassistischen und antisexistischen Bewegungen sind. Und auch der Abbau des Sozial- oder Wohlfahrtsstaates und die damit verbundene Prekarisierung der Lebensverhältnisse können als Symptom einer »regressiven Moderne« verstanden werden.[12]

Wenn aber Fortschritt die Kehrseite der Regression, Regression die Kehrseite des Fortschrittes ist, dann betritt der Fortschrittsbegriff damit sozusagen durch die Hintertür wieder die Szene. Wenn wir die um sich greifenden Angriffe auf als fremd markierte Existenzen und Lebensweisen aller Art als Regression verstehen, so legt das nahe, die Ausweitung von Menschen- und Bürgerrechten auf Gruppen, die zuvor durch eine dominante »Leitkultur« exkludiert waren, als sozialen Fortschritt zu verstehen; wenn der Abbau des Sozial- oder Wohlfahrtsstaates als Regression aufgefasst wird, dann wohl deshalb, weil der in der europäischen Nachkriegsgeschichte ermöglichte Ausbau des Sozialstaats bei allen mit ihm verbundenen Problemen sozialen Fortschritt versprochen hat; und wenn autoritär-populistische Regierungsstile als Regression interpretiert werden,

10 Vgl. dazu auch Sabine Hark, Sighard Neckel, »Kulturelle Ressourcen. Sighard Neckel und Sabine Hark im Gespräch über Ressentiments und Rachegefühle«, in: *Texte zur Kunst* 106 (2017), S. 42-63.

11 Jonathan Friedman, Nadine Farid Johnson, »Banned in the USA. The Growing Movement to Censor Books in Schools«, in: *PEN America at 100*, 19.9.2022, online unter ⟨https://pen.org/report/banned-usa-growing-movement-to-censor-books-in-schools/⟩, letzter Zugriff 11.11.2022.

12 Oliver Nachtwey bezeichnet die Gesamttendenz von neoliberaler Prekarisierung und der Unterhöhlung sozialstaatlicher Institutionen als Effekt einer »regressiven Moderne«, während sich gleichzeitig im »regressiven Rebellen« ein neuer Typus des autoritären Charakters ausmachen lasse. Vgl. Oliver Nachtwey, *Die Abstiegsgesellschaft. Über das Aufbegehren in der regressiven Moderne*, Berlin 2016, und ders., Maurits Heumann, »Regressive Rebellen. Konturen eines Sozialtyps des neuen Autoritarismus«, in: Katrin Henkelmann u.a. (Hg.), *Konformistische Rebellen. Zur Aktualität des autoritären Charakters*, Berlin 2020.

so trauert man, bei aller Kritik an deren real existierender Gestalt, damit wohl oder übel den welthistorischen Fortschritten hinsichtlich der Durchsetzung von Rechtsstaatlichkeit und liberaler Demokratie nach.

Die allzu einvernehmliche Fortschrittskritik könnte also von dem gezeichnet sein, was Sartre »mauvaise foi«[13] genannt hat: Unaufrichtigkeit. Man leistet sich radikale Fortschrittsskepsis, verlässt sich aber insgeheim und uneingestanden auf den Fortschritt. Erkennbar wird das in dem Moment, in dem die Gewissheit zerbricht. Das Resultat ist nicht selten eine fragwürdige Kombination aus theoretischem Relativismus und politischem Moralismus.

Wir sollten also über Fortschritt reden. Und über Regression. Inwiefern ist es angemessen, die hier skizzierten Zeiterscheinungen als eine politisch und sozial *regressive* Tendenz zu bezeichnen – und nicht nur als Zusammenbruch unserer Hoffnungen? Welchen Nutzen haben die Kategorien »Fortschritt« und »Regression« für das kritische Verständnis gesellschaftlicher Entwicklungen – und gehen mit ihrer Verwendung nicht auch Risiken einher?

Fortschritt ist, so sagt man oft, ein Wandel zum Besseren; entsprechend wäre Regression ein Wandel zum Schlechteren. Das stimmt zwar irgendwie, aber irgendwie auch nicht. Entscheidend ist, und für diese These werde ich in diesem Buch argumentieren, dass es sich beim Fortschritt um eine *Form des Wandels* handelt, genauer: um eine bestimmte Weise, auf Krisen zu reagieren und Probleme zu bewältigen. Fortschritt ist, auf eine kurze Formel gebracht, ein sich anreichernder, Regression ein systematisch blockierter Problemlösungs- und Erfahrungsprozess.

Fortschritt, so wie ich ihn im Laufe dieser Untersuchung fassen werde, ist dann gerade nicht eine Chiffre für die sich auf die Schulter klopfende, »an sich selbst triumphierende«[14] *whig history* westlich-

13 Jean-Paul Sartre, *Das Sein und das Nichts. Versuch einer phänomenologischen Ontologie*, Reinbek 1991, insbesondere S. 119-160, hier S. 119.

14 Wie Adorno es formuliert: »Der Fortschritt will dem Triumph des radikal Bösen in die Parade fahren, nicht an sich selbst triumphieren.«

imperialistischer Gesellschaften,[15] und Regression nicht das paternalistische Verdikt über die vermeintlich hinter der westlichen Moderne Zurückgebliebenen. Vielmehr ist das Begriffspaar »Fortschritt und Regression« vor allem auch das begriffliche Medium der Kritik und Selbstkritik ebendieser sich fortschrittlich wähnenden Gesellschaften.

Der Verweis auf die als Fortschritt zu verstehenden Errungenschaften verabsolutiert dann auch nicht den Status quo, der Verweis auf soziale Regressionsprozesse sehnt sich nicht nach der guten alten Zeit. Im Gegenteil: Wäre alles gut gewesen, gäbe es keine Regression. Im dialektischen Geist ausgedrückt: In den Einseitigkeiten, Ausschlüssen, Widersprüchlichkeiten und Verwerfungen des Fortschritts selbst ist die Regression bereits angelegt. Regression ist dann nicht das Zurück hinter etwas bereits Erreichtes, sondern, im Sinne Adornos, die Verhinderung des Möglichen;[16] Fortschritt umgekehrt nicht der Vorlauf zu einem bekannten Ziel, sondern der nie abgeschlossene Prozess der Emanzipation. Kritische Theorie verteidigt unter der Flagge des Fortschritts also nicht das Erreichte, sondern die Möglichkeit einer anderen Welt.

Meine Untersuchung ist sozialphilosophisch und grundbegrifflich angelegt. Ich werde in diesem Buch »Fortschritt« und »Regression« als sinnvolle oder sogar unverzichtbare Kriterien für die Analyse und Kritik gesellschaftlicher Entwicklungen verteidigen und damit begriffliche Werkzeuge für eine kritische Theorie (wieder) zugänglich machen, die in vielen aktuellen Diskussionen in einer diffusen Pau-

Theodor W. Adorno, »Fortschritt«, in: ders., *Gesammelte Schriften*, Bd. 10: *Kulturkritik und Gesellschaft II*, Frankfurt/M. 1977, S. 617-638, hier S. 638.

15 Die Bezeichnung *whig history* geht zurück auf: Herbert Butterfield, *The Whig Interpretation of History*, New York 1965. Butterfield kritisiert darin das Verständnis von Geschichte als Fortschritt und vor allem die damit einhergehende Tendenz, zeitgenössische Einstellungen und Werte in die Vergangenheit zu projizieren.

16 Theodor W. Adorno, »Über den Fetischcharakter in der Musik und die Regression des Hörens«, in: ders., *Gesammelte Schriften*, Bd. 14: *Dissonanzen. Einleitung in die Musiksoziologie*, Frankfurt/M. 1980, S. 14-50, hier S. 34.

schalkritik unkenntlich zu werden drohen. Konfrontiert mit gesellschaftlichen Krisen, Konflikten und Veränderungsprozessen aller Art müssen wir emanzipatorische Veränderungsprozesse und deren Blockaden als solche identifizieren können. Für die Einschätzung sozialer Bewegungen und Kämpfe ist die Möglichkeit, fortschrittlichen sozialen Wandel von regressiven Entwicklungen und Tendenzen kategorial zu unterscheiden, zentral, wenn auch kompliziert. Das ist wohlgemerkt keine Frage bloßer Definition. Begriffe haben einen Erfahrungsgehalt, in ihnen lagern sich (historische) Erfahrungen und Problemstellungen an, die es zu entziffern und zu bergen gilt. Begriffe *begreifen* etwas. Und sie haben, sofern sie der Selbstverständigung sozialer Akteure dienen, praktische Wirkungen, sie sind so etwas wie ein Katalysator für kollektive Selbstverständigung und Handlungsfähigkeit. Es geht mir also um die Klärung konzeptueller Fragen zum Zweck der praktischen Orientierung.

Die Frage, der ich nachgehen möchte, lautet daher nicht, ob so etwas wie Fortschritt heute empirisch zu verzeichnen ist und, falls ja, wo. Auf empirischer Grundlage zu beurteilen, ob sich die Menschheit entgegen allem Anschein zum Besseren, nämlich in Richtung einer immer friedlicheren, gerechteren und prosperierenden Existenzweise entwickelt oder vielmehr in einem immer unübersichtlicher werdenden Strudel von Unrecht und Gewalt versinkt, gehört nicht zu den Ambitionen meiner Untersuchung. Auch die Alternative zwischen Fortschrittsoptimismus und pessimistischer Verfallsdiagnose – ob ich an den Fortschritt »glaube« oder nicht, so etwas wird man ja gelegentlich gefragt – ist deshalb für mein Projekt nicht relevant. Zwei Dinge nämlich sollte man nicht miteinander verwechseln: einerseits den Glauben daran, dass die menschliche Geschichte faktisch im Fortschreiten begriffen ist, dass wir also eine Geschichte des Fortschritts rekonstruieren und weiterem Fortschritt entgegenblicken können; andererseits die Frage, ob sich Fortschritt (wenn es ihn gäbe) überhaupt identifizieren ließe, ob es also Kriterien dafür gibt, dass soziale und historische Veränderungen als Fortschritt aufgefasst werden können – es sich also um einen Wandel zum Besseren und nicht nur um Wandel überhaupt handelt. Ob man am Konzept des Fortschritts festhalten kann, entscheidet sich einerseits nicht an den bloßen Fakten des Weltgeschehens. Die Idee des Fortschritts steht nicht infrage, bloß weil es weltgeschichtlich Rückschritte gibt, genauso wenig wie die Idee des Glücks angesichts des überwältigenden Unglücks in der Welt obsolet werden könnte. Andererseits aber ist Fortschritt auch nicht nur eine unverbundene Idee oder ein normatives Ideal.[17] Ohne die wirkliche Möglichkeit einer Veränderung, wie verschlossen auch immer sie sein mag, ohne die Vorstellung eines in der Geschichte vorhandenen Potenzials zur Entstehung anderer oder neuer sozialer Ordnungen wäre es sinnlos, am Deutungsmuster des Fortschritts festzuhalten. Fortschritt ist, um es mit einer ihrerseits erläuterungsbedürftigen Marx'schen Formel zu sagen, weder Fakt noch Ideal, und eben keine bloße (wie auch immer begründete) Norm, sondern die »wirkliche Bewegung, welche den jetzigen Zustand aufhebt«.[18] »Wirklichkeit« allerdings, versteht man den Begriff im Hegel'schen Sinne, ist dann eben gerade nicht nur all das, was empirisch »da«, was bloß vorhanden ist, sondern das, was in seiner Widersprüchlichkeit und Krisenhaftigkeit das Potenzial hat, das, was ist, zu überwinden. Das Kriterium des Fortschritts leistet in diesem Sinne immer beides: begreifendes Durchdringen des Bestehenden und über dieses hinausweisende Kritik. Mit Adorno:

> »Philosophisch ist der Begriff des Fortschritts darin, daß er, während er die gesellschaftliche Bewegung artikuliert, dieser zugleich widerspricht. Gesellschaftlich entsprungen erheischt er kritische Konfrontation mit der realen Gesellschaft.«[19]

17 Amy Allen hat in diesem Sinne vorgeschlagen, den Fortschritt als Fakt vom Fortschritt als Ideal zu unterscheiden, sich von Ersterem zu verabschieden und sich an Letzterem weiterhin zu orientieren. Vgl. zu dieser Unterscheidung Allen, *Das Ende des Fortschritts*, S. 290-291.

18 »Der Kommunismus ist für uns nicht ein Zustand, der hergestellt werden soll, ein Ideal, wonach die Wirklichkeit sich zu richten haben [wird]. Wir nennen Kommunismus die wirkliche Bewegung, welche den jetzigen Zustand aufhebt.« Vgl. Karl Marx, Friedrich Engels, *Die deutsche Ideologie*, in: *MEW*, Bd. 3, Berlin 1984, S. 17-80, hier S. 35.

19 Adorno, »Fortschritt«, S. 623.

Beim Schreiben dieses Buches sind ganz verschiedene Motive zusammengekommen: Das eine ist eher zeitdiagnostisch auf die vielfältigen Bedrohungen unserer Lebensform, den sozialen und politischen Rückschritten, die wir bereits jetzt erleben und die uns noch bevorstehen könnten, bezogen; die anderen sind eher philosophisch und methodisch, auch wenn sich beides nicht vollständig voneinander trennen lässt. Gemeinsam ist ihnen, dass sie in jüngster Zeit merklich an Aktualität gewonnen haben – wenn auch auf ganz unterschiedliche Weise.

Philosophisch ist der Begriff des Fortschritts in den letzten Jahren vor allem im angelsächsischen Raum und im Kontext von Überlegungen zum moralischen Fortschritt wieder aufgegriffen worden.[20] Nicht zuletzt im Zuge einer zunehmenden Unzufriedenheit mit »idealen« Formen der Theoriebildung[21] hat die Frage, wie diejenigen Instanzen des moralischen Fortschritts, auf die sich normativ alle mehr oder weniger problemlos einigen können, eigentlich entstanden sind, das Interesse an der Beschaffenheit und den Bedingungen solcher Wandlungsprozesse geweckt. Dieses Interesse führt allerdings nicht weit genug – häufig verbleibt es im sozialtheoretisch individualistischen und idealistischen Rahmen. Entscheidend ist aber,

20 Ich denke hier vor allem an die bahnbrechenden Arbeiten Elizabeth Andersons, z. B.: »The Social Epistemology of Morality. Learning from the Forgotten History of the Abolition of Slavery«, in: Miranda Fricker, Michael Brady (Hg.), *The Epistemic Life of Groups. Essays in the Epistemology of Collectives*, Oxford 2016, S. 75-94; dies., *Social Movements, Experiments in Living, and Moral Progress. Case Studies from Britain's Abolition of Slavery*, Lawrence 2014. Ebenfalls einschlägig sind: Kwame Anthony Appiah, *Eine Frage der Ehre, oder: Wie es zu moralischen Revolutionen kommt*, München 2011, sowie Philip Kitcher, *The Ethical Project*, Cambridge, London 2011, und ders., *Moral Progress*, New York, Oxford 2021.

21 Siehe dazu etwa Charles Mills, »Ideal Theory as Ideology«, in: *Hypatia* 20:3 (2005), S. 165-184. Zusammenfassend zur Diskussion über »ideale Theorie« siehe Jörg Schaub, »Ideale und/oder nicht-ideale Theorie – oder weder noch? Ein Literaturbericht zum neuesten Methodenstreit in der politischen Philosophie«, in: *Zeitschrift für philosophische Forschung* 64:3 (2010), S. 393-409, sowie Laura Valentini, »Ideal vs. Non-Ideal Theory. A Conceptual Map«, in: *Philosophy Compass* 7:9 (2012), S. 654-664.

dass mit diesen Überlegungen die Frage nach dem Charakter sozialer Transformationsprozesse überhaupt wieder einen Ort innerhalb der moralphilosophischen Diskussion erhalten hat.

Damit berührt – und das ist ein drittes Motiv dieses Buches – die Diskussion über Fortschritt das, was einmal ein Grundanliegen der Kritischen Theorie war: die Erforschung der Ursachen, Triebkräfte, des Charakters und der Gesetzmäßigkeiten gesellschaftlicher Transformationsprozesse oder auch: sozialer Revolutionen.[22] Ob in diesem Zusammenhang Begriffe wie »Fortschritt« und »Regression« weiterhin zum Werkzeugkasten einer kritischen Theorie gehören sollten, ist Teil einer kontroversen Auseinandersetzung im Diskussionszusammenhang der Kritischen Theorie.[23] Das ist nicht eine Frage beliebiger theoretischer oder begriffspolitischer Vorlieben, es betrifft die Grundlagen, das Vorgehen und den Begründungsanspruch der Kritischen Theorie als solcher. Auch wenn dieser metatheoretische Aspekt nicht jeden interessieren muss, verstehe ich meine Überlegungen zum Fortschritt also zugleich als eine Intervention in die Debatte um das Vorgehen und den spezifischen Charakter einer kritischen Theorie – sei es der Kritischen Theorie der Frankfurter Schule oder der breiter gefassten kritischen Theorien im Plural.

Mein Vorhaben schließt an eine theoretische Weichenstellung an, die sich aus meinem Buch *Kritik von Lebensformen* ergeben hat.[24] Dort hatte ich danach gefragt, wie man Lebensformen kontextübergreifend kritisieren kann. Meine Antwort, *in a nutshell*, lautete: Lebensformen gelingen, wenn sie als Ergebnis eines sich anreichernden Lern- und Erfahrungsprozesses verstanden werden können und weiteres Lernen ermöglichen. Es wäre nicht falsch, dieses Ergebnis

22 Ich schreibe hier, wie es sich allgemein eingebürgert hat, Kritische Theorie mit großem K, wenn ich die Kritische Theorie der Frankfurter Schule meine; kritische Theorie mit kleinem k dagegen meint kritische Theorien im Plural.

23 Zu einer Kontroverse über diese Frage vgl. Amy Allen, Rahel Jaeggi, »Progress, Normativity, and the Dynamics of Social Change. An Exchange between Rahel Jaeggi and Amy Allen«, in: *Graduate Faculty Philosophy Journal* 37:2 (2016), S. 225-251, hier S. 226.

24 Vgl. Rahel Jaeggi, *Kritik von Lebensformen*, Berlin 2014.

in die etwas einfachere Formel zu übersetzen: Lebensformen sind gut, rational, angemessen, wenn sie nicht regressiv, sondern progressiv sind – sowohl Ergebnis als auch Ausgangspunkt progressiven gesellschaftlichen Wandels. Das verweist, wenn auch sehr vorsichtig, schon auf einen Begriff von Fortschritt. Dieser vage gebliebenen Anschlussstelle will ich mich hier auf eine Weise widmen, die die Resultate der vorangegangenen Untersuchung mit den Herausforderungen der aktuellen Situation verbindet.

Einleitung

> Keine Kritik am Fortschritt ist legitim, es wäre denn die, welche sein reaktionäres Moment unter der herrschenden Unfreiheit benennt und damit jeden Mißbrauch im Dienst des Bestehenden unerbittlich ausschließt. *Theodor W. Adorno*[1]

Das Konzept des Fortschritts lässt sich nur verteidigen, wenn es sich im Lichte der Kritik an ihm rekonstruieren und (neu) verstehen lässt. Eine solche rettende Kritik muss sich zunächst mit den Implikationen und der politisch-philosophischen Semantik des Fortschrittsbegriffs auseinandersetzen, um dann diejenigen Elemente des Begriffs zu sondieren, die zur Neubestimmung anstehen. Genau das will ich in dieser Einleitung anhand einer Auseinandersetzung mit zentralen Dimensionen der Fortschrittserzählung tun. Anschließend gebe ich einen Überblick über die einzelnen Kapitel und Argumentationsschritte des Buches und lege dar, wo meine Rekonstruktion ansetzen wird.

1 Fortschritt(e)

Die Existenz von Fortschritt ist in mancher Hinsicht schwer zu bestreiten. Bis zur Entdeckung des Penicillins im Jahr 1928 (und der industriellen Produktion des Wirkstoffs ab 1942) konnten Menschen an für heutige Verhältnisse harmlosen Infektionen sterben. Im Mittelalter wurden Schriften zeitaufwändig von Hand kopiert; durch die Erfindung des Buchdrucks hat sich die Reichweite von

1 Theodor W. Adorno, *Philosophie der neuen Musik*, in: ders., *Gesammelte Schriften*, Bd. 12, Frankfurt/M. 1975, S. 10.

Schriftgut immens vergrößert. Mein Kleincomputer besitzt heute eine Rechenleistung, an die zu Beginn des Computerzeitalters ein ganzer Keller voller Lochkarten nicht annähernd herangereicht hätte. Noch vor ein paar Jahrzehnten musste man Kleingeld parat haben und an Telefonzellen anstehen, um von unterwegs zu kommunizieren; heute sind wir jederzeit mit der ganzen Welt in Kontakt und mein Sohn kann sich ein soziales Leben ohne Smartphones nur schwer vorstellen. Ebenso wenig kann er sich vorstellen, dass es eine Zeit gab, in der Frauen nicht wählen durften, Kinder in der Schule und im Elternhaus rechtlich legitimiert verprügelt wurden und Homosexualität in Deutschland unter Strafe stand.[2]

Dass es Fortschritt(e) an diesem und jenem Ort und in Bezug auf dieses oder jenes Gebiet gibt, selbst wenn der Fortschritt, mit Nestroy gesprochen, manchmal »größer ausschaut, als er eigentlich ist«,[3] ist also eine Trivialität. Nicht trivial dagegen ist die Frage, warum und in welcher Hinsicht diese Entwicklungen nicht nur Veränderungen, sondern Veränderungen *zum Besseren* sein sollen, was (und wer) diese bewirkt und ob (und wie) die verschiedenen Entwicklungen miteinander zusammenhängen. Gibt es Fortschritt? In gewisser Weise ist das eine falsch gestellte Frage. Ohne Zweifel gibt es Fortschritte im Plural, Fortschritte da und dort. Ob es aber umfassenden

2 Es ist (auch um eine allzu voreilige Fortschrittsskepsis zu bändigen) hilfreich, sich klarzumachen, dass die genannten Entwicklungen, mit entsprechenden lokalen Unterschieden, zu den Errungenschaften der jüngeren und jüngsten Geschichte gehören: Das Frauenwahlrecht gibt es bekanntlich in Deutschland seit genau 100 Jahren, in meinem Geburtsland, der Schweiz, sogar erst seit Mitte der 1970er Jahre; das Recht auf gewaltfreie Erziehung ist in Deutschland erst im Jahr 2000 ausdrücklich rechtlich verankert worden; der § 175, dem zufolge Homosexualität »gegen das Sittengesetz« verstößt, war in Deutschland bis 1969 bzw. in abgeänderter Form bis 1994 gültig. Im ICD-9-Katalog der WHO war Homosexualität bis 1992 als Krankheit verzeichnet. Ich beschränke mich in meiner Aufzählung – im Sinne des Vorrangs der Selbstkritik – auf Europa; aber bekanntlich sieht es anderswo auf der Welt nicht besser aus, um das Geringste zu sagen.

3 Johann Nepomuk Nestroy, *Der Schützling. Posse mit Gesang in vier Akten*, in: ders., *Sämtliche Werke. Historisch kritische Ausgabe*, Bd. 24: *Stücke II*, Wien 2000, S. 7-107, hier S. 91.

Fortschritt gibt, einen, der dem »starken Begriff des Fortschritts«[4] entspricht, und ob etwas die vielen kleinen oder lokalen Fortschritte zu Fortschritt in einem umfassenden Sinne macht, das steht zur Debatte.

2 Vier Dimensionen der Fortschrittserzählung

Fortschritt ist ein normativ aufgeladenes Deutungsmuster, eine Interpretationsfigur,[5] mit der eine bestimmte Auffassung sozialer und historischer Vorgänge etabliert wird. Es geht, wenn wir von Fortschritt sprechen, nicht nur um das nackte Geschehen, also die empirische Wirklichkeit oder die Ereignisse selbst, sondern um unser Verständnis dieser Wirklichkeit, um unsere Bewertung des Geschehens und um die Erwartungen, die wir an dieses richten. Fortschritt ist nicht einfach da. Wir fassen etwas *als* Fortschritt auf und setzen damit historische und soziale Ereignisse in eine Beziehung zueinander, die wir zu bewerten und zu verstehen beanspruchen. Fortschritt ist ein Prozessbegriff.[6] Und er ist als Interpretations- und Reflexionsbegriff einer der Begriffe, mittels deren sich eine Gesellschaft selbst versteht und – manchmal durchaus konflikthaft – über sich selbst verständigt. Und so mag es zwar sein, dass es welthistorisch keinen Zustand gibt, in dem sich nicht faktisch etwas zum Besseren oder Schlechteren verändert. Diese Veränderungen aber werden nicht immer als Fortschritt (oder als Regression) aufgefasst.

4 So nennt es Peter Wagner in ders., *Fortschritt. Zur Erneuerung einer Idee*, Frankfurt/M., New York 2018, S. 28.

5 Vgl. dazu auch Reinhart Koselleck, »Sprachwandel und Ereignisgeschichte«, in: ders., *Begriffsgeschichten. Studien zur Semantik und Pragmatik der politischen und sozialen Sprache*, Frankfurt/M. 2006, S. 32-55, hier S. 45-48; ders., »Die Geschichte der Begriffe und Begriffe der Geschichte«, in: ebd., S. 56-77, hier S. 66-70; ders., »Die Verzeitlichung der Begriffe«, in: ebd., S. 77-85; und bes. ders., »›Fortschritt‹ und ›Niedergang‹ – Nachtrag zur Geschichte zweier Begriffe«, in: ebd., S. 159-181.

6 Kritisch zu Prozessbegriffen: Wolfgang Knöbl, *Die Soziologie vor der Geschichte. Zur Kritik der Sozialtheorie*, Berlin 2022, S. 9-18.

Was steckt nun hinter der Auffassung gesellschaftlichen Wandels *als* Fortschrittsgeschehen – oder als Geschehen der Regression? Wie verstehen wir mithilfe des Fortschrittsbegriffs, »woher wir kommen und wohin wir gehen«,[7] wenn dies ein Weg zur Emanzipation oder jedenfalls ein Weg heraus aus dem komplexen Krisengeschehen der Gegenwart sein soll? Ich werde mich, angelehnt an Reinhart Kosellecks wegweisende begriffsgeschichtliche Studie,[8] in einer groben Skizze auf vier charakteristische Merkmale der Fortschrittserzählung konzentrieren, in denen sich ihre Probleme und Potenziale verdichten und anhand derer sich entsprechend mein Ansatz zu dessen Rekonstruktion umreißen lässt: Die *unzerbrechliche Kette* des Fortschritts (1), seine *Unwiderstehlichkeit* (2), Fortschritt als *Entwicklungsprozess* (3) und als *verlustfreie Anreicherung* oder *Akkumulation* (4).

(1) Das erste dieser Merkmale betrifft den Zusammenhang verschiedener Dimensionen des Fortschritts. Wie schon meine kleine Beispielsammlung oben zeigen sollte, sind es sehr verschiedene Entwicklungen, die man als Fortschritt reklamieren kann: medizinische und wissenschaftliche Errungenschaften, technische Erfindungen, soziale Neuerungen, die Veränderung moralischer Überzeugungen oder politische Reformen und Revolutionen. Um nun die Wucht des Begriffs und die Euphorie, die er auszulösen vermochte, zu verstehen und um die politisch-historische Semantik von »Fortschritt«, der im europäischen 18. Jahrhundert zum Leitbegriff einer Epoche wurde, nachvollziehen zu können, muss man sich klarmachen, dass in ihm all diese unterschiedlichen Veränderungen in einer umfassenden Bewegung zusammengedacht wurden. Mit der Rede vom Fortschritt war nicht nur der Zuwachs einzelner Fertigkeiten, und auch nicht moralische Läuterung allein, sondern umfassend die Verbesserung der menschlichen Lebensbedingungen im Ganzen angesprochen. Die offenbar unwiderstehliche Anziehungskraft des Fortschritts, die

7 Vgl. Wendy Brown, *Politics Out of History*, Princeton, Oxford 2001, S. 3.
8 Gemeint ist Koselleck, »›Fortschritt‹ und ›Niedergang‹«.

Idee einer Veränderungsbewegung, die als geradezu unbezwingbare Macht alle Lebensbereiche auf einmal ergreift, war dabei nicht zuletzt gespeist von der unbestreitbaren Zugkraft der technologisch-wissenschaftlichen Entwicklung, der Fortschritte in der Naturbeherrschung. Reinhart Koselleck beschreibt diese Tendenz anschaulich:

> Die Erfindung des Buchdrucks, die Ausbreitung der Lektüre, die Erfindung des Kompasses, des Fernrohrs und des Mikroskops, die Entfaltung der Experimentalwissenschaften, die Entdeckung des Globus und die Landnahme in Übersee, der Vergleich mit den Wilden, der Streit der modernen Kunst mit der alten, der Aufstieg des Bürgertums, die Entwicklung von Kapitalismus und Industrie, die Entfesselung der Naturgewalten in der Technik, das alles gehört zu den immer wieder beschworenen Erfahrungen oder Tatbeständen, die mit dem Begriff des Fortschreitens, und zwar des Fortschreitens zum Besseren hin, verbunden wurden.[9]

Auch Steven Lukes betont das Zusammenwirken verschiedenster Entwicklungen, die für das Fortschrittsdenken prägend sind:

> Das Wachstum der Wirtschaft, des theoretischen ebenso wie praktischen wissenschaftlichen Wissens und ein Mehr an Gerechtigkeit, Tugend und Glück – all dies hing *wie durch eine unzerbrechliche Kette* verbunden zusammen.[10]

Nicht zuletzt Marx zeigt sich dann insofern als Erbe des Fortschrittsdenkens der Aufklärung, als er an dieser »unzerbrechlichen Kette«, dem Zusammenhang zwischen der technisch-wissenschaftlichen und moralischen Verbesserung des Menschengeschlechts und seiner Le-

9 Ebd., S. 168. Die Rede von »den Wilden«, ein 1980 offenbar noch üblicher Ausdruck, aber auch der unmittelbar aufscheinende Zusammenhang mit der »Landnahme in Übersee« gibt uns schon einen ersten Hinweis auf die von Beginn an kolonialistische Verstrickung des Fortschrittsdenkens.

10 Steven Lukes, »Das Ende des Fortschritts? Vom Sinn der Fortschrittsidee«, in: *POLAR* 9 (2010), S. 7-13, hier S. 8 (meine Hervorh., R. J.).

bensbedingungen, zwischen Naturbeherrschung und sozialer Herrschaft in mancher Hinsicht festhält.[11]

(2) Das zweite Charakteristikum besagt, dass Fortschritt ein Geschehen ist, das sich, wie auch Koselleck es beschreibt, mit scheinbar überindividueller und unwiderstehlicher Kraft vollzieht, sich durchsetzt und mit geradezu fatalistischer Haltung akzeptiert wird.[12] Fortschritt erscheint dann nicht im einfachen oder direkten Sinne »von Menschen gemacht«, sondern als Vollstreckung dessen, was, mit Hegel gesagt, »an der Zeit [...] ist«.[13] »Seinesgleichen geschieht«, wie Robert Musil es ausdrückt.[14] Als gleichzeitig anonyme und geschichtliche Macht kommt der Fortschritt den von ihm ergriffenen Subjekten wie ein »transpersonales Handlungssubjekt«[15] entgegen. Die normative Selbstsicherheit der Protagonist:innen des Fortschritts, der Umstand, dass die Bewertung dieser Entwicklungen als Veränderung zum Besseren sich für sie fast von selbst versteht, hängt auch mit dieser unwiderstehlichen Dynamik zusammen.[16]

11 Die Theorie der Produktivkraftentwicklung und ihrer Auswirkung auf die Produktionsverhältnisse buchstabiert diesen angenommenen Zusammenhang erstmals systematisch aus und gibt ihm eine materialistische Wendung. Und auch das *Manifest der kommunistischen Partei* ist nicht nur ein Manifest des Kommunismus, sondern auch eines des Fortschritts, wenn hier ausgeführt wird, wie durch die Dynamik der Industrialisierung »[a]lles Ständische und Stehende verdampft« und durch die entfesselte Naturbeherrschung auch die sozialen Herrschaftsverhältnisse fluide werden und auf Veränderung drängen. Vgl. Karl Marx, Friedrich Engels, *Manifest der Kommunistischen Partei*, in: *Marx Engels Werke* [ff. abgek.: *MEW*], Bd. 4, Berlin 1983, S. 459-493, hier S. 465.

12 Vgl. Koselleck, »›Fortschritt‹ und ›Niedergang‹«, S. 159, dessen Beispiel der nicht mehr gegebenen letzten Ohrfeige des Vaters nach der Konfirmation zeigt, dass der Fortschritt auch ohne ein Nachvollziehen weiterer Gründe umgesetzt wird.

13 G.W.F. Hegel, *Vorlesungen über die Geschichte der Philosophie II*, in: ders., *Werke in zwanzig Bänden*, Frankfurt/M. 1986, Bd. 19, S. 113.

14 Robert Musil, *Der Mann ohne Eigenschaften*, Hamburg 2013, S. 81.

15 Koselleck, »›Fortschritt‹ und ›Niedergang‹«, S. 160.

16 Noch in der Selbstverständlichkeit, mit der sich die Protestierenden 1968 als »fortschrittliche Kräfte« verstanden, hallt dieses Zeitbewusstsein nach. Das

(3) Diese Annahme der Unwiderstehlichkeit führt zu einem dritten Merkmal, das mit der Fortschrittsidee in ihrer klassischen Gestalt fast untrennbar verbunden ist: der Idee einer *Entwicklungslogik*. Fortschritt ist, dieser Vorstellung nach, ein weltgeschichtlicher Lernprozess, der einem einzigen und evolutionär verstandenen Schema folgt und als solcher normativ verbindlich ist. Egal ob hier mit dem Muster der Entfaltung oder der Reifung gearbeitet wird: Stets handelt es sich um eine Vorstellung von Fortschritt als einem Typus sozialen Wandels, der einer vorgefertigten und verbindlichen Entwicklungslinie oder einem Stufenmodell von notwendig zu durchlaufenden Entwicklungsschritten folgt. Auf enthüllende Weise deutet das bereits Turgot an:

> Und wenn man die menschliche Gattung von ihren Ursprüngen an betrachtet, so erscheint sie in den Augen eines Philosophen wie ein großes Ganzes, das selbst auch, wie jedes Individuum, seine Kindheit hat und Fortschritte macht.[17]

Diese Idee einer Menschheitsentwicklung von der Kindheit zur Reife impliziert dabei nicht nur einen großen Zusammenhang, in dem »alle Zeitalter [...] durch eine Folge von Ursachen und Wirkungen miteinander verbunden [sind], die den gegenwärtigen Zustand der Welt mit all jenen Zuständen verbinden, die ihm vorausgegangen sind«.[18] Sie geht auch – in befremdlich paternalistischer Einstellung – von einer Hierarchie der hier ausgemachten Entwicklungsstufen aus.

(4) Eine weitere Konsequenz der Idee eines Lern- oder Entwick-

fällt besonders auf, wenn man sich im Kontrast dazu das Selbstverständnis heutiger Protestbewegungen ansieht.

17 Anne Robert Jacques Turgot, »Philosophische Darstellung der allmählichen Fortschritte des menschlichen Geistes«, in: Johannes Rohbeck, Liselotte Steinbrügge (Hg.), *Über die Fortschritte des menschlichen Geistes*, Frankfurt/M. 1990, S. 140-164, hier S. 140.

18 Ebd.

lungsprozesses ist schließlich die Vorstellung, dass Fortschritt sich gewissermaßen linear, »ohne Verluste« und kumulativ vollzieht. Fortschritt überwindet demnach das Herkömmliche und ersetzt es durch Besseres. Bei einem so verstandenen Prozess der Anreicherung treten keine Ambivalenzen auf, und es gibt auch keinen Preis, der für den Fortschritt zu zahlen wäre.

3 Das Unbehagen am Fortschritt

Diese vier Dimensionen nun der Fortschrittserzählung sind allesamt auf dezidierte Kritik gestoßen, mit der sich jede systematische Theorie fortschrittlichen sozialen Wandels auseinandersetzen muss.

(1) So hat die euphorische Annahme eines soliden Zusammenhangs – der unzerbrechlichen Kette – zwischen technischem, sozialem, moralischem, rechtlichem und politischem Fortschritt, der so lange die Fortschrittshoffnungen beflügelt hat, heute erheblich an Plausibilität eingebüßt. Nur wenige glauben noch daran, dass die Digitalisierung oder die Gentechnologie direkt und von selbst zu Verbesserungen im sozialen oder moralischen Sinne führen, also hinsichtlich der Art und Weise, wie wir unser Zusammenleben organisieren. Auch ist der für die Denker der Aufklärung so selbstverständliche Zusammenhang zwischen Wissen und Emanzipation zerborsten. Während man in fortschrittsgläubigen Zeiten jeden noch so kleinen Schritt nach vorn bereitwillig in einen fortschrittlichen Gesamtzusammenhang einfügte, schreckt man heute gerade vor einer solchen Totalitätsperspektive zurück. Im Zweifelsfall hofft man noch auf den moralischen Fortschritt, wohingegen man den technischen zwar nutzt, aber gleichzeitig fürchtet. Und tatsächlich gibt es gute Gründe für die Ansicht, dass etwa die Entdeckung des Penicillins, die Erfindung der Waschmaschine oder des Buchdrucks nicht, jedenfalls nicht per se, zu einer Verbesserung der sozialen oder moralischen Verhältnisse geführt haben. Schließlich folgte aus der bloßen Entdeckung des Penicillins nicht, dass es auch allen zugutekommt. Bereits Walter Benjamin mahnte, über »die Fortschritte der Natur-

beherrschung [...] die Rückschritte der Gesellschaft«[19] nicht aus den Augen zu verlieren und über den Fortschritten der Arbeitsproduktivität nicht zu vergessen, wie sie »[denen] anschlägt, [die] nicht darüber verfügen«.[20]

Die einstmals unzerbrechliche Kette des Fortschritts, von der Lukes spricht, wird entsprechend aufgelöst in – lokale oder sektoriale – Einzelglieder. So wird in einer gängigen Unterscheidung Fortschritt unterteilt in einerseits Fortschritte in der Naturbeherrschung, also technisch-wissenschaftliche Fortschritte und Verbesserungen der materiellen Lebensbedingungen, und in andererseits moralische oder politische Fortschritte, also Fortschritte, die das Zusammenleben der Menschen betreffen. Wenn man sich an die eingangs erwähnten Beispiele hält, dann wären also auf der einen Seite die Erfindung der Waschmaschine, des Penicillins und des Handys zu verzeichnen, auf der anderen Seite der Abbau von Diskriminierungen oder sozialen Herrschaftsverhältnissen, die Ächtung von Gewalt in Erziehung und Ehe, Demokratisierungsprozesse und die Erweiterung sozialer Rechte.

Vor allem die aktuellen philosophischen Diskussionen widmen sich entsprechend vorzugsweise der Dimension des enger geführten moralisch-politischen Fortschritts. Und es wäre nicht verkehrt, die entscheidende Weichenstellung für Jürgen Habermas' Projekt einer Kritischen Theorie in der Abtrennung der sozialen und ökonomischen von der normativen Reproduktion einer Gesellschaft zu sehen.

(2) Aber auch die sich aus dem Zusammenhang von technischem und sozialem Fortschritt nährende Idee einer Unwiderstehlichkeit und Zwangsläufigkeit der Fortschrittsentwicklung hat ihre Überzeugungskraft verloren. Gerade Unwiderstehlichkeit scheint als unaufhaltsamer Wachstumszwang vielen mittlerweile eher Verhängnis

19 Walter Benjamin, »Über den Begriff der Geschichte«, in: ders., *Gesammelte Schriften*, Bd. I: *Abhandlungen*, Frankfurt/M. 1980, S. 691-704, hier S. 699 (These XI).
20 Ebd.

denn Versprechen zu sein. Die Vorstellung vom Fortschritt als einer quasi automatischen geschichtlichen Bewegung, einem von Willen und Wollen der Akteur:innen unabhängigen evolutionären Schicksal, wirkt heute wie aus der Zeit gefallen. »Wenn wir die ganze Zeit in einem Wolkenkuckucksheim gelebt haben«, so schreibt John Dewey bereits 1916, »in einem Traum von automatischem, ununterbrochenem Fortschritt, dann ist es gut, aufgeweckt zu werden«.[21] Und Benjamin macht in seinen geschichtsphilosophischen Thesen die Gewissheit, »mit dem Strom [zu schwimmen]«,[22] also Teil eines unausweichlich sich vollziehenden Prozesses zu sein, als Grund für die Korrumpierung der Sozialdemokratie und ihr historisches Versagen aus.[23] Fortschritte, so denken wir Heutigen, sind Resultat des Handelns von Akteur:innen. Sie müssen erkämpft werden, sie passieren nicht von allein. Sie sind gerade nicht unwiderstehlich, sondern, im Gegenteil, von Widerständen bedrängt und in jeder historischen Konstellation eher unwahrscheinlich als wahrscheinlich.

(3) An der Vorstellung einer Entwicklungslogik à la Turgot schließlich (die landläufig auch der Hegel'schen Geschichtsphilosophie zugeschrieben wird) scheint sich zu entscheiden, ob das Motiv des Fortschritts für heutige kritische Unternehmen überhaupt noch tragbar ist. Ein Reifungsmodell, in dem die verschiedenen, lokal je unterschiedlichen Entwicklungen vereinheitlicht, subsumiert und als Instanzen einer übergreifenden weltgeschichtlichen Bewegung auf ein einziges evolutionäres und normativ verstandenes Schema reduziert werden, führt offenbar zu einer unerträglichen Hierarchisierung von Entwicklungsstufen. Wo Fortschritt nach festgelegtem Plan und verbindlichem Muster verläuft, werden diejenigen, die diesem nicht entsprechen, zu Rückständigen gemacht. Sie sind, das ist der Kern

21 John Dewey, »Progress«, in: *International Journal of Ethics* 26:3 (1916), S. 311-322, hier S. 311. (Wenn keine deutschsprachigen Quellen angegeben sind, stammen sämtliche Übersetzungen in diesem Buch von mir, R. J.)

22 Benjamin, »Über den Begriff der Geschichte«, S. 698.

23 Zu einer aufschlussreichen Diskussion dieser Konstellation bei Benjamin siehe Andrea Messner, *Über den Begriff des Fortschritts bei Walter Benjamin*, Berlin 2018 (Masterarbeit, unpubl. Ms.).

einer solchen Theorie der universalen Entwicklung, nicht *anders*, sondern *noch nicht da*, wo man sein sollte. In der Weltgeschichte gibt es dann fast zwangsläufig »Pioniere und Nachzügler, Zeitunterschiede, Rückständigkeit«,[24] Hauptspielorte und Nebenschauplätze, ja sogar Orte »ohne Geschichte«.[25] »The west and the rest«.[26] Diejenigen, die nicht dem Entwicklungsmuster der sogenannten »westlichen« Gesellschaften folgen, verbleiben dann, mit Dipesh Chakrabartys treffender Metapher gesagt, im »Wartesaal der Geschichte«.[27] Koloniale Gewalt- und Ausbeutungsverhältnisse werden auf diese Weise paternalistisch gerechtfertigt, die »noch zu Entwickelnden« mittels Herrschaft und Unterdrückung zu ihrem vermeintlichen Glück geführt. Weil im Namen des Fortschritts angeblich unzivilisierte oder rückschrittliche Völker nicht nur auf unangemessene Weise belehrt, sondern auch unterdrückt, ausgebeutet, ja ausgerottet wurden,[28] ist Fortschritt eine der »zweischneidigsten und gefährlichsten Ideen unserer Zeit«,[29] eine Idee, der, wie Thomas McCarthy feststellt, die ideologische Funktion zukommt, »die kognitive Dissonanz zwischen liberalem Universalismus und liberalem Imperialismus« zu reduzieren.[30] Mit dem Fortschrittsbegriff wäre dann die Gewaltgeschichte unserer Gesellschaftsordnungen unzertrenn-

24 Sebastian Conrad, Jürgen Osterhammel, *1750-1870: Wege zur modernen Welt*, München 2016, S. 28.

25 Siehe dazu Terry Pinkard, »Hegel's False Start. Non-Europeans as Failed Europeans«, in.: ders., *Does History Make Sense? Hegel on the Historical Shape of Justice*, Cambridge, London 2017, S. 50-67.

26 Stuart Hall, »The West and the Rest. Discourse and Power«, in: ders., David Morley (Hg.), *Essential Essays*, Bd. 2: *Identity and Diaspora*, New York 2018, S. 141-184.

27 Dipesh Chakrabarty, *Provincializing Europe. Postcolonial Thought and Historical Difference*, Princeton, Oxford 2000, S. 8.

28 Einen aufschlussreichen literarischen Einblick in die Realgeschichte des deutschen Kolonialismus bietet Katharina Döbler, *Dein ist das Reich*, Berlin 2021.

29 Ashis Nandy, »Fortschritt«, in: Hans Joas (Hg.), *Vielfalt der Moderne – Ansichten der Moderne*, Frankfurt/M. 2012, S. 53-66, hier S. 54.

30 Thomas McCarthy, *Rassismus, Imperialismus und die Idee der menschlichen Entwicklung*, Berlin 2015, S. 276.

lich verknüpft, sofern er sich als zweifelhafte Vorlage für verschiedene Formen des Ethnozentrismus und Imperialismus darstellt,[31] als Instrument westlicher Herrschaft, das bis in die Gegenwart dazu benutzt wird, hegemoniale Machtansprüche sowie ausbeuterische und unterdrückende Praktiken zu legitimieren.

Die im Motiv der Kindheit und der Reife der Menschheit anklingenden paternalistischen Momente sowie der Versuch, als Fortschritt einen Generalstandard der Entwicklung zu etablieren – und damit »ein Set von Merkmalen, die in der Summe die moderne Gesellschaft ausmachen« –,[32] sind aber mehr als nur ein starker Grund, dem Deutungsmuster des Fortschritts in normativer Hinsicht skeptisch gegenüberzustehen. Darüber hinaus ist das Entwicklungsmodell auch sozialtheoretisch, das heißt als Theorie des sozialen Wandels, fragwürdig. Nicht zuletzt haben Entwicklungsmodelle – und in dieser Hinsicht kritisiert bereits Adorno die Geschichtsphilosophie[33] – die Tendenz, eine Sinngebung des Sinnlosen zu betreiben, eine Haltung, die eingedenk der Katastrophen der Geschichte und derjenigen, die ihnen zum Opfer gefallen sind, in Zynismus mündet. Das Entwicklungsnarrativ kann damit zum epistemischen Hindernis werden. Die Ungleichzeitigkeiten und komplexen Temporalitäten der tatsächlichen Geschichte werden dadurch – so die Kritik – überlagert. Nimmt man zum Beispiel die Abschaffung der Sklaverei umstandslos als Fortschrittsgeschehen wahr, besteht die Gefahr, damit deren tatsächliches Weiterbestehen unkenntlich zu machen und die bleibende Ungleichheit, die strukturelle Aus-

31 Vgl. Serene Khader, *Decolonizing Universalism*, New York 2019, die diese missionarisch-imperialistische Haltung in Bezug auf feministische Anliegen kritisiert.

32 Conrad/Osterhammel, *1750-1870: Wege zur modernen Welt,* S. 28.

33 Adornos Verhältnis zur Geschichtsphilosophie ist allerdings komplex, sofern er sie für zugleich unumgänglich und problematisch hält. Vgl. dazu Isette Schuhmacher, *Fortschritt nach Adorno*, Berlin 2017 (Masterarbeit, unpubl. Ms.). Zu Adornos Geschichtsphilosophie jetzt auch Rahel Jaeggi, Isette Schuhmacher, »Adornos Negative Philosophy of History«, in: Martin Shuster, Henry Pickford (Hg.), *Oxford Handbook to Adorno*, Oxford (i. E.).

grenzung und den existierenden strukturellen und institutionellen Rassismus als bloßes Überbleibsel zu verstehen.[34]

(4) Auch die Idee ungebrochener und linearer Akkumulation erweist sich als schlechter Kompass für das Verständnis sozialen Wandels. Nicht gesehen wird hier nämlich, dass mit jeder Errungenschaft auch Momente des Vergessens und Verlernens einhergehen. Problemlösungen erzeugen neue Probleme, und manchmal haben sie einen Preis. Der Gewinn an Kompetenzen kann mit dem Verlust anderer Kompetenzen einhergehen, und man kann vor Problemen stehen, die schon einmal gelöst waren, deren Lösungen aber nicht mehr zugänglich sind. Die Fortschritte der industriellen Landwirtschaft beispielsweise mögen viele Probleme beseitigt haben, sie haben aber auch Nebenfolgen, von der Übernutzung des Bodens bis zur Entstehung resistenter Krankheitserreger durch Antibiotika im Tierfutter. Der durch bildgebende Verfahren ermöglichte Fortschritt in der medizinischen Diagnostik hat fraglos vielen Menschen das Leben gerettet; er leistet aber auch einer Verkümmerung des »klinischen Blicks« Vorschub, ganz abgesehen von der monetären Belastung der Gesundheitssysteme durch ihren inflationären Einsatz. Und digitale Routenplaner ermöglichen zwar die schnelle Orientierung in allen Teilen der Welt, führen aber zum Verlernen der Kompetenz des Kartenlesens.

Lässt sich also Fortschritt – ein Wandel zum Besseren – im Weltgeschehen gar nicht so leicht ausmachen? Wird es nur immer wieder *anders*, aber nicht *besser*? Lassen sich angesichts der Mängel, die das Fortschrittsnarrativ aufweist, progressive von regressiven Formen sozialen Wandels eben doch nicht so leicht unterscheiden? Dann müsste man sich die von Michel Foucault vorbereitete Haltung der »methodische[n] Vorsicht« gegenüber der Vorstellung, »es sei besser, oder es sei mehr«, zu eigen machen, seinen »radikale[n], aber nicht aggressi-

34 Diese Gefahr sieht z. B. Robin Celikates, »Moralischer Fortschritt, soziale Kämpfe und Emanzipationsblockaden. Elemente einer Kritischen Theorie der Politik«, in: Ulf Bohmann, Paul Sörensen (Hg.), *Kritische Theorie der Politik*, Berlin 2019, S. 397-425.

ve[n] Skeptizismus«, der es verbietet, unsere Gegenwart »für den Endpunkt eines Fortschritts zu halten«, sie also »mit einer Positivität, einer Bewertung zu versehen«.[35] Die Frage ist allerdings, ob wir uns diese Haltung leisten können.

4 Was fehlt?

Die Kritik am Fortschritt ist nämlich so alt wie der Fortschritt selbst und hat ihrerseits Folgen gezeitigt, die alles andere als erfreulich sind. So dunkel und gewaltsam die Realgeschichte des Fortschritts und die Ideologiegeschichte der Fortschrittstheorie sind: Man darf nicht vergessen, dass auch die Fortschrittskritik, vornehmlich im Europa des 19. und beginnenden 20. Jahrhunderts, eine trübe Geschichte hat. Nicht nur ist die vielfach dokumentierte fortschrittskritische Romantisierung des »Wilden«[36] und des »Natürlichen« selbst eine kolonialistische Strategie des *Othering*. Darüber hinaus gehört das Cluster von Fortschrittskritik, Antimodernismus, Antiurbanismus und Antisemitismus zum Standardrepertoire einer Zivilisationskritik, die dem europäischen Faschismus den Weg bereitet hat und sich auf die eine oder andere Weise in aktuellen neoautoritären beziehungsweise neofaschistischen Bewegungen – zum Beispiel in Gestalt des Antigenderismus, aber auch in neurechten völkischen Ideologien, die einmal mehr die Dekadenz des Westens brandmarken – wiederfindet. So leicht wird man das Problem des Fortschritts also nicht los. Und so lässt sich anhand der von mir skizzierten Dimensionen des

35 Michel Foucault, »Gespräch über das Gefängnis; das Buch und seine Methode«, in: ders., *Schriften in vier Bänden. Dits et Ecrits*, Bd. 2, Frankfurt/M. 2002, S. 913-931, hier S. 927.

36 Vgl. früh schon Hinrich Fink-Eitel, *Die Philosophie und die Wilden. Über die Bedeutung des Fremden für die europäische Geistesgeschichte*, Hamburg 1994. Wie schon oben bei Koselleck ist zu bemerken, dass es damals offenkundig als unproblematisch galt, von den »Wilden« zu sprechen. Das Unbehagen, das einen heute dabei unwillkürlich überkommt, ist ein Hinweis auf jedenfalls gewisse Fortschritte in der Wahrnehmung.

Fortschrittsnarrativs nicht nur sehen, was an diesem problematisch ist, sondern auch, *was fehlt*, wenn wir uns die Bezugnahme auf Fortschritt und Regression, auf fortschrittlichen oder regressiven sozialen Wandel verbieten.

Erstens: So unplausibel die Annahme einer »unzerbrechlichen Kette« geworden ist: Bedenkt man die offenkundigen Zusammenhänge zwischen den unterschiedlichen Veränderungen unserer Lebensweise nicht mit, wenn man über soziale Transformationsprozesse nachdenkt, dann verkennt man, was ich die Materialität von Lebensformen nennen möchte, und bestimmt entsprechend die Bedingungen sozialen Wandels allzu ›idealistisch‹. Veränderte Lebensumstände bringen veränderte soziale Praktiken mit sich, in deren Folge auch neue Formen des Zusammenlebens und der normativen Organisation dieses Zusammenlebens entstehen. Die durch wissenschaftlich-technischen Fortschritt verringerte Kindersterblichkeit ist klarerweise ein Faktor in der Intimisierung der Familienbeziehungen im bürgerlichen Zeitalter gewesen;[37] der Buchdruck hat die Art von bürgerlicher Öffentlichkeit ermöglicht, die zu den Vorbedingungen moderner Demokratien zählt.[38] Und dass es keinen Einfluss auf die soziale, moralische und politische Ordnung haben sollte, wenn die Revolution der Informationstechnologie nicht nur die Kommunikationsverhältnisse, sondern mit ihnen auch unsere praktischen Lebens- und Arbeitsverhältnisse massiv umgestaltet, ist wenig wahrscheinlich. Auch wenn das eine – der politisch-moralische Fortschritt – nicht direkt und mit kausaler Notwendigkeit aus dem anderen – etwa dem technisch-wissenschaftlichen Fortschritt – folgt: Die umgekehrte Vorstellung, dass beides voneinander vollständig unabhängig wäre, leuchtet ebenso wenig ein. Es gehört also zu den Pointen meines Projekts, gegenüber idealistischen, voluntaristischen und nor-

37 Siehe Philippe Ariès, *Geschichte der Kindheit*, München 1976; zur Veränderung der familiären Beziehungen und der Entstehung des weiblichen »Innenraums« siehe Gisela Bock, *Frauen in der europäischen Geschichte. Vom Mittelalter bis zur Gegenwart*, München 2000.

38 Klassisch dazu: Jürgen Habermas, *Strukturwandel der Öffentlichkeit. Untersuchungen zu einer Kategorie der bürgerlichen Gesellschaft*, Frankfurt/M. 1979.

mativistischen Verengungen ein ›materialistisches Moment‹ des Fortschrittsmotivs zurückgewinnen zu wollen.[39]

Zweitens nun droht das Aufgeben des Fortschrittsgedankens zu einem sozialtheoretischen Defizit zu führen, das vor allem für den spezifischen Einsatz einer Kritischen Theorie bedenklich ist. Lebt eine solche von Analysekriterien, mit denen wir uns historische und soziale Veränderungen, also die Erosionen und Transformationen von Institutionen, Praktiken und Lebensformen, verständlich machen, sie aber auch bewerten können, so kann die pauschale Ablehnung von allem, was mit Lern- und Entwicklungsprozessen zu tun hat, leicht zu einer Entdifferenzierung der Diskussion führen, in der das Kind – die eminent wichtige Frage der Logik sozialen Wandels – mit dem Bade ausgeschüttet wird.

So ist heute das Vertrauen in den Automatismus des Fortschritts, das John Dewey vorfand und an dem Walter Benjamins Thesen sich abarbeiten, ohnehin fast nur noch als Strohmann präsent, und das Vertrauen auf die überpersonale Logik der Geschichte längst vom Schlagwort der Kontingenz und von einem voluntaristischen Vertrauen in Willen und Wollen der Akteure abgelöst worden. Aber so leicht sich die Vorstellung eines Automatismus oder eines transpersonalen Handlungssubjekts diskreditieren lässt, so schwierig ist es, eine angemessene Deutung des Geschehens im Wechselspiel von Ereignis und Struktur, von strukturellen Vorbedingungen des Handelns und dem Handeln selbst zu finden.

39 Zu den wenigen Autor:innen, die heute noch explizit an sozialem Fortschritt im integrativen Sinn interessiert sind, gehören Dietmar Dath und Barbara Kirchner, wenn sie sozialen Fortschritt als den »mit Wissens- und Produktivitätszuwächsen verbundenen Gewinn an Freiheit, Teilhabe, Auskommen für immer mehr Menschen und die gleichzeitige Beseitigung von Ausschluss, Unterdrückung, Ausbeutung« definieren. Vgl. Dietmar Dath, Barbara Kirchner, *Der Implex. Sozialer Fortschritt: Geschichte und Idee*, Berlin 2012. Auch Hauke Brunkhorst hält an einer materialistischen Seite fest, wenn er in seinen Überlegungen zu den Rechtsrevolutionen den Zusammenhang von systemtheoretisch aufgefasster Adaption und normativen Kämpfen konzeptualisiert. Vgl. Hauke Brunkhorst, *Critical Theory of Legal Revolutions. Evolutionary Perspectives*, New York 2014.

Die Herausforderung für eine Rekonstruktion des Fortschrittsmotivs besteht dann darin, die Grundlagen zu einer Theorie fortschrittlichen sozialen Wandels zu legen, die gesellschaftliche Veränderung »weder als Erfüllung eines vorgegebenen Weltenschicksals noch als dezisionistischen Willkürakt«[40] versteht.

Drittens: Natürlich ist eine am Entwicklungsgedanken ausgerichtete Geschichtsphilosophie, die andere in den Wartesaal der Geschichte verbannt, nicht nur problematisch, sondern auch irreführend. Aber wie eigentlich soll man über (die eigenen) Gesellschaften in kritisch-analytischer Absicht nachdenken, ohne ein irgendwie geartetes Narrativ zu entwickeln, das die Transformation von Gesellschaften als Geschichte von Krisen, Erosionen und den darauf folgenden Revolutionen und Wandlungsprozessen und mit Bezug auf die aus diesen erwachsenden Handlungsmöglichkeiten erzählt? Bereits Adorno hat, bei aller Ambivalenz gegenüber Fortschritt und Geschichtsphilosophie, deren Unabdingbarkeit auch im Blick. Will man die Welt nicht nur so auffassen, »wie sie ist«, braucht man eine Narration, die die Widersprüche und Krisen dieses Wirklichen zusammen mit den Potenzialen seiner Veränderung begreifbar macht und damit aus dem Bann des Faktischen herauszuführen vermag. Keine Geschichtsphilosophie ist also auch keine Lösung.

Und schließlich: So richtig es ist, die unterschiedlichen Temporalitäten und Differenzen nicht in der universalistischen Perspektive einer Weltgeschichte als Universalgeschichte einzuebnen: Den bloßen Lokalismus und Kontextualismus können wir uns eigentlich auch nicht leisten, wenn wir andererseits davon ausgehen, dass, mit Marx gedacht, »der Weltmarkt der Weltgeist« ist,[41] also angesichts der realen welthistorischen Verflechtungen und Interdependenzen. Gerade weil

40 Christian Schmidt, unpubl. Ms., Berlin 2022.

41 In diesem Sinne sagt Karl Marx in der *Deutschen Ideologie*: »In der bisherigen Geschichte ist es allerdings ebensosehr eine empirische Tatsache, daß die einzelnen Individuen mit der Ausdehnung der Tätigkeit zur Weltgeschichtlichen immer mehr unter einer ihnen fremden Macht geknechtet worden sind (welchen Druck sie sich denn auch als Schikane des sogenannten Weltgeistes etc. vorstellten), einer Macht, die immer massenhafter geworden ist

die Entwicklung Europas nicht das Resultat einer endogenen Entwicklung ist, wie Gurminder K. Bhambra anmahnt,[42] und gerade weil, wie Stuart Hall betont, die Geschichte Europas viel zu oft so erzählt wird, »als hätte Europa kein Außen«,[43] gilt es, den wechselseitigen Verflechtungen in globalhistorischer Perspektive nachzuspüren.

Spreche ich hier über das, *was fehlt*, wenn uns die Fortschrittsidee verloren geht, so sollte ich vielleicht kurz darauf eingehen, was aus meiner Sicht *nicht* (oder nicht unbedingt so sehr) fehlt. Während ich hier über das materialistische und das sozialtheoretische Defizit einer kritischen Theorie ohne Theorie fortschrittlichen und regressiven sozialen Wandels spreche, habe ich das drohende *normative Defizit*, das in solchen Diskussionen so oft im Vordergrund steht, bisher gar nicht erwähnt. Und tatsächlich interessiert mich dieses hier – vielleicht überraschenderweise – auch vergleichsweise wenig. Wir verlieren nämlich, aus meiner Sicht, mehr und anderes als eine normative Orientierung der Gesellschaftskritik, wenn wir das Begriffspaar »Fortschritt und Regression« aufgeben: Ohne Fortschritt als leitendes Ideal oder Annäherung an die Utopie sind wir nicht unbedingt normativ richtungslos. Aber wir verlieren eine analytische und explanatorische Kategorie und damit auch die spezifische Wei-

und sich in letzter Instanz als Weltmarkt ausweist.« Karl Marx, *Die deutsche Ideologie*, in: *MEW*, Bd. 3, Berlin 1984, S. 37.

42 Vgl. dazu Bhambra: »Das moderne Soziale, oder die Moderne, wird als Ergebnis endogener Prozesse der europäischen Geschichte angesehen. Zu diesen gehören die ökonomischen Prozesse und politischen Veränderungen, die mit der industriellen und der Französischen Revolution assoziiert werden und vom kulturellen Wandel der Renaissance, der Reformation und der wissenschaftlichen Revolution untermauert werden. Der Rest der Welt wird als außerhalb dieser Prozesse dargestellt, und darüber hinaus werden koloniale Verbindungen als insignifikant für deren Entwicklung angesehen. Ein solches Verständnis verschmilzt Europa mit Modernität und macht den Prozess des Modernwerdens in erster Linie zu einem Prozess europäischer endogener Entwicklung.« Gurminder K. Bhambra, »Decolonizing Critical Theory? Epistemological Justice, Progress, Reparations«, in: *Critical Times* 4:1 (2021), S. 73-80, hier S. 79.

43 Stuart Hall, »Europas anderes Selbst«, in: Kölnischer Kunstverein (Hg.), *Projekt Migration*, Köln 2005, S. 803-805, hier S. 803.

se, in der eine Kritische Theorie linkshegelianischer Prägung die Frage der normativen Fundierung betrachtet. Die Frage nach dem Fortschritt ist, so bringt Yves Winter es treffend auf den Punkt,[44] eben nicht vornehmlich und nicht ausschließlich eine normative Frage, sondern vor allem auch eine sozialtheoretische und sozialphilosophische. Diese betrifft nicht nur die Kriterien dafür, was gut oder erstrebenswert ist, sondern sie beschäftigt sich damit, wie eine Gesellschaft funktioniert und wie man die Bedingungen für ihre Veränderung zu verstehen hat. Dieser sehr wichtige Umstand gerät in der Gemengelage der Kontroversen häufig aus dem Blick. Stehen sich also kontextualistische oder relativistische und deontologische Positionen in ihrer Ablehnung des geschichtsphilosophisch fundierten Fortschrittsgedankens häufig spiegelbildlich gegenüber, so geht es mir gerade um die Rettung ebenjenes Moments, in dem Analyse und Kritik sich verschlingen.

5 Zurück zum Fortschritt?

Nun hilft auch in der Theorie das Wollen allein nicht weiter. Lässt sich das Dilemma lösen, vor dem wir hier zu stehen scheinen? Wie lässt sich ein Verständnis fortschrittlichen sozialen Wandels entwickeln, das der Kritik am Fortschritt Rechnung trägt, aber die hier skizzierten Aufgaben einer sozialtheoretisch informierten Theoriebildung dennoch wahrnehmen kann? Zunächst einmal gilt es, die Frage nach dem Fortschritt neu zu rahmen: Nicht den Weg »zurück zum Fortschritt« (nach seinem proklamierten Ende) sollten wir beschreiten, sondern den Weg zurück zu derjenigen Fragestellung, die die Kritische Theorie (mit großem K) von ihrem Beginn an beschäftigt hat und der die kritischen Theorien (mit kleinem k) nicht leicht entkommen werden: Die Frage nach den Vollzugsbedingungen fortschrittlichen oder regressiven sozialen Wandels.

44 Yves Winter, »Formally Decolonized but Still Neocolonial?«, in: *Political Theory* 46 (5) 2018, S. 785-790.

Wie also sind sozialer Wandel und gesellschaftlicher Fortschritt zu denken, wie kommen sie zustande (und was verhindert sie)? Wie verhalten sich gesellschaftlich-moralischer Fortschritt und sozialer Wandel zueinander? Und wie lassen sie sich – als ein Wandel zum Besseren – bewerten? Hinter der Zusammenstellung dieser Fragen verbirgt sich der Plot meines Buches. Dessen zentrale Thesen lauten: Moralischer Fortschritt lässt sich nur im Zusammenhang mit einer umfassenderen Dynamik sozialen Wandels verstehen, im weiter gefassten Kontext normativer und nichtnormativer Praktiken. Sozialer Wandel wiederum entsteht als Reaktion auf Krisen und Widersprüche, das heißt auf einen Problemdruck, der zur Veränderung nötigt. Ob nun ein so beschriebener Wandel eine bloße Veränderung oder tatsächlich Fortschritt im Sinne eines Wandels zum Besseren ist, lässt sich nur an der Gestalt dieser Veränderungsdynamik selbst erkennen – und gelegentlich auch nur mittels einer negativ ansetzenden Diagnose von Regressionsphänomenen. Zutage tritt dann ein nichtteleologischer, pragmatistisch-materialistischer und dabei pluraler Fortschrittsbegriff.

Es sind dabei vornehmlich zwei Weichenstellungen, von denen ich mir eine Lösung des Fortschrittsdilemmas erhoffe:

Zum einen bestimme ich den *Ort des Fortschritts* (wieder) neu. Aus der Perspektive, die ich hier vorschlagen werde, sind es überall, wo wir Fortschritt erleben, ganze Lebensformen, die sich verändern. Die hier wirkenden komplexen Zusammenhänge von Praktiken hängen, wenn auch manchmal lose und nur in Form von Wahlverwandtschaften, zusammen, sie beeinflussen einander wechselseitig oder werden von denselben übergreifenden Entwicklungen ermöglicht. Wenn aber der moralisch-politische Fortschritt eingebettet ist in die Veränderungen unserer (hegelianisch gesprochen) sittlichen Verhältnisse und wenn die als Fortschritt gefeierten »Eingriffe in das überkommene Sozialgeschehen, das Abreißen von alten Bräuchen und die Herausbildung neuer sozialer Praktiken«,[45] Teil eines umfassenden Geschehens sind, zu dem auch wissenschaftlich-technische und

45 Koselleck, »›Fortschritt‹ und ›Niedergang‹«, S. 169.

ökonomische Veränderungen gehören, so wird Fortschritt wieder als komplexe, wechselseitige Interaktion vielfältig miteinander verbundener Ensembles von Praktiken fassbar. Selbst wenn diese Elemente sich nicht zu einer unzerbrechlichen Kette zusammenfügen, werden wir auf zwar fragile, aber dennoch wirksame Zusammenhänge stoßen.

Zum anderen fasse ich Fortschritt nicht substanziell auf, sondern *prozessual.* Fortschritt in diesem Sinne besteht nicht im Erreichen eines bestimmten und vorher zu bestimmenden Zustands oder in der Realisierung eines bestimmten und vorab bestimmbaren Guts. Vielmehr ist Fortschritt, meinem Verständnis nach, ein Modus, eine Art und Weise, auf die sich sozialer Wandel vollzieht, oder eben – das ist dann der Modus der Regression – gerade *nicht* vollzieht. Fortschritt ist, so hatte ich bereits im Vorwort behauptet, ein sich anreichernder, Regression ein systematisch blockierter Erfahrungs- und Problemlösungsprozess. Entscheidend ist nun, dass wir dann aus der Entwicklungsdynamik selbst etwas über die Fortschrittlichkeit (oder Regressivität) der infrage stehenden Entwicklung erfahren können. Mein krisentheoretisch-pragmatistisches Modell des Fortschritts zielt damit auf ein nichtteleologisches, aber auch nichtkontingenztheoretisches Modell sozialen Wandels, das von der Idee einer zwar brüchigen,[46] aber doch mindestens retrospektiv zu erfahrenden Logik der Geschichte, des Entstehens und Vergehens von Institutionen und sozialen Lebensverhältnissen getragen ist.

Mein Verständnis von Fortschritt als (dialektisch) sich anreicherndem Problemlösungsprozess hat also für die hier diskutierte Problematik[47] zwei Konsequenzen: Erstens ist ein solcher Erfahrungs-

46 Ich stehle diesen Ausdruck hier von Isette Schuhmacher, die in ihrer Beschäftigung mit Adornos Fortschrittskonzeption diese als »brüchige Dialektik« identifiziert. Vgl. Schuhmacher, *Fortschritt nach Adorno*.

47 Dank an Friedrich Weissbach, der mich mit seinen Interviewfragen zur Klärung dieser Punkte genötigt hat: »Rahel Jaeggi: ›Fortschritt ist weder Fakt noch Ideal‹. Rahel Jaeggi, im Interview mit Friedrich Weissbach«, in: *Philosophie Magazin*, 22.6.2022, ⟨https://www.philomag.de/artikel/rahel-jaeggi-fortschritt-ist-weder-fakt-noch-ideal⟩, letzter Zugriff 13.11.2022.

und Problemlösungsprozess kein teleologischer Entwicklungsprozess; er folgt nicht dem Muster der Entfaltung eines bereits im Keim Vorhandenen, der Bewegung hin zu einem bereits bekannten Ziel. Vielmehr handelt es sich um einen Fortgang von Problem zu Problem (im Normalmodus), von Krise zu Krise (in Zeiten beschleunigten Wandels), der weder auf ein bereits vorher bekanntes Ziel ausgerichtet ist noch sich in vorher bestimmbaren Stadien vollzieht.[48]

Da sich entsprechend, zweitens, die Auszeichnung bestimmter sozialer Transformationsprozesse als »fortschrittlich« oder »regressiv« nicht substanziell auf bestimmte (zu erreichende) Inhalte oder gar Stadien der Entwicklung bezieht, sondern auf die Vollzugsform des Wandels, ermöglicht meine Konzeption von Fortschritt als sich anreicherndem Problemlösungsprozess es zweitens, *eine Multiplizität* von Entwicklungs- und Lernprozessen zu denken. Eine solche Theorie des krisengetriebenen sozialen Wandels als Lern- und Erfahrungsprozess ist also gerade nicht nur als eurozentrisch-paternalistische Entwicklungsgeschichte denkbar. Zwar impliziert sie eine normative Richtung: dass es also innerhalb einer bestimmten Abfolge von Wandlungsprozessen nicht nur *anders*, sondern *besser* (oder eben – im Falle der Regression – *schlechter*) wird. Sie impliziert aber *nicht*, dass wir es mit einem weltgeschichtlich einheitlichen und umfassenden Prozess zu tun haben und dass es hier Vorreiter und Nachzügler geben muss. Kurz gesagt: Dass wir *diachron* Fortschritte oder Regressionsprozesse anhand einer solchen Problemlösungsdynamik diagnostizieren können (zum Beispiel die Regression der europäischen Moderne in den Faschismus), heißt nicht, dass diese *synchron* ohne Weiteres vergleichbar wären. *Fortschritt* bedeutet dann Fortschritte – im Plural. Und dennoch bleibt die Diagnose des Fortschritts nicht lokal begrenzt, weil für die Qualität ebendieser Entwicklung kontextübergreifende Kriterien angelegt werden können.

In diesem Modell gibt es keinen »Wartesaal der Geschichte«. Entwicklungs- beziehungsweise Transformationsdynamiken von Ge-

48 Zu dieser Unterscheidung in Bezug auf Dewey und Hegel vgl. Rahel Jaeggi, *Kritik von Lebensformen*, Berlin 2014, S. 200-253.

sellschaften können, pfadabhängig, komplett unterschiedlich verlaufen. Dennoch können sie sich auch »verlaufen«, also verirren, oder in Blockaden verrennen, wie man zum Beispiel an den Sackgassen sehen kann, in die das Naturverhältnis der sogenannten fortschrittlichen westlichen Gesellschaften diese offenbar gebracht hat. Eine kritische Theorie des Fortschritts wie der Regression hat dann die Aufgabe, die systematischen Blockaden, die zu einem solchen »Nichtlernenkönnen« führen, zu identifizieren.

Eine triumphalistische *whig history* liegt dann nicht mehr unbedingt nahe: Wenn Fortschritt ein Lernprozess ist, warum sollten dann gerade die »westlichen« Gesellschaften, die mit ihrer Lebens- und Wirtschaftsweise ganz offensichtlich in eine Sackgasse geraten sind, als fortschrittlich gelten? Man muss nicht das praktisch-ökologische Wissen indigener Gesellschaften romantisieren, um hier systematische Lernblockaden zu diagnostizieren und auf die Diskrepanz zwischen dem Möglichen und dem Wirklichen hinzuweisen – zwischen dem, was man weiß oder wissen könnte, und dem, was man tut. Die Idee eines Lern- oder Erfahrungsprozesses hat also nicht per se einen imperialistisch-kolonialistischen Index. Umgekehrt lässt sich die Idee, dass nichtwestliche Gesellschaften und Lebensformen keine solchen Prozesse durchlaufen, also statisch seien und gewissermaßen zufrieden in sich ruhten, so dass schon die Vorstellung von Lernen und Entwicklung selbst einen westlichen Bias habe, ihrerseits leicht als Produkt eines kolonialen Orientalismus identifizieren.[49]

Fortschrittskritik, so wie ich sie verstehe, konzentriert sich naheliegenderweise zunächst auf die regressiven Tendenzen der eigenen Gesellschaft. Wenn sie aber die hier gewonnenen Kriterien eines ungehinderten Erfahrungsprozesses auf soziale Formationen im globalen Maßstab anwendet, so liegt das daran, dass sie die oben genannten multidirektionalen globalen Verflechtungszusammenhänge, die wirtschaftliche Prozesse ebenso betreffen wie kulturelle und soziale, anerkennt. Die postkoloniale Kritik an einer einheitlich-übergrei-

49 Edward Said, *Orientalism*, London 2019. Dazu auch Jürgen Osterhammel, Jan C. Jansen, *Kolonialismus. Geschichte, Formen, Folgen*, München 1995.

fenden Entwicklungsgeschichte nimmt mein Ansatz insofern auf, als er von einer pluralen Fortschrittserzählung, also einer Vielzahl miteinander verflochtener, aber jeweils eigensinniger Entwicklungsdynamiken ausgeht. Gleichzeitig nimmt er in Anspruch, diese Dynamiken nach immanenten Kriterien kontextübergreifend bewerten zu können.

6 Überblick

In *Kapitel 1* präzisiere und untersuche ich die Frage nach dem Fortschritt als einem Wandel zum Besseren. Die hier zu begründende These ist: Fortschritt ist ein Verlaufsbegriff, ein *Prozessbegriff.* Er bezeichnet eine Entwicklung und, wichtiger, die Qualität dieser Entwicklung. Somit weise ich Fortschritt als einen genuin normativen Begriff aus, der nicht von etablierten Normen zehrt, sondern umgekehrt diese erst etabliert.

In *Kapitel 2* entwickle ich in Auseinandersetzung mit der prominenten Deutung von Fortschritt als »Erweiterung des Kreises«[50] den Gedanken, dass sich Fortschritt nicht in der Erweiterung des Einzugsbereichs oder der verbesserten institutionellen Umsetzung von schon bestehenden Normen erschöpft, sondern als deren qualitative Veränderung begriffen werden muss. Wenn dieser Prozess dennoch nicht unverbunden innovativ sozusagen aus dem Nichts kommt, so liegt das an einer spezifischen Verknüpfung von Kontinuität und Diskontinuität, wie sie für Problemlösungsprozesse und dialektische Entwicklungsprozesse typisch ist.

In *Kapitel 3* frage ich, wie sozialer Wandel und moralischer Fortschritt zu denken sind. Wie kommen sie zustande? Wie verhalten sich moralischer Fortschritt und sozialer Wandel zueinander? Wenn moralischer Fortschritt sich nur im Kontext einer ganzen Reihe von anderen Praktiken und Überzeugungen verstehen lässt, dann ist

50 Vgl. Peter Singer, *The Expanding Circle. Ethics, Evolution, and Moral Progress*, Princeton, Woodstock 1981.

Fortschritt *Wandel im Wandel*. Von Neuem stellt sich damit aber auch die Frage nach dem Zusammenhang dieser verschiedenen Wandlungsprozesse und die nach der Veränderlichkeit oder Unveränderlichkeit der moralischen Normen selbst.

Diese Fragen werden in *Kapitel 4* wiederaufgenommen, in dem ich die meinen Überlegungen zugrundeliegende Theorie sozialen Wandels weiter umreiße: Sozialer Wandel, so meine These, entsteht als Reaktion auf Krisen, das heißt als *Reaktion auf einen Problemdruck*, der zur Veränderung nötigt. Daraus ergibt sich kein teleologisches Entwicklungsmodell hin zu einem im Voraus bestimmten Ziel, sondern die Möglichkeit, eine brüchige Logik der Entwicklung nachzuvollziehen.

Kapitel 5 schließlich stellt die alles entscheidende Frage, wie man den so beschriebenen Wandel als Fortschritt im Sinne eines Wandels zum Besseren verstehen kann. Im Dialog mit Robert Musils *Mann ohne Eigenschaften* verteidige ich hier gegen partikularistisch reduzierte Fortschrittsverständnisse das Modell von Fortschritt als Anreicherungsprozess. Schließlich knüpfe ich an das in Kapitel 1 postulierte Verständnis von Fortschritt als Verlaufsbegriff an und behaupte: Ob etwas ein Wandel zum Besseren, also Fortschritt, oder eben umgekehrt ein Moment von Regression ist, lässt sich nur an der Gestalt dieser Veränderungsdynamik selbst erkennen – wenn auch vielleicht nur mittels einer negativ ansetzenden Diagnose von Erfahrungsblockaden, das heißt Regressionsphänomenen. Gesellschaften haben kein Ziel, sie lösen Probleme. Ob sie sich fortschrittlich oder regressiv verhalten, bemisst sich dann nicht an der Nähe oder Ferne zu einem (normativen) Ziel, sondern an der Qualität der Problemlösung, die immer die Qualität des Problemlösungs*prozesses* ist. Die von Hegel inspirierte Idee eines dialektisch sich anreichernden Erfahrungsprozesses stellt sich damit als Kern des ganzen Projekts heraus.

Damit sind wir bei der *Regression* angelangt. Es gilt, und das ist das Thema von *Kapitel 6*, die Anatomie dessen zu erläutern, was wir als Regressionsphänomene auffassen können. Regression, so das Ziel meiner Argumentation, ist kein bloßes Zurückschreiten, kein simpler Rückfall hinter Erreichtes, sondern eine bestimmte Art des motivierten und folgenreichen Verlernens: eine nicht angemessene Form der Krisenbewältigung. Zum Fluchtpunkt des Verständnisses von Fortschritt und Regression wird dann die Frage der Emanzipation.

1
Was ist Fortschritt?

> Theoretische Rechenschaft über die Kategorie des Fortschritts verlangt, diese so nahe zu betrachten, daß sie den Schein des Selbstverständlichen ihres positiven wie negativen Gebrauchs verliert.
>
> *Theodor W. Adorno*[1]

In diesem Kapitel werde ich die Rede von Fortschritt im Anschluss an die zeitgenössische Diskussion über moralischen Fortschritt begrifflich präzisieren und zwei erste Thesen formulieren. Die erste lautet: Fortschritt ist *ein normativer Begriff sui generis.* Auch wenn wir mit ihm einen Wandel zum Besseren verbinden, ist Fortschritt nicht abhängig von einem vorausgesetzten, bereits gegebenen Verständnis des Guten oder Richtigen. Der Fortschrittsbegriff trägt im Gegenteil selbst etwas zur Bestimmung dessen bei, was gut oder besser ist. Meine zweite These ist: Fortschritt ist ein *Prozessbegriff.* Er bezeichnet die Qualität einer Entwicklung, einen Lern- und Erfahrungsprozess und damit eine bestimmte Weise, in der gesellschaftliche Transformationen stattfinden.

1.1 Was ist moralischer Fortschritt?

Wie kommt es, dass die Institution der Sklaverei – jedenfalls als öffentlich und rechtlich anerkannte Institution – in einigen, wenn auch längst nicht allen Ländern der Welt untergegangen ist?[2] Wie

1 Theodor W. Adorno, »Fortschritt«, in: ders., *Gesammelte Schriften*, Bd. 10: *Kulturkritik und Gesellschaft II*, Frankfurt/M. 1977, S. 617-638, hier S. 617.

2 Dass die Institution der Sklaverei als anerkannte gesellschaftliche Institution

kommt es, dass – bei allen Schwierigkeiten der Durchsetzung – Vergewaltigung in der Ehe heute in vielen Ländern als strafrechtlich zu verfolgendes Verbrechen aufgefasst wird,[3] während es über Jahrhunderte als das selbstverständliche Recht des Ehemanns galt, seine Frau auch gegen deren Willen und notfalls mit Gewalt »gefügig zu machen«? Und wie lässt sich erklären, dass Prügelstrafen für Kinder, die bis vor nicht allzu langer Zeit noch als selbstverständliche Erziehungsmaßnahme angesehen wurden, in unseren Gesellschaften heute verpönt und rechtlich sanktioniert, wenn auch nicht völlig verschwunden sind?

Solche und ähnliche Veränderungen werden in den letzten Jahren in der Philosophie verstärkt thematisiert und als *moralischer Fortschritt* untersucht.[4] Bei aller Zurückhaltung, die in der Philosophie

untergegangen ist, gilt auch dann noch, wenn alle Evidenzen dafür sprechen, dass moderne Formen der Sklaverei in Form von Zwangsprostitution, Menschenhandel, der Rekrutierung von Kindersoldaten und des US-amerikanischen Gefängnissystems fortbestehen. Siehe zu Letzterem Michelle Alexander, *The New Jim Crow. Masseninhaftierung und Rassismus in den USA*, München 2016. Der renommierte Sklaverei-Forscher Kevin Bales schätzt, dass zu Beginn des 21. Jahrhunderts mindestens 27 Millionen Menschen in sklavereiähnlichen Verhältnissen leben. Vgl. Kevin Bales, *Die neue Sklaverei*, München 2001, S. 20. So richtig es sein mag, hier von »Sklaverei« zu sprechen, so fatal wäre es doch, die Unterschiede einzuebnen, die die Sklaverei als rechtlich-sittlich anerkannte Institution von derjenigen »modernen Sklaverei« trennt, die sich, eben weil die Sklaverei mittlerweile nirgendwo auf der Welt mehr legal ist, unter dem Deckmantel von beispielsweise Schuldverträgen oder eben Strafvollzugssystemen abspielt.

3 Die Vergewaltigung in der Ehe war vorher natürlich nicht direkt erlaubt. Es gab aber *per definitionem* keine Vergewaltigung in der Ehe, da Vergewaltigung (in Deutschland) bis 1997 als »außerehelich« definiert war. Das Recht von Kindern auf »gewaltfreie Erziehung« ist in Deutschland erst seit 2001 in Kraft.

4 Vgl. u. a. Elizabeth Anderson, »The Social Epistemology of Morality. Learning from the Forgotten History of the Abolition of Slavery«, in: Miranda Fricker, Michael Brady (Hg.), *The Epistemic Life of Groups. Essays in the Epistemology of Collectives*, Oxford 2016, S. 75-94; dies., *Social Movements, Experiments in Living, and Moral Progress. Case Studies from Britain's Abolition of Slavery*, Lawrence 2014; Kwame Antony Appiah, *Eine Frage der Ehre, oder: Wie es zu moralischen Revolutionen kommt*, München 2011; Michelle Moody-Adams,

und im echten Leben mittlerweile gegenüber der Vorstellung eines generellen oder *globalen* gesellschaftlichen Fortschritts besteht, scheint über solche einzelnen, in ihrer Reichweite beschränkten – *lokalen* oder *sektorialen* – Instanzen der Veränderung ein relativ breiter Konsens zu bestehen. Nur wenige Autor:innen beurteilen die beschriebenen Entwicklungen *nicht* als positiv. Und bei aller Skepsis ist umgekehrt die Neigung groß, Entwicklungen, die den so erreichten Zustand infrage stellen oder gar aufheben, als eine Art von Rückfall aufzufassen. Fast möchte man mit Adorno sagen: »Was man zu dieser Stunde unter Fortschritt sich zu denken hat, weiß man vag, aber genau.«[5]

Fortschritt als Wandel zum Besseren?

Wonach fragen wir nun aber eigentlich, wenn wir nach dem moralischen Fortschritt fragen? Moralischer Fortschritt ist, in erster Annäherung, der positiv bewertete Wandel der allgemein akzeptierten Auffassungen, anhand deren wir moralisch relevante Fragen des Zusammenlebens betrachten und bewerten, und die entsprechende Veränderung in der Gestaltung der Institutionen und sozialen Praktiken, die das Zusammenleben regeln. Letzteres, die Lokalisierung des moralischen Fortschritts in sozialen Praktiken, also ihre Situierung im praktisch-institutionellen Leben der Gesellschaft, ist nicht trivial. Mit ihr verbindet sich ausdrücklich die These, dass ein solcher moralischer Wandel sich, um als Fortschritt gelten zu können, praktisch manifestieren und institutionell niederschlagen muss und nicht lediglich eine Veränderung individueller Einstellungen sein darf.

Wie verbreitet und wie verbindlich die hier im Fokus stehenden Veränderungen sein müssen und in welchen Institutionen sie sich niedergeschlagen haben müssen, um als Fortschritt zu gelten, wird in der Realität allerdings eine graduelle Frage sein. So liegt es zwar

»The Idea of Moral Progress«, in: *Metaphilosophy* 30:3 (1999), S. 168-185; Philip Kitcher, *The Ethical Project*, Cambridge, London 2011.

5 Adorno, »Fortschritt«, S. 617.

nahe, die rechtliche Kodifizierung als Indikator von Fortschritt zu verstehen. Mir wird es allerdings auch um denjenigen Bereich der Veränderung von sozialen Praktiken und Lebensformen gehen, der sich weniger leicht fassen lässt: die Veränderung von Sitten, Gebräuchen, Sprechweisen und Umgangsformen, Veränderungen in den Mikrostrukturen der Gesellschaft.[6] Als Fortschritt nun wird eine solche Veränderung aufgefasst, sofern es sich nicht nur um einen *Wandel* überhaupt, sondern um einen *Wandel zum Besseren* handelt, die Verhältnisse also nicht nur *anders*, sondern *besser* werden.

Man sieht schon die Fallstricke: Ob etwas ein Fortschritt, ein Rückschritt oder keines von beidem ist, ist eine Frage der *Bewertung* des jeweiligen Wandels. Nicht für jede Beteiligte mag eine bestimmte Entwicklung sich als Fortschritt darstellen. Gerade am Beginn von Transformationsprozessen sind die entsprechenden Neuerungen meist heftig umstritten. Und manche Veränderung ist auf mehr als oberflächliche Weise ambivalent. Dass dieselbe Veränderung, die für die Sklav:innen ein Fortschritt war, für die Sklavenhalter:innen den Verlust von Macht und Privilegien bedeutete, ist offensichtlich. Wie umstritten die Gewaltfreiheit in der Familie in Deutschland ist, kann man noch an den jüngsten Debatten um das Recht auf gewaltfreie Erziehung und die Vergewaltigung in der Ehe sehen, in denen mit teils aggressiven Auswüchsen die Unverletzlichkeit der Privatsphäre mit suggestiv polemischen Parolen à la »Gegen die Polizei unterm Bett und den Richter im Kinderzimmer« verteidigt wird.[7]

6 Die rechtliche Kodifizierung lässt sich einerseits als Ausdruck und Resultat des gesellschaftlichen Wandels, der veränderten Sittlichkeit oder der Veränderung von Lebensformen als einem Geflecht von Praktiken und Institutionen verstehen. Andererseits aber beeinflusst rechtliche Kodifizierung diesen Wandel. Es gibt also Einflussverhältnisse in beide Richtungen. Diese wechselseitige Beeinflussung beider Bereiche – des Rechts und des Praxis- und Normgefüges einer Gesellschaft – ist ein wichtiger Punkt, den ich hier jedoch nicht vertiefen kann.

7 Die Umstrittenheit des Sexualstrafrechts bezeugt Sabine Rückert, »Das Schlafzimmer als gefährlicher Ort«, in: *Die Zeit* 28 (2016), online unter ⟨https://www.zeit.de/2016/28/sexualstrafrecht-verschaerfung-kritik⟩, letzter Zugriff 13.11.2022.

Fortschritt als evaluativer Begriff

Das alles zeigt: Der Fortschrittsbegriff besitzt eine evaluative Komponente. »Fortschritt« ist nicht nur ein beschreibender, sondern auch ein bewertender Begriff. Es reicht nicht, einen Wandel zu konstatieren, etwa indem man feststellt, dass noch in den 1960er Jahren viele Klassenzimmer in Deutschland mit einem Rohrstock für die körperliche Züchtigung der Kinder ausgestattet waren, während dies heute undenkbar ist. Sofern man diesen Wandel als einen Fortschritt auffasst, affirmiert man ihn auch, bewertet ihn als gut, angemessen oder zuträglich. Man hält dann das Schlagen von Kindern für grausam, eine gewaltfreie Pädagogik dagegen für angemessen. Der bewertende, normative Aspekt ist es, der Georg Henrik von Wright dazu motiviert, die Rede vom moralischen Fortschritt in zwei voneinander unabhängige Komponenten aufzuteilen:

> Fortschritt ist Wandel zum Besseren; Rückschritt ist Wandel zum Schlechteren. Die Definition teilt das Konzept in zwei Komponenten: in die Vorstellung des Wandels und die Vorstellung des Guten.[8]

Von Wright unterscheidet also den deskriptiven Aspekt, der den Wandel normfrei als Wandel beschreibt, von einem ethisch-evaluativen, der Vorstellung des Guten, anhand deren sich dieser Wandel als Wandel zum Besseren hin bewerten lässt. Ähnlich nimmt Gereon Wolters den Begriff des Fortschritts analytisch auseinander:

> Phänomene sind nie als solches fortschrittlich, sondern nur unter Berücksichtigung von mindestens einem Aspekt, der aus irgendeinem Grund als »positiv«, »wünschenswert« oder »besser« für jemanden erscheint. »Fortschritt« heißt, dass dieser Aspekt oder diese Aspekte sich quantitativ oder qualitativ verbessern.[9]

8 Georg Henrik von Wright, »Progress. Fact and Fiction«, in: Arnold Burgen u. a. (Hg.), *The Idea of Progress*, Berlin, Boston 1997, S. 1-18, hier S. 1.

9 Gereon Wolters, »The Idea of Progress in Evolutionary Biology. Philosophi-

Nun ist eine solche analytische Unterscheidung zweier Dimensionen des Fortschrittsbegriffs vielleicht sinnvoll und der Hinweis darauf, dass Fortschritt ein normativer Begriff ist, richtig. Allerdings wäre es problematisch, daraus zu schließen, dass sich beide Aspekte, der deskriptive und der normative, tatsächlich in zwei Komponenten separieren oder unabhängig voneinander verstehen ließen. Im Gegenteil scheint es ein spezifisches Charakteristikum des Fortschrittsbegriffs zu sein, dass sich in ihm beide Momente untrennbar miteinander verschlingen. Es ist also zwar richtig, dass die Diagnose eines Fortschritts auf einer Interpretation von Ereignissen *als* Fortschritt beruht und dass eine solche Interpretation immer schon normativ geleitet oder imprägniert ist. Das bedeutet aber gerade nicht, dass sich ein deskriptives Moment, eine als normfrei gedachte Beschreibung des Wandels als bloßem Wandel, vom ethisch-evaluativen Moment, der Bewertung dieses Wandels als Wandel zum Besseren, ablösen lässt. Eine solche Separierung oder Dekomposition verfehlt aus meiner Sicht die Pointe des Fortschrittsbegriffs und beraubt ihn seines spezifischen Gehalts. Das gilt klarerweise hinsichtlich seiner (in der Einleitung skizzierten) politisch-historischen Semantik: Erst die Idee einer alles mitreißenden und in dieser Unwiderstehlichkeit normativ aufgeladenen Transformationsdynamik erklärt die Bedeutung des Fortschrittsgedankens für das normative Selbstverständnis einer ganzen Epoche. Aber auch der systematische Gehalt und das systematische Potenzial des Fortschrittsbegriffs, wie ich es in meiner Untersuchung herausarbeiten möchte, würde durch die Separierung in den Wandel einerseits, das Gute andererseits geschmälert.

Fortschritt gehört nämlich, meiner These nach, zur Gruppe der dichten, analytisch-deskriptiven Begriffe,[10] in denen Beschreibung

cal Considerations«, in: Arnold Burgen u. a. (Hg.): *The Idea of Progress*, Berlin, Boston 1997, S. 201-218, hier S. 201.

10 Zum Verständnis von solchen »dichten Begriffen« (*thick concepts*), vgl. u. a. Bernard Williams, *Ethik und die Grenzen der Philosophie*, Hamburg 1999, S. 181-185. Zur Debatte über die metaethischen Konsequenzen der Annahme von werthaltigen Fakten siehe u. a. Hilary Putnam, »Werte und Normen«, in: Klaus Günther, Lutz Wingert (Hg.), *Die Öffentlichkeit der Vernunft und die*

und Bewertung eine unauflösliche Verbindung miteinander eingehen. In diesem Sinne ist »Fortschritt« oder »fortschrittlich« eine beschreibende Bewertung und eine bewertende Beschreibung, bei der das eine ohne das andere gegenstandslos wäre. Das teilt der Fortschrittsbegriff mit Begriffen wie Entfremdung, Ausbeutung, Grausamkeit oder Kitsch, also mit ebenjenen dichten (ethischen) Begriffen, von denen sich behaupten lässt, dass sie die Textur einer immer schon normativ verfassten, evaluativ eingefärbten sozialen Welt ausmachen.[11]

Nichtderivativer Charakter des Fortschritts

Diese Auffassung führt uns nun aber direkt zum oben erwähnten Problem der normativen Eigenständigkeit des Fortschrittsbegriffs. Die Trennung der beiden Dimensionen, des Wandels und des Guten, läuft nämlich auf eine *Priorisierung des normativen Aspekts* hinaus, auf das, was man einen »Vorrang des Guten vor dem Fortschritt« nennen könnte. Um über Fortschritt zu sprechen – und auch um das Bessere vom Schlechteren zu unterscheiden –, müssten wir, wenn wir die Komponenten so trennen wollen, wie von Wright es vorschlägt

Vernunft der Öffentlichkeit. Festschrift für Jürgen Habermas, Frankfurt/M. 2001, S. 280-313. Zur Durchdringung von analytischen und deskriptiven Elementen als Teil eines immanent-kritischen Vorgehens vgl. Rahel Jaeggi, »Was ist Ideologiekritik?«, in: dies., Tilo Wesche (Hg.), *Was ist Kritik?*, Frankfurt/M. 2009, S. 266-298, hier S. 281-283, und Rahel Jaeggi, Robin Celikates, *Einführung in die Sozialphilosophie*, München 2017, S. 17-20.

11 Eine normfreie, neutrale Beschreibung der sozialen Welt, zu der die Wertung dann erst nachträglich hinzukommt, ist aus dieser Sicht nicht plausibel. Interessanterweise konvergieren ansonsten sehr unterschiedliche philosophische Positionen im Bemühen darum, die Dominanz einer empiristischen Weltsicht, die auf der Annahme einer normativ neutralen Welt beruht, zu brechen. Siehe dazu: Alice Crary, *Inside Ethics. On the Demands of Moral Thought*, Cambridge, London 2016, bes. Kap. 1: »Outside Ethics. Tracing a Trend in Contemporary Moral Philosophy«, S. 10-35. Zur Konvergenz dieser Positionen mit dem Antipositivismus der Kritischen Theorie siehe auch: dies., »The Methodological is the Political. What's the Matter with ›Analytic Feminism‹?«, in: *Radical Philosophy* 202 (2018), S. 47-60.

und wie es auch den Versuchen, den Fortschrittsbegriff deontologisch zu verstehen, zugrunde liegt,[12] zunächst wissen, was das Gute ist, auf das der Wandel zustrebt. Das Gute wäre der Sollzustand, in Bezug auf den die jeweiligen Istzustände vergleichbar werden, wodurch dann eine bestimmte Bewegung als Fortschritt erkennbar wird. Damit wird vorausgesetzt, dass sich das Gute unabhängig vom Fortschritt bestimmen lässt oder dass es schon bestimmt ist, wir also schon wissen, was das Gute ist, wenn wir über Fortschritt sprechen. Genau in diesem Sinne hätte die Bestimmung des Guten Priorität gegenüber dem Fortschrittsgeschehen. Fortschritt wäre der normativen Position gegenüber derivativ, von dieser nur abgeleitet. Fortschritt ist dann »kein normativer Begriff aus eigenem Recht«,[13] wie Rainer Forst es konsequenterweise ausdrückt.

Das klingt vielleicht intuitiv einleuchtend. Woher sollte man auch wissen, ob eine Veränderung einen Fortschritt bedeutet, ohne vorher ein erstrebenswertes Ziel, das dieser Veränderung eine Richtung gibt, auszumachen? Dass man allerdings mit einem solchen Zugang zum Thema auch etwas verliert, sieht man, wenn man auf die oben skizzierten Beispiele zurückgeht. Behandelt man Fortschritt als normativ derivativen Begriff, so geht die Feststellung, dass die Abschaffung der Sklaverei oder die gewaltfreie Erziehung ein Fortschritt ist, problemlos auf in der Behauptung, dass ebendieser erreichte soziale Zustand (moralisch) gut oder richtig ist. Umgekehrt würde – und an diesem Fall kann man sich vielleicht noch besser klarmachen, was dann fehlte – die These, dass es sich beim Faschismus oder beim zeitgenössischen Autoritarismus um Regression han-

12 Eine solche Deontologisierung des Fortschrittsverständnisses verfolgen aus unterschiedlichen Gründen und mit unterschiedlichen Perspektiven Rainer Forst, »The Justification of Progress and the Progress of Justification«, in: Amy Allen, Eduardo Mendieta (Hg.), *Justification and Emancipation. The Political Philosophy of Rainer Forst*, University Park 2019, S. 17-37, und Christian Thies, »Kants Geschichtsphilosophie aus heutiger Sicht«, in: Olivier Ayard, Françoise Lartillot, *Kant, L'Anthropologie et L'Histoire*, Paris 2011, S. 35-49.

13 Forst, »The Justification of Progress and the Progress of Justification«, S. 20.

delt, aufgehen in der These, dass er moralisch böse oder schlecht ist. Damit wäre aber das, was eine solche Diagnose ausmacht, der normative und deskriptiv-analytische Reichtum des Fortschrittsbegriff und seine spezifische Deutungsmacht, verloren. Fortschritt wäre, statt dynamisch als spezifische Form eines Transformationsprozesses zum Guten aufgefasst zu werden, auf eine statische normative Frage reduziert. Dem Bewegungsmoment, dem temporalen Charakter des Begriffs käme dann keine eigene normative Bedeutung zu. Letztlich wäre der Begriff des Fortschritts dem Begriff des Guten gegenüber geradezu redundant und für unser normatives Vokabular eigentlich überflüssig; die Aussage »das ist ein Fortschritt« enthielte gegenüber der Aussage »Es ist gut oder richtig, dass es so ist« keine relevante Zusatzinformation.

Während also der Fortschrittsbegriff in einem deontologischen Rahmen kein normativer Begriff eigener Geltung ist, kommt ihm meinem geschichtsphilosophisch inspirierten Verständnis zufolge normativ fundierender Charakter zu. Meine Behauptung ist: Fortschritt ist ein normativer Begriff *sui generis*, aus eigenem Recht; und er ist dies als ethisch dichter Prozessbegriff.

Der erste Schritt zur Verteidigung von Fortschritt als einem solchen normativem Begriff *sui generis* ist nun die Verabschiedung der Vorstellung, dass Fortschritt, um als solcher gelten zu können, ein klar definiertes Ziel braucht.

1.2 Der Vorrang des Fortschritts vor dem Guten

Eine hartnäckige Auffassung von Fortschritt suggeriert, dass dieser von einer (vorherigen) Bestimmung des Ziels abhängt. Fortschritt – ja schon! Aber in Bezug auf was? Fortschritt – aber wohin? Diese Auffassung ist freilich nicht alternativlos. Wir sollten Fortschritt, so behauptet der amerikanische Philosoph Philip Kitcher, weniger als Fortschritt (hin) *zu* (einem Ziel) denn als Fortschritt (weg) *von* (einem Problem) verstehen.

Ob ich auf einer Wanderung den richtigen Weg verfolge oder mich verlaufen habe, wird sich nur entscheiden lassen, wenn ich weiß, wohin ich will. Ich nähere mich dann fortschreitend dem Berggipfel an – oder eben nicht. Auf dem Weg von der Talstation zum Gipfel sind entsprechend die Abschnitte t1, t2 und t3 Etappen auf dem Weg zum Gipfel, und der Fortschritt bemisst sich an der geringer werdenden Entfernung vom Ziel. Beeinträchtigt ist der Fortschritt dieser Auffassung nach, wenn ich aufgebe und zurückgehe oder wenn ich, mich verirrend, einen Umweg mache.

So stellen sich manche den Fortschritt vor. Und natürlich gibt es Fälle, in denen diese Annahme eines Ziels auf den ersten Blick sehr einleuchtend und ganz unproblematisch ist: Offenkundig kann ich mir Ziele setzen, in Bezug auf die ich Fortschritte definiere. Wenn ich mir vornehme, den Gipfel zu erreichen, dann ist jeder erwanderte Kilometer ein Fortschritt auf dem Weg zum Ziel. Meine Lauf-App verzeichnet unter dem Titel »Fortschritt«, wie viele Kilometer ich bereits gegangen oder gejoggt bin hinsichtlich des von mir (oder der App selbst?) gesetzten wöchentlichen Ziels. Schon diese erste Plausibilität aber ist trügerisch: Wenn ich plötzlich auf den Gipfel gebeamt würde oder ein Helikopter mich geholt hätte, wäre ich zwar angekommen, hätte aber keinen Fortschritt gemacht.

Beim wissenschaftlich-technischen Fortschritt zeigt sich noch deutlicher, dass die an Wanderweg, Berggipfel und Ermunterungs-App angelehnte Vorstellung irreführend ist. Derjenige, der die ersten Lochkartensysteme entwickelt hat, hatte nicht bereits das Ideal eines PCs oder einer modernen Großrechenanlage vor Augen, der Erfinder des Telefons nicht das heutige Smartphone. So unbezweifelbar sich die Erfindung des Rads im Nachhinein als unverzichtbarer (Fort-)Schritt auf dem Weg zum Formel-1-Rennwagen darstellt, so wenig war sie geleitet von dem Streben nach dem bereits bekannten Ziel der modernen Rennfahrerei. Auch der Weg vom Verzehr rohen Fleisches zur *Sous-vide*-Methode der gehobenen Küche oder

der von der Höhle zum Wolkenkratzer wurde gegangen, ohne dass ein Ziel bekannt gewesen hätte sein können.

Viel besser lassen sich diese Vorgänge verstehen, wenn man sie als (fortschreitende) Problemlösungen auffasst, in denen sich, getrieben von Problemen, eines aus dem anderen entwickelt. Das rohe Fleisch war zäh und unbekömmlich, darum hat man in manchen kulinarischen Kulturen begonnen, es zu braten oder zu marinieren, und hat die entsprechenden Zubereitungstechniken verfeinert, aber auch den Gegebenheiten angepasst. Sauberes Trinkwasser war im europäischen Mittelalter rar, also braute man Bier.[14] Die bebaubare Fläche in Manhattan war vergleichsweise klein, dafür war der Untergrund fest, deshalb baute man Hochhäuser. Zur Lösung bestimmter, unter anderem kriegstechnischer Probleme war man auf die Verarbeitung großer Datenmengen angewiesen, deshalb hat man an der Verdichtung beziehungsweise Vergrößerung der Speicherkapazität und der Verbesserung der Prozessoren gearbeitet, ohne zu wissen, wo das enden würde. Technisch-wissenschaftlicher Fortschritt hangelt sich also von Problem zu Problem, er ist getrieben durch Situationen, in denen man etwas besser machen will oder muss, in denen sich die Möglichkeit dazu ergibt und in denen gegebenenfalls jemand eine Idee zur Problemlösung hat, die sich als produktiv und machbar erweist. Eben aus diesem Grund ist Fortschritt, um auf die griffige Unterscheidung Philip Kitchers zurückzukommen, nicht Fortschritt *zu*, sondern Fortschritt *von*.[15]

Das ist nun, so jedenfalls meine These, beim sozialen Fortschritt nicht anders. Auch dieser ist Resultat des Auftretens von Problemen und den entsprechenden Problemlösungsprozessen, aus denen sich jeweils neue Probleme und, wenn es gutgeht, neue Lösungen ergeben. Auch hier ist das endgültige Ziel nicht von vornherein bekannt.

14 In Korea begegnete man demselben Problem, indem man Suppen herstellte, was deutlich macht, dass es für dasselbe Problem unterschiedliche Lösungen, funktionale Äquivalente zur Lösung eines Problems, geben kann. Dank an Josefine Berkholz für diesen Hinweis.

15 Vgl. Kitcher, *The Ethical Project*, und ders., *Moral Progress*, New York, Oxford, 2021, S. 25.

Fortschritt wird dann nicht von einem Ziel, auf das er zulaufen soll, angezogen oder geleitet, sondern ist von Problemen hervorgetrieben: ein Fortschritt weg *vom* Schlechten, hin zu einem Besseren, ohne dass Letzteres von vornherein schon klar bestimmt wäre und ohne dass der Prozess an ein vorhersehbares Ende kommen könnte. Mit dem spanischen Dichter Antonio Machado kann man sagen: »Ein Weg entsteht, wenn man geht.«[16]

Hier korrespondiert das pragmatistisch inspirierte Verständnis des Fortschritts als Fortschritt *von*, weit davon entfernt, die Idee des Fortschritts zum bloß pragmatischen Sich-Durchlavieren zu deflationieren, mit dem Negativismus der Kritischen Theorie und auch mit dem, was man mit Hegel als dialektisches Verständnis von Erfahrungsprozessen auffassen kann. Gegenüber der landläufigen Hegel-Lektüre, dem »lazy reading«,[17] wie Terry Pinkard es nennt, ist nämlich auch der dialektische Erfahrungsprozess, so beschreibt es Fred Neuhouser für Hegels *Phänomenologie des Geistes* und in Bezug auf die Entfaltung der Idee der Freiheit, nicht ein Vorlauf auf ein bereits bekanntes Ziel. Hegels Argument »beginnt nicht mit einem vollkommen determinierten Verständnis davon, was es für ein Subjekt bedeutet, frei zu sein, und deduziert dann, mit diesem Verständnis im Kopf, die Konditionen, die erfüllt werden müssen, damit freie Subjektivität möglich ist.«[18] Im Gegenteil, »ein vollständiges Verständnis [...] ergibt sich erst am Ende«, und zwar in dem Maße, in dem es verwirklicht wird.[19]

In einem entscheidenden Sinn existiert auch bei Hegel die Freiheit nicht schon, bevor sie sich in der Entfaltung durch Widerstände

16 Vgl. Antonio Machado, »CXXXVI Proverbios y cantares«, in: ders., *Campos de Castilla. Kastilische Landschaften 1907-1917*, Zürich 2001, S. 219. Im Original: »Caminante, no hay camino/se hace camino al andar./Al andar se hace el camino.«

17 Terry Pinkard, *Does History Make Sense? Hegel on the Historical Shape of Justice,* Cambridge, London 2017, S. 2.

18 Fred Neuhouser, »Desire, Recognition, and the Relation between Bondsman and Lord«, in: Kenneth R. Westphal (Hg.), *The Blackwell Guide to Hegel's Phenomenology of Spirit*, Oxford, Malden 2009, S. 37-54, hier S. 39.

19 Ebd.

hindurch realisiert und artikuliert. Im Prozess eines so gedachten Wandels zum Besseren passiert also mehr als die bloße Überwindung einer Strecke und auch mehr als die Überwindung von Hindernissen auf ein bekanntes Ziel hin. Auch für Hegel ist die Geschichte dann nicht, wie Dewey es ihm (fälschlich) vorwirft, die bloße Entfaltung des bereits Vorhandenen hin zu einem Ziel;[20] es entfaltet sich vielmehr in einem solchen Prozess auch das Ziel selbst.

Der Vorrang des Fortschritts

Wenn nun der Fortschritt mehr problemgetrieben als zielabhängig ist, dann gibt es auch kein unabhängiges Gutes, das ihn erst begründet und den Wandel somit zum Fortschritt macht. Man braucht dieses unabhängige Gute aber, so scheint es, auch nicht mehr. Das Verhältnis vom Guten zum Fortschritt lässt sich dann geradezu umdrehen: Wir verstehen nicht erst, was der Fortschritt ist, wenn wir das Gute verstehen; wir verstehen, was das Gute ist, wenn wir den Fortschritt verstehen. Der Fortschritt bekommt die Priorität gegenüber dem Guten.

Für einen solchen Vorrang des Fortschritts spricht sich der Wissenschaftstheoretiker Larry Laudan innerhalb der in den 1970er Jahren geführten Diskussion über den Fortschritt in den Wissenschaften aus, die sich in Analogie zu der Diskussion über moralischen oder sozialen Fortschritt setzen lässt.[21] Ist in herkömmlichen Konzepten Fortschritt abhängig oder sogar, wie Laudan sagt, »parasitär«

20 Vgl. Rahel Jaeggi, *Kritik von Lebensformen*, Berlin 2014, S. 353-354.

21 Maßgeblich für diese Diskussion innerhalb der Wissenschaftstheorie ist immer noch die durch Thomas S. Kuhn, *Die Struktur wissenschaftlicher Revolutionen*, Frankfurt/M. 1967, Imre Lakatos, »Falsification and the Methodology of Scientific Research Programmes«, in: ders., Alan Musgrave (Hg.), *Criticism and the Growth of Knowledge. Proceedings of the International Colloquium in the Philosophy of Science*, Cambridge 1970, S. 91-196, und Paul Feyerabend, *Wider den Methodenzwang*, Frankfurt/M. 1976 angeregte Debatte. Zu Laudans Position siehe Larry Laudan, *Progress and its Problems. Towards a Theory of Scientific Growth*, Berkeley, Los Angeles 1977.

gegenüber dem Wahren, so lässt sich im pragmatistischen Geist dieser Vorrang des Wahren vor dem Fortschritt umkehren:

> Ich bin zutiefst beunruhigt von der Einstimmigkeit, mit der Philosoph:innen den Fortschritt parasitär zur Rationalität machen. [...] Es wird hier die Annahme verfolgt, dass wir vielleicht etwas lernen können, indem wir die mutmaßliche Abhängigkeit des Fortschritts von der Rationalität umkehren.[22]

Rationalität in der Wissenschaft ist dann, was Resultat eines wissenschaftlichen Fortschrittsprozesses ist, und nicht umgekehrt Fortschritt das, was sich der Rationalität nähert. Das bedeutet eine entschiedene Neujustierung der Fragestellung, die sich in der Alternative zwischen verschiedenen Formen des Relativismus sowie der Skepsis gegenüber wissenschaftlichem Fortschritt einerseits und einem universalistischen Festhalten an der rationalen Begründbarkeit wissenschaftlichen Fortschritts andererseits verfangen hatte. Fortschritt – auch von Laudan verstanden als Problemlösungsprozess – wird dann fundierend für Rationalität, und zwar gerade deshalb, weil sich Rationalität gar nicht unabhängig von der Entwicklung, in der sie einen bestimmten Punkt markiert, also unabhängig von ihrem historischen Gewordensein bestimmen lässt. Laudan schreibt:

> In einem Satz lautet mein Vorschlag, dass *Rationalität darin besteht, die progressivsten theoretischen Entscheidungen zu treffen*, Fortschritt aber nicht darin besteht, nach und nach die rationalsten Theorien zu akzeptieren.[23]

Wenn Rationalität sich aber am Fortschritt beziehungsweise am Fortschreiten bemessen soll und nicht Fortschritt an der Rationalität, dann hat Rationalität selbst »einen Zeitkern«:[24]

22 Ebd., S. 5f.

23 Ebd., S. 6.

24 So formulieren es Max Horkheimer und Theodor W. Adorno, wenn auch in einem ganz anderen Kontext und mit anderen Implikationen. Vgl. Max Horkheimer, Theodor W. Adorno, *Dialektik der Aufklärung*, in: ders., *Gesammelte Schriften*, Bd. 3, Frankfurt/M. 1981, hier S. 9.

> Fortschritt ist unvermeidbar ein *zeitliches* Konzept; von wissenschaftlichem Fortschritt zu reden beinhaltet notwendigerweise die Idee eines sich über eine Zeitspanne hinweg ereignenden Prozesses. Rationalität, auf der anderen Seite, ist vornehmlich als ein atemporales Konzept gesehen worden; es wurde behauptet, dass wir unabhängig von Kenntnissen über ihr historisches Gewordensein feststellen können, ob eine theoretische Aussage rational glaubwürdig ist.[25]

Dieselbe pragmatistisch inspirierte Umkehr schlägt nun Philip Kitcher im Bereich des Ethischen vor: »Ethischer Fortschritt ist ethischer Wahrheit vorgelagert und Wahrheit ist das, was man bekommt, sofern man fortschreitet.«[26] Der normative Index der infrage stehenden Transformation zehrt dann nicht vom Begriff des Guten. Es verhält sich genau andersherum: Das Gute zehrt von der fortschrittlichen Transformation. Das Gute (und die Möglichkeit einer Bestimmung des Guten) ist Resultat des Fortschrittsprozesses, der fortschrittlichen Entwicklung, nicht der Fortschritt sichtbar als Annäherung an das Gute.

Dafür gibt es auch in Bezug auf den sozialen Fortschritt einen Grund, der dem ähnelt, was Laudan hinsichtlich der Wahrheit vermutet: Vielleicht wissen wir mehr über den Fortschritt als über das Gute. Das liegt möglicherweise daran – und hier trifft sich die Position mit dem Negativismus, wie ihn beispielsweise Adorno vertritt –, dass wir wissen, was die Probleme sind, dass wir wissen, was das Schlechte ist, das wir überwinden sollten, ohne dass dem auf der anderen Seite ein bereits bestimmtes Wissen vom Guten entspricht. »Aber was das Unmenschliche ist, wissen wir sehr genau.«[27] Vielleicht ist es leichter und auch fruchtbarer, herauszufinden, ob wir (in der Bekämpfung des Schlechten) voran- oder zurückschreiten,

25 Laudan, *Progress and its Problems*, S. 5.

26 Vgl. Kitcher, *The Ethical Project*, S. 139, S. 210 u. S. 239; »fortschreitet« im Original: *making progressive steps.*

27 Theodor W. Adorno, *Probleme der Moralphilosophie*, Frankfurt/M. 2010, S. 261.

als ein absolutes Gutes, also das Ziel dieser Bewegung, auszumachen. Auch in der festgefahrenen Debatte über die Bestimmbarkeit des Guten (die ebenso vom Gespenst des Relativismus bedroht ist wie die erwähnte wissenschaftstheoretische Diskussion) bietet also die Orientierung am Prozess, der sich als besondere Form von fortschreitendem Problemlösungsprozess beschreiben lässt, einen Ausweg.[28]

»Fortschritt« ist dann, sozialphilosophisch (und, bei allen Vorbehalten, geschichtsphilosophisch) ausbuchstabiert, nicht irgendein Begriff unter anderen; und der fortschrittliche oder regressive Charakter sozialer Transformationsprozesse ist nicht irgendein philosophisches Problem unter anderen. Er hat fundierenden Charakter – oder vielleicht besser: Er tritt an die Stelle eines (deontologisch verstandenen) normativen Fundaments.

1.3 Fortschritt als Lern- und Erfahrungsprozess

Vielleicht ist dann die Frage »Was ist Fortschritt?«, mit der ich dieses Kapitel überschrieben habe, als Frage nach *dem Fortschritt* im substantivischen Verständnis gar nicht richtig gestellt. Richtig verstanden geht es um die Möglichkeit progressiver Transformation, um den *fortschrittlichen* sozialen Wandel, also um Fortschritt im adjektivischen Sinne. Was uns in diesem Zusammenhang interessiert, ist dann weniger das Resultat, das erreichte Gute, als vielmehr die Möglichkeit, fortschrittliche Übergänge von einem zu einem anderen (gesellschaftlichen) Zustand zu identifizieren.

28 Es wird dann von entscheidender Bedeutung sein, wie man die Temporalität und Historizität des infrage stehenden Transformationsprozesses (und damit dann auch die Historizität des Guten) genau versteht. Wir werden in Kap. 4 und 5 sehen, wie sich in Bezug auf diesen eine dialektisch-pragmatistische Position des fortschrittlichen Wandels als Anreicherungsprozess (wie meine) von einer naturalistisch-pragmatistischen Position (wie der Kitchers) unterscheidet und dass die entsprechenden Problemlösungsprozesse im Modus bestimmter Negation als dialektisches Anreicherungsgeschehen aufgefasst werden müssen, um in normativer Hinsicht aussagekräftig zu sein.

Wenn das, was normativ ein Fortschritt ist, also eine Qualität ist, die nicht aufgeht in der Bewertung eines Effekts, dann ist es der Prozess selbst, auf den es ankommt. Es ist also der jeweilige Erfahrungs- oder Lernprozess, der von der Interpretationsfigur des Fortschritts her bewertet, für angemessen oder unangemessen, gut oder schlecht befunden wird – oder eben: für progressiv oder regressiv. Selbst nämlich in den einfachen Fällen, in denen, wie oben beschrieben, ein bestimmbares Ziel vorhanden ist, geht, wie ich bereits angedeutet hatte, die Rede vom Fortschritt im Erreichen eines Ziels nicht auf. Als Fortschritt bewertet man nicht lediglich einen Effekt, sondern den Weg zu diesem.

Lernen

Mit dem Fortschritt verbindet sich nämlich die Idee des Lernens, der Entwicklung oder der Erfahrung. Nehmen wir an, ich wachte morgens auf und könnte plötzlich fliegen. Selbst wenn das Fliegenkönnen einer meiner langgehegten Wünsche wäre, wäre es wohl kaum richtig, zu sagen, ich hätte über Nacht hinsichtlich meiner Flugkünste unerwartete Fortschritte gemacht. Das liegt daran, dass ich schwerlich über Nacht fliegen *gelernt* haben werde. Solche unverbundenen und unerwarteten Veränderungen sind aber nicht nur wenig wahrscheinlich, sowohl in Bezug auf individuelle Vermögen als auch in Bezug auf gesellschaftliche Transformationen. Man sieht an diesem Beispiel auch, was mit der Behauptung gemeint ist, dass Fortschritt oder Fortschrittlichkeit nicht in der Bewertung eines Effekts aufgeht. Entscheidend ist hier das Folgende: Fortschritt hat eine zeitliche Dimension, ist als Bewegungsbegriff ein »Prozess, der sich über eine Zeitspanne hinweg ereignet«.[29] Und mehr noch: Diese Zeitspanne ist keine »homogene und leere Zeit«,[30] nicht einfach nur

29 Laudan, *Progress and its Problems*, S. 5.

30 Walter Benjamin, »Über den Begriff der Geschichte«, in: ders., *Gesammelte Schriften*, Bd. I: *Abhandlungen*, Frankfurt/M. 1980, S. 691-704, hier S. 701 (These XIV).

eine zu durchschreitende Spanne von diesem (früheren) zu jenem (späteren) Zeitpunkt, sondern eine, in der etwas geschieht, in der die Elemente des Geschehens sich aufeinander beziehen, auseinander hervorgehen und das Geschehen sich im besten Fall als Erfahrung oder zu einer Erfahrung anreichert. Wenn wir im emphatischen Sinn etwas lernen oder erfahren, sind wir hinterher nicht die gleichen wie vorher. Im individuellen Fall bedeutet »Lernen«, dass einzelne Fertigkeiten erworben werden, die aufeinander aufbauen und eingeübt werden müssen.[31] Und »eine Erfahrung machen« beinhaltet, von etwas affiziert zu werden, das einen Veränderungsprozess auslöst, in dem ebenjene Erfahrung angeeignet wird.[32] Die Bewegung – das *Fahren* – steckt hier schon im Wort. Ähnliches lässt sich, mit einiger Vorsicht, auch hinsichtlich sozialer, kollektiver und historischer Prozesse annehmen.

Man sieht jetzt noch einmal den Unterschied zu den oben von mir kritisierten normativistischen[33] Positionen: Dass der erfolgreiche Kampf gegen die Sklaverei (genauer: die *chattel slavery* in den USA) einen Fortschritt markiert, meint dann etwas anderes, als dass die Abschaffung der Sklaverei gut oder moralisch richtig ist. Mit der Interpretation als Fortschritt ist nicht ein Zustand, sondern die progressive oder auch emanzipative *Entwicklung* gemeint. (Ein Indiz dafür ist, dass dieser Kampf sich in weiteren Emanzipationsbewegungen von der Bürgerrechtsbewegung bis hin zur zeitgenössischen *Black Lives Matter*-Bewegung fortgesetzt hat, ja fortsetzen musste, aber eben auch konnte.) Und umgekehrt: Mit der Analyse des Fa-

31 Zur genaueren Ausarbeitung eines pragmatistisch inspirierten Verständnisses von Lernen siehe auch Jaeggi, *Kritik von Lebensformen*, insb. Kap. 7.1., S. 321-327. Zum Theorem der Lernblockade siehe ebd., Kap. 7.3., S. 332-337.

32 Ich füge hier »Erfahrung machen« und »Lernen« eng zusammen, weil aus meiner Sicht auch das Erfahren nicht als passives Affiziertwerden aufgefasst werden sollte und umgekehrt das Lernen problemgetrieben und kein rein kognitiver Vorgang ist. Hier liegt womöglich eine Differenz zu Christoph Menke, *Theorie der Befreiung*, Berlin 2022.

33 Zur Unterscheidung von normativ und normativistisch vgl. Michael Theunissen, »Möglichkeiten des Philosophierens heute«, in: ders., *Negative Theologie der Zeit*, Frankfurt/M. 1991, S. 13-36, hier S. 31.

schismus oder auch mancher zeitgenössischen Erscheinung als Regression ist nicht (nur) gemeint, dass es sich hier um eine Instanz des moralisch Bösen handelt, sondern, dass es sich um eine (Fehl-) Entwicklung handelt, in der auf fatale Weise Krisen nicht bearbeitet werden können, also um eine systematische Erfahrungs- und Lernblockade. Entsprechend ist denkbar, dass im sozialen Leben etwas Erstrebenswertes passiert, das nicht oder jedenfalls nicht selbst Resultat einer Fortschrittsentwicklung ist. Natürlich wären die Abschaffung der Sklaverei, das Ende der institutionell legitimierten Gewalt in der Ehe oder der Sieg über den Faschismus rein normativ betrachtet auch dann richtig, wenn sie vom Himmel gefallen oder durch Mächte *from outer space* herbeigeführt worden wären. Der erreichte Zustand wäre sogar dann begrüßenswert, wenn er nur eine nichtintendierte Nebenfolge einer auf ganz andere Ziele gerichteten Veränderung gewesen wäre. Aber die eingetretene Veränderung wäre dann eben nicht das Resultat einer gesellschaftlichen Fortschrittsentwicklung. Es gibt also nicht nur Veränderungen, die keine Veränderungen zum Besseren sind, sondern auch ein Eintreten des Besseren, das kein Fortschritt ist.[34]

34 Man kann realgeschichtlich bezweifeln, ob sich ein auf diese Weise herbeigeführter Zustand auf Dauer halten kann, ohne mindestens nachträglich eine solche Entwicklung zu vollziehen. Der Umstand, dass in Deutschland der Sieg über den Nationalsozialismus ja tatsächlich gewissermaßen vom Himmel gefallen ist und nicht Resultat eines siegreichen Umsturzes durch innergesellschaftliche Kräfte war, ist in diesem Zusammenhang lehrreich. Tatsächlich konnte und musste in diesem Fall der eigentliche Lernprozess und damit auch fortschrittliche Überwindung eines zutiefst durch den NS und seine Vorgeschichte geprägten gesellschaftlichen Einstellungs-, Praxis- und Institutionengefüges nachträglich vollzogen werden. Gab es dazu in diesem Fall keine Alternative und mussten durch eine Intervention von außen überhaupt erst einmal die Vorbedingungen für eine solche Entwicklung geschaffen werden, so lässt sich an anderen Versuchen, soziale Transformationsprozesse zu organisieren, etwa Demokratisierungsprozesse, immer wieder studieren, dass diese umso besser gelingen, je mehr sie an genuine innergesellschaftliche Prozesse, Entwicklungen und Bewegungen anknüpfen können.

Fortschritt ist also nicht bloß Wandel – der ja auch eine bloß kausale Abfolge von Ereignissen sein könnte – und auch nicht schlicht der als solcher normativ unbestimmte Vorlauf auf das Gute. Vielmehr ist Fortschritt eine bestimmte Art von Lern- oder Erfahrungsprozess. Fortschrittlichkeit ist dessen besondere Qualität. Wenn dem aber so ist, dann kann man die normativen Maßstäbe für den Fortschritt gar nicht ohne Bezug auf die Form dieses Wandels ausweisen. Nicht jede Art von Wandel ist fortschrittlich, das ist trivial. Nicht trivial ist aber, dass sich die Fortschrittlichkeit des Wandels nicht an seinem Ziel bemisst – etwa dass er auf Wohlstand oder soziale Gerechtigkeit gerichtet ist –, sondern an seiner Qualität selbst. Fortschrittlich ist dann eine bestimmte Art des Wandels, nämlich eine solche, die man als sich anreichernden Lern- oder Erfahrungsprozess bezeichnen kann. Wenn andererseits manche Arten des Wandels als regressiv gelten können, dann deshalb, weil sie gekennzeichnet sind von Effekten des *Ver*lernens[35] und der reaktiven Abschottung gegen Erfahrungen. Wenn aber Fortschritt, kurz gesagt, nicht nur die Richtung einer Bewegung markiert, sondern auch ihre Qualität, dann eröffnet sich die Möglichkeit einer immanenten Bewertung der Fortschrittsbewegung, die keinen *a priori* gesetzten Maßstab benötigt. Fortschritt hat dann nicht nur einen eigenen normativen Gehalt (so

35 Wenn ich mich hier positiv auf das Lernen oder die Erfahrung beziehe und negativ von Lernblockaden und dem systematischen Verlernen spreche, meine ich damit klarerweise nicht das *Unlearning*, das in der dekolonialen Debatte prominent eingefordert wird. Vgl. zum Beispiel Madina V. Tlostanova, Walter Mignolo, *Learning to Unlearn. Decolonial Reflections from Eurasia and the Americas*, Columbus 2012. Hier geht es um die erfahrungsbeschränkenden Verflechtungen mit den eingeübten kolonialen Sichtweisen, die verlernt werden sollen. Lernen, so wie ich es hier verstehe, würde eine solche Art des Verlernens gerade beinhalten. Anders gesagt: Der von Mignolo geforderte Prozess des Verlernens ist meinem Verständnis nach ein Prozess des Abarbeitens epistemischer Blockaden, der Teil eines gelingenden Lern- und Erfahrungsprozesses wäre.

wie eben auch das Lernen oder die, mit einem Lieblingsbegriff Adornos gesagt, »unreduzierte Erfahrung«[36] einen solchen hat). In diesem normativen Verständnis von Fortschritt zeigt sich vielmehr auch, dass es sich um *eine andere Art* von Normativität handelt, als diejenigen im Blick haben, die den Fortschritt für eine gegenüber der Bestimmung des Guten derivative Größe halten und deshalb externe Kriterien an ihn herantragen müssen. Es geht also um mehr als nur um die Umkehrung der Prioritäten. Durch diese verändert sich das Verständnis von Normen und der Art und Weise, wie Normen wirken und begründet werden können, selbst.

Genesis und Geltung

Diese Betonung der Dynamik des Prozesses, des Fortschreitens selbst, darf nun aber nicht unschuldiger aufgefasst werden, als sie ist. In der Behauptung, dass die gesellschaftlichen Transformationsprozesse ihrerseits normativen Charakter haben, weil sie als Prozess fortschrittlich oder rückschrittlich in einem normativ getränkten Sinn sein können, steckt auch die Behauptung, dass unsere normativen Begriffe *nicht statisch*, sondern historisch verfasst sind. Aus dem schwer zu bestreitenden Umstand, dass sich die Normen und mit ihnen der Charakter unseres Zusammenlebens im Lauf der Geschichte verändert haben, leitet sich also mehr her als nur eine interessante, aber letztlich bloß beiherspielende Beobachtung über die Genese, die Herkunft und die Herausbildung dieser Normen, mehr als eine Kontextualisierung, die deren Geltung nicht affiziert. Vielmehr ist auch die Geltung der Normen, wie ich in Kapitel 3 herausarbeiten werde, nicht zeitlos. Stärker noch: Die Art der historischen Entwicklung selbst generiert ihre normative Geltung. In einem (erläuterungsbedürftigen) philosophischen Kürzel gesagt: *Genesis* und *Geltung* sind hier verquickt. Normen sind gültig, weil und sofern sie Resultat einer bestimmten Entwicklung sind.

36 Theodor W. Adorno, *Negative Dialektik*, in: ders., *Gesammelte Schriften*, Bd. 6: *Negative Dialektik. Jargon der Eigentlichkeit*, Frankfurt/M. 1973, S. 25.

Eine demokratietheoretische Parallele mag hier helfen:[37] In der Demokratie sind, folgt man einflussreichen Strängen der Demokratietheorie, bestimmte Entscheidungen deshalb gültig, weil sie Resultat eines bestimmten, nämlich demokratischen Verfahrens sind. Auch hier fallen Genesis und Geltung zusammen. Auf den Fortschritt übertragen bedeutet das, dass die jeweiligen Zustände, die wir als fortschrittlich auszeichnen, genau deshalb normativ gültig sind, weil sie Resultate eines fortschrittlichen Prozesses sind. Und so wie man hinsichtlich der Demokratie Kriterien dafür angeben kann, unter welchen Bedingungen das Verfahren demokratisch und entsprechend die Resultate gültig sind, lassen sich hinsichtlich des Wandels Kriterien dafür angeben, wann dieser fortschrittlich ist und entsprechend seine Resultate gültig sind. Sind es im Fall der Demokratie, je nach demokratietheoretischer Position, etwa Inklusivität, deliberative Öffentlichkeit oder die rechtsstaatliche Einbettung und Korrektheit des Verfahrens, so werde ich im Fall des Fortschritts für Kriterien wie Erfahrungsoffenheit beziehungsweise die Abwesenheit von Erfahrungs- oder Lernblockaden und die Existenz einer Anreicherungsdynamik plädieren. Ich werde auf diese Kriterien in Kapitel 5 zurückkommen. An dieser Stelle ist nur wichtig, sich klarzumachen, dass die Umstellung von einem Fortschrittsverständnis, das extern auf bereits bestehende Normen zurückgreifen kann, auf ein Verständnis von Fortschritt als Modus des Wandels uns nicht etwa ohne Kriterien zurücklässt. Die Kriterien werden lediglich auf anderem Wege gewonnen, sie sind schmaler, auch formaler, und sie beruhen weniger auf einer normativen Setzung als auf einem begrifflichen Zusammenhang: dass Menschen, als Freie, im Modus individueller wie kollektiver Selbstbestimmung ihre Geschichte machen könn(t)en, auch wenn vieles sie daran hindert. Wie so oft besteht die Pointe hier gerade in der Verschiebung des Problems. Die These von der Priorität des Fortschritts vor der Vernunft beziehungsweise dem Guten, wie ich sie oben mit Laudan und Kitcher eingeführt hatte,

37 Dank an Al Prescott-Couch für den Hinweis auf diese Erläuterungsmöglichkeit.

muss dann aber angereichert werden. Jedenfalls in Bezug auf den Fortschritt im Sozialen muss mehr darüber gesagt werden, wie der Wandlungsprozess selbst beschaffen sein muss, um als Fortschrittsprozess zu gelten, und welche Kräfte ihm entgegenstehen.

Fortschritt, so war mein Ausgangspunkt, ist Wandel zum Besseren. Das allein reicht aber nicht aus. Auf der Suche nach einer weder teleologischen noch deontologischen Konzeption, in der dem Fortschritt selbst eine normative Bedeutung zukommt, hat sich herausgestellt, dass Fortschritt nicht abhängig von einem bereits gesetzten Ziel ist. Als Problemlösungsprozess bestimmt, lässt er sich als Fortschritt *von* auffassen. Die Begründungslast liegt nun darauf, diesen Problemlösungsprozess so zu beschreiben, dass die Art der Problemlösung selber qualifiziert werden kann. Der Kern meines Vorschlags wird sein, dies als *dialektischen Anreicherungsprozess* zu beschreiben. Dieser Konzeption werde ich mich im Verlauf der nächsten Kapitel langsam annähern.

2

Reform oder Revolution: Kontinuität und Diskontinuität des Fortschritts

> Es wird sich zeigen, daß es sich nicht um einen großen Gedankenstrich zwischen Vergangenheit und Zukunft handelt, sondern um die *Vollziehung* der Gedanken der Vergangenheit. Es wird sich endlich zeigen, daß die Menschheit keine *neue* Arbeit beginnt, sondern mit Bewußtsein ihre alte Arbeit zustande bringt.
>
> *Karl Marx*[1]

Fortschritt ist ein Prozess, eine Bewegung in der historischen Zeit. Aber von welcher Art ist diese Bewegung? Wie hat man sich die Entwicklung vorzustellen, die dazu geführt hat, dass soziale Praktiken, die über Jahrhunderte mit der größten Selbstverständlichkeit vollzogen und als moralisch unbedenklich interpretiert worden sind – die Sklaverei, das Prügeln von Kindern, die Diskriminierung von Homosexualität, um nur drei Beispiele zu nennen –, inzwischen in vielen Gesellschaften öffentlich skandalisiert werden und zumindest auf den Ebenen des Selbstverständnisses einer Gesellschaft und deren institutioneller Gestalt aufgegeben worden sind? Wie kommt es vom Vorher zum Nachher? Sind diese Veränderungen das Ergebnis umstürzender »moralischer Revolutionen«,[2] in denen etwas Neues

1 Karl Marx, »Briefe aus den ›Deutsch-Französischen Jahrbüchern‹«, in: *MEW*, Bd. 1, Berlin 1957, S. 337-346, hier S. 346.

2 Kwame Anthony Appiah, *Eine Frage der Ehre, oder: Wie es zu moralischen Revolutionen kommt*, München 2011.

entsteht – oder das Ergebnis einer langsam fortschreitenden Realisierung bereits existierender normativer Potenziale?

In diesem Kapitel werde ich mich den genannten Fragen annähern, indem ich mich mit zwei prominenten Deutungsmustern auseinandersetze, die beide das Moment der Kontinuität betonen. Das eine besagt, dass sich moralischer oder sozialer Fortschritt als *Erweiterung* des Einzugsbereichs der normativ zu Berücksichtigenden darstellt, dem anderen zufolge handelt es sich beim Fortschritt um eine *Vertiefung* der institutionellen Umsetzung bereits bestehender Ideale. Zunächst werde ich die Erweiterungsthese in drei Hinsichten kritisieren: Sie neigt dazu, die Handlungsfähigkeit (*agency*) der Akteure und die Konflikthaftigkeit von Prozessen sozialen Wandels zu unterschlagen; sie sieht nicht, dass sich die Prinzipien selbst im Laufe der Erweiterung ändern; und sie kann die Entstehung von neuen normativen Prinzipien (und damit auch die Entstehung derjenigen Prinzipien, als deren Erweiterung sie moralischen Fortschritt versteht) nicht erklären (2.1). Danach werde ich plausibel machen, dass die Vertiefungsthese im Gegensatz zur Erweiterungsthese zwar Lösungen für die ersten beiden Probleme anbietet, aber ebenfalls an der Beantwortung der Frage, wie sich neue normative Prinzipien herausbilden, scheitert (2.2). Das muss allerdings nicht sein, jedenfalls dann nicht, wenn man Fortschritt als problemorientierten, sich anreichernden Erfahrungsprozess versteht. Ich werde daher im letzten Abschnitt die These vertreten, dass moralische oder soziale Fortschritte[3] im Sinne der Verbesserung von Prinzipien und Institutionen, die das menschliche Zusammenleben betreffen, weder etwas ganz Neues realisieren noch sich auf die Anwendung bereits bekannter Prinzipien beschränken. Es handelt sich, im Hegel'schen Geiste, um Kontinuität in der Diskontinuität beziehungsweise Diskontinuität in der Kontinuität. Daraus ergibt sich dann auch eine Entschär-

3 Auf die Unterscheidung zwischen moralischen und sozialen Gesichtspunkten kommt es mir an dieser Stelle noch nicht an, deshalb spreche ich unterschiedslos und je nach Wortgebrauch der diskutierten Autor:innen von moralischem oder sozialem, manchmal auch von normativem Wandel.

fung der notorischen (aber nicht in jeder Hinsicht zeitgemäßen) Alternative zwischen Reform und Revolution (2.3).[4]

2.1 Die Erweiterung des Einzugsbereichs

Wie passiert Fortschritt? Die These von der »Erweiterung des Kreises« (*expanding the circle*), wie Peter Singer es genannt hat, ist die philosophisch vielleicht am weitesten verbreitete Idee über den Verlauf moralischen oder sozialen Fortschritts.[5] Sie besagt, in unterschiedlichen Varianten, dass sich hierbei weniger die normativen Prinzipien selbst ändern als vielmehr der Einzugsbereich der Moral, also die Adressat:innen und das potenzielle Anwendungsgebiet moralischer Erwägungen und moralischer Rücksichtnahme. Sehr deutlich hat auch Michael Walzer diese Position formuliert:

> Soweit wir einen moralischen Fortschritt feststellen können, hat er jedenfalls weniger mit der Entdeckung oder Erfindung neuer Prinzipien zu tun als damit, daß zuvor aus den alten Prinzipien ausgeschlossene Männer und Frauen in ihren Geltungsbereich eingeschlossen werden.[6]

Dort, wo wir moralischen Fortschritt zu verzeichnen haben, werden dieser These zufolge vorher exkludierte Gruppen wie Fremde, Sklav:innen, Kinder oder Frauen Schritt für Schritt und mit allen entsprechenden Konsequenzen in den Status moralischer Mitbürgerschaft erhoben. Das moralisch relevante »Wir«, die Beschreibung des Kreises derjenigen, denen wir eine bestimmte Art von Behand-

4 Für hilfreiche Kommentare und Interpretationsvorschläge zu diesem Kapitel danke ich ganz besonders Kristina Lepold.

5 Vgl. Peter Singer, *The Expanding Circle. Ethics, Evolution, and Moral Progress*, Princeton, Woodstock 1981.

6 Michael Walzer, *Kritik und Gemeinsinn. Drei Wege der Gesellschaftskritik*, Berlin 1990, S. 37.

lung schulden, wird vergrößert; er ist inklusiver und damit weiter geworden. Was sich ändert, ist, salopp gesagt, *wer zählt*.

> Vor dem ethischen Wandel zählten schwarze Männer und Frauen nicht als vollwertige Menschen [*full people*]; danach zählten sie als solche und alte Vorschriften trafen auch auf sie zu.[7]

Was sich dieser Auffassung zufolge nicht ändert, ist hingegen, was es bedeutet, zu zählen, und welche Art von Behandlung denen zusteht, die zählen. Die relevanten moralischen Prinzipien sind bereits anerkannte »alte Vorschriften«,[8] die jetzt (lediglich) auch für die neu inkludierten Gruppen gelten sollen. Der moralische Fortschritt vollzieht sich dann gewissermaßen als Behebung epistemischer Irrtümer:[9] Wir verfügen bereits über die richtigen Normen dafür, wie wir Wesen, die unsere moralische Aufmerksamkeit verdienen, begegnen sollten; wir haben uns bisher aber darüber getäuscht, wer zu diesen Wesen zählt. Wir konnten aus verschiedenen Gründen nicht sehen, dass die Mitglieder der bislang diskriminierten Gruppen, die wir mit ganz anderen als den für uns geltenden normativen Kriterien gemessen haben, in Wahrheit so sind »wie wir« und »zu uns« gehören. Wir haben nicht verstanden, dass die Anwendung unserer moralischen Prinzipien inkonsistent ist, solange wir sie nicht dazuzählen. Moralischer Fortschritt würde dann befördert durch den Verweis auf Inkonsistenzen und Widersprüche und wird häufig durch die einfühlende Erkenntnis vorbereitet und ausgelöst, dass die vorher Ausgeschlossenen auf die gleiche Weise handeln und empfinden wie wir.[10] Moralischer Fortschritt ist dann eine Anwendungsfrage.

7 So beschreibt Philip Kitcher, der dieser Auffassung allerdings selbst kritisch gegenübersteht, die *Expanding-the-circle*-Auffassung. Siehe Philip Kitcher, *The Ethical Project*, Cambridge, London 2011, S. 214.

8 Ebd.

9 »Fehlerkorrektur« nennt Henry Richardson diesen Vorgang im Unterschied zu wirklichen »moralischen Innovationen«. Siehe Henry Richardson, *Articulating the Moral Community. Toward a Constructive Ethical Pragmatism*, New York 2018, S. 19.

10 Diese Position hat insbesondere Richard Rorty vertreten. »[Moralischer]

Ein solcher Fortschritt wäre dann tatsächlich keine Innovation im eigentlichen Sinne. Die Erweiterung des Kreises verbleibt im Rahmen der schon bekannten Normen und entwickelt nicht neue. Sofern jemand »zu uns« gehört, schulden wir ihr beispielsweise Respekt und bestimmte Rechte; wir sollten dieser Person mit Achtung begegnen, dürfen sie keiner Grausamkeit aussetzen, gehen grundsätzlich davon aus, dass sie frei und gleich ist. Durch den moralischen Fortschritt ändert sich, diesem Verständnis nach, *wem* wir etwas schulden, nicht aber der Gehalt dessen, *was* geschuldet wird. Was auch immer moralischen Fortschritt hervorbringt, ist entsprechend kein radikaler Bruch mit dem Hergebrachten.

Plausibilität der Erweiterungsthese

Für ein solches Verständnis spricht einiges. Tatsächlich stimmt die Beschreibung moralischen Fortschritts als Inklusionsprozess in vielerlei Hinsicht mit historischen Erfahrungen überein. Tatsächlich geht dem Abbau von Diskriminierungen häufig die Einsicht voran, dass die entsprechende Person oder Gruppe, die vorher als abstoßend und fremd gebrandmarkt war, uns ganz ähnlich, also eigentlich »eine von uns« ist. Nicht umsonst werden als Argument für den Abbau von Diskriminierungen oft Argumentationsmuster des Typs »Die sind doch auch nicht anders als wir!« verwendet. Die Wirksamkeit solcher Argumentationsstrategien zeigt sich beispielsweise in der

Fortschritt sollte nicht als Annäherung der menschlichen Meinung an die *moralische Wahrheit* oder als Anfangspunkt gesteigerter Rationalität begriffen werden, sondern als Verbesserung unserer Fähigkeit, immer häufiger die moralische Belanglosigkeit der Unterschiede zwischen den Menschen einzusehen.« Richard Rorty, »Einleitung«, in: ders., *Wahrheit und Fortschritt*, Frankfurt/M. 2000, S. 7-24, hier S. 22. Eine wichtige Rolle spielt für eine solche Entwicklung nach verbreiteter Auffassung die Ausweitung der *Empathie* und das Sich-Hineinversetzen in die Lage der anderen, die Fähigkeit, sich die anderen als empfindende und leidende Lebewesen vorzustellen. Prominent hat er dabei die die Vorstellungskraft beflügelnde Wirkung der Literatur hervorgehoben, die es möglich machen soll, sich in die konkreten Anderen hineinzuversetzen.

deutschen Politik noch am Erfolg der Umbenennung der Kampagne für die damals noch so genannte »Homo-Ehe« zur Forderung nach einer »Ehe für alle«. Und auch die Vertreter:innen von Tierrechten arbeiten in schönster Regelmäßigkeit geteilte Dimensionen der Existenz von menschlichen und nichtmenschlichen Tieren heraus, mit dem Ziel, letztere in den Bereich moralischer Rücksichtnahme zu inkludieren. Um es mit Rorty auszudrücken: Will man die Welt moralisch verbessern, so geht es primär darum, Unterschiede belanglos zu machen.[11] Man sieht das auch am umgekehrten Prozess, der regelmäßig den bestialischen Grausamkeiten vorausgeht, die Menschen einander antun: die Angehörigen der diskriminierten Gruppe werden aus dem relevanten Wir ausgeschlossen und Schritt für Schritt entmenschlicht. *Aus Nachbarn wurden Juden*, so der eindringliche Buchtitel von Hazel Rosenstrauch.[12] Und schließlich hat die Betrachtung von moralischem Fortschritt als Erweiterung des Anwendungsbereichs den unangefochtenen Vorteil, dass das Problem der Begründung evaluativer Standards – warum sollten diese Veränderungen als Fortschritt zählen? – nicht aufkommt. Es gibt allerdings auch gravierende Nachteile dieser Position.

Grenzen der Erweiterungsthese

Denkt man den moralischen Fortschritt im Modus der Erweiterung, erscheint er *erstens* häufig als eine hoheitliche Geste, als ein Gnadenakt gegenüber denen, die nun plötzlich auch zählen sollen. Die Hoheit darüber, wer in den Zirkel hineingelassen wird, hat ein als homogen vorausgesetztes »Wir«, konkret: die Mehrheitsgesellschaft, also diejenigen, die (nicht nur) in moralischer Hinsicht das Sagen haben. Dabei gerät einerseits die Handlungsfähigkeit (*agency*) derer aus dem Blick, die sich ihrerseits nicht im Zweifel darüber befunden haben dürften, ob sie Personen sind, und andererseits die Konflikt-

11 Ebd.
12 Hazel Rosenstrauch, *Aus Nachbarn wurden Juden. Ausgrenzung und Selbstbehauptung 1933-1942*, Berlin 1988.

haftigkeit, mit der solche Erweiterungen des Kreises in den meisten Fällen verbunden sind – wurden doch nur wenige je anders als durch soziale Kämpfe erreicht.[13] Selbst aber wenn die Erweiterung des Kreises nicht in allen Fällen als hoheitlich »gewährt« gedacht wird, geht das Belanglosmachen der Unterschiede, von dem Rorty spricht, in seiner gesellschaftlichen Umsetzung typischerweise mit der problematischen Forderung an die zu Integrierenden einher, die Unterschiede ihrerseits einzuebnen, sich also zu assimilieren und zu »normalisieren«.[14]

Zweitens darf bezweifelt werden, dass sich alle moralischen Innovationen tatsächlich nach dem hier beschriebenen Muster vollziehen.[15] Philip Kitcher nennt in seinem Buch *The Ethical Project* mehrere Fälle, bei denen wir nicht von einer Erweiterung des Kreises sprechen können.[16] Die Ablösung des *ius talionis* beispielsweise – der strafrechtlichen Vergeltung von Gleichem mit Gleichem – könnte man als einen moralischen Fortschritt identifizieren.[17] Als bloße Erweiterung des Bereichs moralischer Rücksichtnahme lässt sich eine solche Veränderung dennoch nicht verstehen. Hier ist nicht

13 Ob das ein akzidentelles Merkmal der hier zu einer Gruppe zusammengefassten Ansätze ist oder ein systematisch notwendiges, ob es also auch Varianten der *Expanding-the-circle*-These gibt, die sich der Konflikthaftigkeit des Wandels besser zu stellen vermögen, möchte ich an dieser Stelle offenlassen.

14 Zur Kritik an solchen Vorgängen der Integration und Normalisierung siehe beispielhaft die Diskussion um die »Ehe für alle«, durch die monogam in langfristigen Bindungen lebende queere Menschen in die Mehrheitsgesellschaft eingeschlossen, andere dagegen gerade durch die »Die sind wie wir«-Anmutung in ihren differenten Lebensformen ausgeschlossen werden.

15 Allen Buchanan und Russell Powell führen eine Vielzahl von Modi fortschrittlicher Veränderung an, die dem Typus der Erweiterung nicht entsprechen. Allen Buchanan, Russell Powell, »Toward a Naturalistic Theory of Moral Progress«, in: *Ethics* 126:4 (2016), S. 983-1014.

16 Vgl. Kitcher, *The Ethical Project*, S. 215.

17 Schließlich wird hier die Idee der Vergeltung überwunden, die unserer moralischen Vorstellungswelt einigermaßen konträr gegenübersteht, zumal in der Form, in der sie sich auch auf Mitglieder der mit dem Täter identifizierten Familie anwenden lässt, so dass z. B. der Tod einer Schwester mit dem Tod einer anderen Schwester (aber nicht unbedingt mit dem des Täters) vergolten wird.

ein neuer Personenkreis in den Bereich moralischer Rücksichtnahme einbezogen worden. Vielmehr herrscht jetzt ein anderes Rechtsprinzip, das auf einer anderen Vorstellung von Verantwortlichkeit und auch von personaler Identität beruht. Wie Kitcher richtig bemerkt: »Kein Kreis wird erweitert; ein Kreis wird durch einen anderen ersetzt.«[18]

Ich möchte aber weitergehen: Selbst in den Fällen nämlich, die die Deutung des Fortschritts als Erweiterung bereits bestehender Prinzipien besonders nahelegen, haben wir es oft mit Scheinplausibilitäten zu tun. Wenn man die Sklaverei abschafft, dann sind nicht nur plötzlich Sklavinnen »auch Menschen wie wir«. Vielmehr hat sich das Verständnis davon, was es bedeutet, Mensch oder Person zu sein, zusammen mit der Auffassung davon, welchen Entitäten man den Status von veräußerbaren Gegenständen zuschreiben kann, verändert. Dasselbe gilt für die Einbeziehung von Kindern in den Bereich des Wir. Dass Kinder überhaupt so etwas wie Rechte haben können – und zum Beispiel nicht wie Dinge behandelt werden, die unter absoluter Verfügungsmacht des *pater familias* stehen –, setzt ein verändertes Verständnis von Kindheit, Familie und den Bezügen voraus, in denen Menschen familiär zueinander stehen. Für das von Singer diskutierte Beispiel der Tiere gilt das ohnehin:[19] Diese in das moralisch relevante Wir mit einzubeziehen, bedeutet ja, dass dieses Wir nun als die Gemeinschaft aller leidensfähigen Wesen oder aller Wesen, die Interessen haben können, aufgefasst wird – und nicht (mehr) zum Beispiel als die Gemeinschaft aller autonomiefähigen Personen oder aller Mitglieder der Spezies Mensch. Dann aber gilt auch hier: Der Kreis *erweitert* sich nicht nur; er *verändert* sich qualitativ. Es sind nämlich nicht dieselben moralischen Prinzipien – die alten Vorschriften –, die jetzt auch für einen neuen Personenkreis gelten. Damit dieser Personenkreis überhaupt berücksichtigt werden kann, muss sich das moralische Prinzip, anhand dessen berücksichtigt oder inkludiert wird, qualitativ ändern. Man stellt dann, wie be-

18 Kitcher, *The Ethical Project*, S. 215.

19 Vgl. Peter Singer, *Praktische Ethik*, Stuttgart 1994, S. 82-94.

schrieben, beispielsweise das Inklusionsprinzip oder -kriterium einer kognitivistischen Moralauffassung infrage und ersetzt das an der Autonomiefähigkeit des Menschen orientierte Paradigma der Moralphilosophie durch ein an der Leidensfähigkeit und der gemeinsamen Lebensform von Menschen und Tieren orientiertes. Zwischen diesen beiden Paradigmen aber besteht keine Kontinuität. Es handelt sich um Alternativen. Während die *Expanding-the-circle*-These also voraussetzt, dass wir, wenn es um die auf immer weitere Kreise zu applizierenden moralischen Prinzipien selbst geht, normativ im Grunde immer schon alles haben, was wir brauchen, zeigt sich hier Innovationsbedarf, das heißt der Bedarf an einer auch qualitativen Veränderung oder Neuinterpretation unserer ethischen oder moralischen Prinzipien.

Es gibt aber noch ein *drittes* Problem, das die Erweiterungsthese nicht lösen kann. Sie kann nämlich nicht beantworten, wie neue Normen entstehen, wie also diejenigen Normen, die sich kreisförmig erweitern, ihrerseits entstanden sind und warum sie gültig sein sollen. Wie wir sehen werden, kann die zweite hier diskutierte Konzeption moralischen Fortschreitens zwar die beiden ersten Probleme adressieren; bei der Beantwortung der Frage allerdings, wie sich neue normative Prinzipien allererst herausbilden und in Geltung kommen, stößt auch sie an ihre Grenzen.

2.2 Die Vertiefung von Idealen

Diese Konzeption moralischen Fortschreitens findet sich in hegelianischen oder neohegelianischen Ansätzen, etwa bei Axel Honneth. Sie lässt sich im Gegensatz zur »Erweiterung des Kreises« als die Idee der qualitativen Vertiefung bezeichnen. Auch hier geht man hinsichtlich des moralisch-sozialen Fortschritts von einer gewissen Kontinuität des Neuen mit dem Alten aus, die moralische Verbesserung verdankt sich auch hier nicht einer radikalen Innovation auf der Ebene der normativen Ideale oder Prinzipien selbst. Die Veränderung folgt allerdings einem anderen Muster. Moralischer Fortschritt macht sich dieser Konzeption nach als unter anderem durch soziale Bewegungen immer wieder eingeforderte vertiefte und verbesserte Interpretation und *institutionelle Umsetzung* moralischer Prinzipien geltend, als nicht nur weiter und inklusiver werdende, sondern vor allem auch qualitativ bessere und substanziellere Interpretation ihres Gehalts.

Beruht – so kann man dieses Modell von Fortschritt an einem Beispiel illustrieren – etwa die Institution der bürgerlichen Ehe auf der Idee der Liebe, der Autonomie der Beteiligten und der wechselseitig aus freien Stücken eingegangenen Bindung, wie sie sich seit dem 18. Jahrhundert zunehmend als Leitidee durchsetzt, so wird die institutionelle Praxis der bürgerlich-patriarchalen Ehe dieser Idee (noch) nicht gerecht, wenn sie Frauen faktisch in äußerste Abhängigkeit und zutiefst asymmetrische Dominanzverhältnisse zwingt. Die Ehe als Verbindung zwischen Gleichen ist erst dann »zu sich« gekommen, wenn Frauen innerhalb des Eheverhältnisses wirkliche Gleichberechtigung hinsichtlich der relevanten Entscheidungen über das eigene und das familiäre Leben erlangen. Ähnliches lässt sich für viele andere Bereiche behaupten: beispielsweise für die Erziehung, insofern die der modernen Elternschaft zugrunde liegende Vorstellung von Fürsorge und respektvoller Erziehung besser realisiert ist, wenn die Erziehung in einer Atmosphäre frei von erzieherischer Gewalt stattfindet. Und selbst hinsichtlich der Arbeitsverhältnisse könnte man behaupten, dass die dem bürgerlich-kapitalistischen Arbeitsmarkt unterliegende Institution freier Arbeit und damit des auf Freiheit und Gleichheit basierenden Vertrags zwischen Arbeitgeber:innen und Arbeitnehmer:innen erst dann realisiert wäre, wenn mit ihr nicht Ausbeutung und Prekarität einherginge. Freiheit und Gleichheit haben einen »normativen Überschuss«, wie Jürgen Habermas es genannt hat,[20] der als Wechsel auf die Zukunft erst nach und nach eingelöst wird.

20 Jürgen Habermas, »Über den doppelten Boden des demokratischen Rechtsstaates«, in: ders. *Eine Art Schadensabwicklung. Kleine Politische Schriften VI*, Frankfurt/M. 1987, S. 18-23, hier S. 19.

Wir werden also, sofern es Fortschritte gibt, dem, was mit bestimmten normativen Prinzipien gemeint oder in diesen angelegt ist, immer besser gerecht und verwirklichen sie auf eine substanziellere oder komplexere Weise in unseren Institutionen.[21] Die immer bessere Interpretation und institutionelle Realisierung der Normen initiiert einen qualitativen, manchmal sogar sehr radikalen Transformationsprozess der infrage stehenden Praktiken und Institutionen, ohne dass die dahinterstehenden Leitideen, dieser Konzeption nach, neu erfunden werden müssten.

Dabei aber bleiben sich, anders als bei der Ausdehnung des Kreises, die leitenden Prinzipien nicht einfach gleich. Richtig verstanden beinhaltet die Idee einer vertiefenden Verwirklichung bestimmter moralischer Grundideale, wie Honneth sie für die (europäische) Moderne hinsichtlich der Idee der Freiheit nachvollzieht, nicht, dass wir in normativer Hinsicht einfachhin schon alles haben, was wir brauchen. Bei der Realisierung der Ideale durchlaufen auch diese selbst eine Transformation – wie sie sich zum Beispiel in der Erweiterung des zunächst naturrechtlichen subjektiven Freiheitsverständnisses zur Idee der sozialen Freiheit zeigt.[22] Wir sind nicht – wie bei der Idee einer Erweiterung des Kreises – bereits im Besitz der richtigen normativen Prinzipien; wir nehmen nicht lediglich eine Fehlerkorrektur bezüglich des Adressat:innenkreises der Moral vor. Vielmehr geht es, mit Hegel verstanden, bei der zunehmend angemessenen Verwirklichung einer Idee um einen transformativen, sich anreichernden Prozess des Wirklichwerdens, in dem etwas nicht nur ans Licht gebracht und verstanden wird, sondern sich im Prozess dieser Verwirklichung überhaupt erst konkretisiert, Gestalt annimmt und dabei auch verändert. Einerseits nimmt die Vertiefung also ihren Ausgangspunkt beim Alten. Andererseits handelt es sich um eine Transformation, und nicht nur um *error correction*. Beides,

21 Zu einer solchen Auffassung siehe zum Beispiel Axel Honneth, »Rejoinder«, in: *Critical Horizons* 16:2 (2015), S. 204-226, hier S. 211.

22 Vgl. dazu Axel Honneth, *Das Recht der Freiheit. Grundriß einer demokratischen Sittlichkeit*, Berlin 2011.

die infrage stehenden Ideale und Normen wie auch die Praktiken und Institutionen verändern sich durch den hier gedachten Prozess.

Der Bedarf an einer auch qualitativen Veränderung oder Neuinterpretation unserer ethischen Prinzipien, den ich gegen die *Expanding-the-circle-*These angemahnt hatte, wäre mit der Vertiefungsthese also gedeckt, jedenfalls dann, wenn man das von mir behauptete produktive Element des Verwirklichungsprozesses stark macht. Verwirklichung wäre in diesem Sinne immer beides. Hier wird etwas wirklich, das es schon gibt, und gleichzeitig etwas geschaffen, das es vor der Verwirklichung noch nicht gibt und ohne diese auch nicht geben kann. Ideale ohne Verwirklichung sind leer und un- beziehungsweise unterbestimmt. (Man kann solche Verwirklichungsvorgänge auch im Modell der Artikulation denken, wie Charles Taylor es im Anschluss an Herder fasst: In der Artikulation nimmt das vorher Ungestalte Gestalt an; das ist weder eine Schöpfung aus dem Nichts noch bloßes Ans-Licht-Bringen von etwas, das es vor der Artikulation schon hätte geben können.[23])

Was die Konflikthaftigkeit sozialen Fortschritts angeht, so wird dieser in Honneths Verständnis ganz ausdrücklich nicht lediglich »von oben herab« gewährt wie beim konkurrierenden Konzept der Erweiterung; durchgesetzt wird er vielmehr mittels sozialer Kämpfe, »Kämpfe um Anerkennung«. Der Konflikthaftigkeit des Fortschritts wird damit ausdrücklich Rechnung getragen, auch wenn sich die Rolle dieser Kämpfe in unterschiedlichen Phasen von Honneths Werk je unterschiedlich darstellt.[24]

23 Für eine Theorie der Entstehung neuer moralischer Normen im Sinne der Artikulation jetzt Matt Congdon, *Moral Articulation*, Oxford (i. E.).

24 Vgl. das letzte Kapitel in Honneth, *Das Recht der Freiheit*; zudem wird manchmal kritisiert, dass sozialen Kämpfen bei Honneth aufgrund ihrer normativen Vorentschiedenheit die Konflikthaftigkeit fehle; siehe hierzu: Robin Celikates, Georg Bertram, »Nicht versöhnt. Wo bleibt der Kampf im ›Kampf um Anerkennung‹?«, in: Georg W. Bertram u. a. (Hg.), *Socialité et reconnaissance. Grammaires de l'humain*, Paris 2017, S. 213-228.

Allerdings kann auch dieses Modell nicht erläutern, wie es zu denjenigen Normen und Institutionen, die in einem historischen Prozess vertieft werden, allererst gekommen ist und warum sie (auch angesichts der Möglichkeit konfligierender Prinzipien) Geltung beanspruchen können, also der gültige Bezugspunkt für die Veränderung sein sollten. Ebenso wie bei der Erweiterung des Kreises wird das Set an Normen, das durch Vertiefung verwirklicht werden soll, initial als gesetzt betrachtet. Honneth zum Beispiel fasst offenbar den Durchbruch zur Moderne insgesamt als Fortschritt auf.[25] Wie dieser aber gelingt und von welchen Prinzipien er wiederum getrieben war – wie also die Normen, auf die der sich im Ausgang davon vollziehende Fortschritt heute Bezug nimmt, ursprünglich instanziiert worden sind und wie gegebenenfalls im weiteren historischen Verlauf, diese (alten) normativen Bezugspunkte durch neue ersetzt werden könnten –, solche Fragen sind mit seinem Ansatz nicht gut zu erklären. Honneths Überzeugung nach sind veritable moralische Revolutionen im Sinne einer radikalen Transformation des gesetzten normativen Bezugsrahmens in unserer heutigen Situation nicht zu erwarten.[26] Moralischer Fortschritt wäre dann in dem (nicht politisch gemeinten) Sinne »reformistisch«, als er in ebenjenem Prozess der vertiefenden Einlösung besteht, in dem, wie radikal auch immer letztendlich die Veränderung sein mag, das Paradigma selbst, also der normative Bezugsrahmen, nicht infrage gestellt wird. Honneth hat so gesehen keine Theorie moralischer Revolutionen, sondern

25 Axel Honneth, »Die Normativität der Sittlichkeit. Hegels Lehre als Alternative zur Ethik Kants«, in: *Deutsche Zeitschrift für Philosophie* 62:5 (2014), S. 787-800.

26 Vgl. Honneth, »Rejoinder«, S. 210. Honneth unterscheidet hier allerdings zwischen institutionellen Wandlungsprozessen, die durchaus revolutionär-transformativen Charakter annehmen können, und den Transformationen des normativen Rahmens.

eine Theorie moralischer Reformen, die auf die moralischen Revolutionen folgen; und er beschränkt den Gegenstandsbereich seiner Darstellung moralischer Fortschritte konsequenterweise auch entsprechend.

Nun muss man nicht unbedingt eine Theorie moralischer Revolutionen haben. Dennoch erscheint es willkürlich und (aus meiner Sicht) unplausibel, die Instantiierung ethischer beziehungsweise moralischer Normen von ihrer weiteren Interpretation, Umsetzung und vertiefenden Verwirklichung so kategorisch zu trennen. Meine These ist: Ob ein (fortschrittlich emanzipativer) sozialer Transformationsprozess sich innerhalb eines gesetzten normativen Rahmens bewegt (und sich auf einen solchen beschränken lässt) oder nicht, muss man nicht vorab entscheiden. Man kann es auch gar nicht. Gerade aus einer von Hegel oder Marx inspirierten Sicht handelt es sich ohnehin nicht um eine zwingende Alternative (und nicht um eine, mit der Honneth sich belasten sollte oder müsste).

2.3 Kontinuität in der Diskontinuität, Diskontinuität in der Kontinuität

Tatsächlich ist die vollkommen innovative Transformation, der vollkommene Bruch – das heißt eine Erfindung von radikal neuen Praktiken und Prinzipien, die keine Verbindung zu denen haben, die überwunden worden sind –, vielleicht gar keine sinnvolle Vorstellung. Wie Marx es im Einleitungszitat ausdrückt: »Die Menschheit beginnt keine neue Arbeit, sondern bringt mit Bewußtsein ihre alte zu Ende.« Selbst die radikalsten sozialen Bewegungen behaupten schließlich in ihren Legitimationsnarrativen, bereits bestehende Ideen angemessener zu verwirklichen, ihnen zur Durchsetzung zu verhelfen oder ihnen erst gerecht zu werden, und bestätigen dies in ihren praktischen und symbolischen Bezugspunkten. Selbst die Französische Revolution war kein vollkommener Bruch, mit dem das soziale Leben von Grund auf neu erfunden worden wäre. Zwar haben die Revolutionär:innen auf Uhren geschossen[27] und einen neuen Kalender eingeführt. Sie haben aber auch – und das noch in ihren revolutionärsten Momenten – an alte Bräuche angeknüpft[28] und auf die Verwirklichung von Ideen gedrängt, deren Legitimität sie aus der Tradition abgeleitet haben.[29] Das Moment des Einlösens bestehender Ansprüche gehört, ebenso wie das des Schaffens von Neuem, Unvordenklichen, zum Selbstverständnis der Revolutionär:innen. Revolution ist in diesem Sinne immer auch Restitution, gerade wenn es sich um mehr als einen Aufstand oder einen Putsch handeln soll. Aber die umgekehrte Position gilt, auch das ruft das Beispiel auf, ebenso: Rekonstruktion und Verwirklichung führen (manchmal) zur radikalen Innovation und Transformation.

Selbst in jenen Fällen, in denen die Deutung des moralischen Fortschritts als Neuinterpretation unserer Praktiken, die einen bereits bestehenden normativen Gehalt einlöst, besonders plausibel ist, ist die Grenze zwischen der institutionellen *Anpassung an die Idee* einer Institution und deren genuiner *Erneuerung* nicht immer offensichtlich. Wenn die Verwirklichung des Ideals immer auch mit einer Erneuerung dieser Institutionen und einer Neuinterpretation ihrer Bedeutung einhergeht, die auf die Ideale selbst zurückwirken, so bleibt in solchen Transformationsprozessen der Bezugsrahmen selbst nicht, oder jedenfalls nicht immer, unberührt. In manchen Fällen kann man dieselbe Entwicklung unter beiden Gesichtspunkten betrachten.

Die Öffnung der Ehe für queere Menschen zum Beispiel lässt sich zwar einerseits leicht als Verwirklichung der (modernen) Idee

27 Vgl. Walter Benjamin, »Über den Begriff der Geschichte«, in: ders., *Gesammelte Schriften*, Bd. I: *Abhandlungen*, Frankfurt/M. 1980, S. 691-704, hier S. 702.

28 So weist William Sewell auf den traditionellen Hintergrund sogar des Aufspießens der Köpfe während des damaligen revolutionären Geschehens hin. William H. Sewell Jr., »Historical Events as Transformations of Structures. Inventing Revolution at the Bastille«, in: *Theory and Society* 25:6 (1996), S. 841-881, hier S. 869.

29 Dieses Legitimitätsverständnis betont Karl Griewank, *Der neuzeitliche Revolutionsbegriff. Entstehung und Entwicklung*, Hamburg 1992.

der auf Freiwilligkeit und Liebe beruhenden Ehe auffassen. Und noch die moderne polyamouröse Beziehung baut (kontrastiert mit archaisch oder vormodern polygamen Ehemodellen) auf dem romantischen, auf das Individuum bezogenen Exklusivitätsverständnis der bürgerlich-monogamen Ehe auf, das sie zugleich transzendiert. Gleichzeitig aber lässt sich argumentieren, dass sich mit der queeren Ehe die Vorstellung von Ehe und Intimbeziehungen überhaupt ändert.[30] Dass diejenige Institution, mit der »unsere« Gesellschaften ihre Reproduktion und die Sozialisation der neuen Generation regeln, jetzt prinzipiell für alle zugänglich ist, verändert gegenüber der auf Naturalisierung und Ausschluss beruhenden früheren Vorstellung den Gehalt der Institution Ehe selbst; ähnlich untergräbt der Umstand, dass Geschlecht nicht mehr nur biologisches Schicksal sein muss und man über seine geschlechtliche Zuordnung selbst bestimmen können soll, die gesellschaftliche Vorstellung von dem, was Geschlecht ist. Die neue Form untergräbt in beiden Fällen die alte, oder besser: deren vorgebliche Naturwüchsigkeit, was erkennbar dramatische Erschütterungen auslöst. Was sich in den beschriebenen Prozessen fortschrittlichen sozialen Wandels verändert, betrifft dann aber, und darauf kommt es hier an, offenbar bereits den Deutungsrahmen innerhalb dessen sich die einzelnen normativen Vorstellungen bewegen.[31] Wenn man dem Charakter der erwähnten Erschütterungen nachgeht, legt es sich jedenfalls nahe, dass hier nicht nur bereits gesetzte Normen hinsichtlich von Geschlecht und Familie auf dem Spiel stehen, sondern bereits der begriffliche Bezugsrahmen, innerhalb dessen über die Angemessenheit oder Unangemes-

30 Die oben in Bezug auf die Erweiterungsthese bereits erwähnte Befürchtung queerer Theoretiker:innen und Aktivist:innen, dass »Ehe für alle« heteronormative Prinzipien in queere Lebensweisen einführt und zu neuen Ausschlüssen führt, verhält sich spiegelbildlich zu dieser These.

31 Das ist einer der Gründe dafür, dass diese Fragen so hart umkämpft, die Feindseligkeiten in Bezug auf diese Themen im Zeitalter der Regression so groß sind, obwohl es doch unter dem Vorzeichen der Liberalität (und damit der Wahlfreiheit für jede einzelne Person) eigentlich um nichts als eine Erweiterung von Optionen zu gehen scheint.

senheit bestimmter Normen entschieden wird. Man kann die entsprechenden Veränderungen also sowohl unter der Perspektive der Vertiefung als auch unter der der Transformation sehen, man kann sie sowohl hinsichtlich ihrer Kontinuität als auch hinsichtlich ihrer Diskontinuität betrachten. Dann aber beginnt die Grenze zwischen Transformation-als-Vertiefung und Transformation-als-Innovation undeutlich zu werden.

Für den im Zweifelsfall innovativen Charakter spricht auch folgendes (ein materialistisches) Moment: Dass die Ehe für alle institutionell überhaupt möglich geworden ist, als (in Deutschland) vom Verfassungsgericht explizit anerkannte Lebensweise, beruht darauf, dass sich die Vorstellung von Ehe über die letzten 100 Jahre hinweg bereits sukzessive geändert hat. Das aber liegt unter anderem daran, dass die Ehe auch materiell eine veränderte Funktion gewonnen hat, die es möglich macht, sie von einer bestimmten biologistischen Idee der Reproduktion, aber auch von einem bestimmten patriarchalen Versorgungsmodell abzulösen. Die neuen Formen der Partnerschaft sind einerseits durch vorangegangene Veränderungen ermöglicht worden und andererseits verändern sie, sobald sie durchgesetzt sind, die bestehenden Institutionen weiter. Es wird dann aber, und darauf kommt es hier an, zumindest unklar, ob die neuen Instanziierungen von Ehe und Familie nicht tatsächlich unter neuen historischen und sozialen Bedingungen eine neue normative Bedeutung bekommen, statt nur ihre inhärenten Versprechen einzulösen oder den normativen Überschuss der vorhergehenden Institutionen zu erfüllen. In einem Prozess der Neuinterpretation von Normen und der institutionellen Umsetzung von Idealen kann das Verhältnis zwischen Neuem und Gegebenem im Zweifelsfall sehr komplex sein, insofern sich bei der Implementierung von Ideen je neue Aspekte einer Praxis zeigen können, denen man durch ebendiese Neuinterpretation, Vertiefung und Adjustierung gerecht zu werden hat. Was genuin neu und was eine – wenn auch radikale – Umdeutung des Alten ist, ist dann eine schwer zu entscheidende Frage. Und die Prognose, dass es keine moralischen Revolutionen mehr geben werde, erscheint dann mindestens voreilig. Neue Formen bauen auf den alten auf, sie transformieren diese und erhalten sie zugleich. Moralischer Fortschritt, so lassen sich diese Überlegungen auf den Punkt bringen, ist dann weder prinzipiell reformistisch noch prinzipiell revolutionär. Weder sollte man ihn sich als die Hervorbringung von unverbundenem Neuen, als losgelöste Innovation, vorstellen, noch als bloße Kontinuität mit dem Alten. Selbst im Falle der Revolution ist das Neue nicht unverbunden neu, und selbst im Fall der weniger dramatischen schrittweisen Veränderung bleibt das Alte nicht, wie es ist.

Krise als Vermittlung zwischen Alt und Neu

Wenn aber die hier beschriebenen sozialen Transformationsprozesse sowohl kontinuierlich als auch diskontinuierlich verlaufen, so liegt das meiner These nach daran, dass (wie wir in Kapitel 4 sehen werden) die Neuinterpretationen und die entsprechenden Veränderungen unserer Institutionen nicht aus dem Nichts heraus entstehen. Sie geschehen stets im Licht von Krisen und Erosionserscheinungen der alten Ordnung – von Problemen, in die diese geraten ist, von Konflikten, die in ihr aufgetreten sind. Das Neue kommt, weil das Alte nicht mehr funktioniert. Das Neue entsteht aus den Grenzen und den Konflikten, die sich aus einer alten sozialen Ordnung und über diese ergeben und im Zweifelsfall aus den Widersprüchen, von denen diese gezeichnet ist. Genau deshalb, also weil Veränderung krisengetrieben ist und durch die Problemstellung Anschluss ans Alte hat, bedeutet die Veränderung, ja selbst die radikale Veränderung von Normen und Praktiken nicht per se Diskontinuität. Und umgekehrt, da es hier immer auch um die Bewältigung radikaler Krisen des alten Bezugsrahmens gehen kann, kann das Anknüpfen an das Alte nicht per se im Rahmen der Kontinuität verbleiben.

Wenn, wie behauptet, selbst ein revolutionäres Ausnahmeereignis wie die Französische Revolution sowohl für das Moment der Kontinuität als auch für das der Disruption steht, so liegt das daran, dass es auf einen Widerspruch reagiert und eine Krise zum Konflikt macht. Die berühmten Fragen und Antworten des Abbé Sieyès: »1. Was ist der Dritte Stand? – Alles. 2. Was ist er bisher in der politischen Ordnung gewesen? – Nichts. 3. Was fordert er? – Etwas zu sein«,[32] waren genau deshalb rhetorisch so klug und praktisch so wirkungsvoll, weil sie an eine bestehende Konfliktlage, einen offenkundigen Widerspruch anknüpften. Diejenigen, die bisher »nichts sind«, also bar jeglichen Einflusses auf die Geschicke von Politik und Gesellschaft, bar jeder Form kollektiver Selbstbestimmung und jeden Anteils an den kollektiven Ressourcen, sollen zu »etwas werden«, nämlich zu vollberechtigten Staatsbürger:innen. Diese Forderung nach dem »[Anteil] der Anteillosen«[33] ist also einerseits neu, sofern sie nach etwas bisher nicht Dagewesenem verlangt. Andererseits kommen die Revolutionär:innen nicht ohne den Verweis auf die Restitution legitimer Ansprüche aus. Schon die Einberufung der Generalstände ist ja eine Anknüpfung an eine gesetzte, wenn auch historisch in den Hintergrund geratene Institution, die dann anlässlich ihrer von der Finanzkrise des Staates getriebenen Restituierung über sich hinausgetrieben wird, unter anderem durch die überschießende Forderung der Einberufung nach Köpfen statt nach Ständen.

Aber das damit in Gang gesetzte Geltendmachen eines »Anteils der Anteillosen« ist auch aus anderen Gründen keine pure Innovation und keine aus dem Nichts kommende Forderung. Nicht zufällig arbeitet sie mit einem Verweis auf etwas, das in der sozialen Struktur eigentlich schon vorhanden ist. Die Anteillosen sind nur ohne Anteil an anerkannter *Geltung*, dabei sind eigentlich sie diejenigen, die, richtig verstanden, die Nation ausmachen. Wohlgemerkt: Sie machen sie bereits aus, sie sind die eigentlichen Kräfte, die die nationalen Angelegenheiten tragen und den nationalen Wohlstand hervorbringen – ein Umstand, der angesichts der ökonomischen Krise umso deutlicher hervortrat. Und sie fordern, in dieser faktischen Rolle anerkannt zu werden. Es handelt sich also nicht um eine leere,

32 Emmanuel Joseph Sieyès, »Was ist der Dritte Stand? Ausgewählte Schriften«, in: Oliver W. Lembcke, Florian Weber (Hg.), *Schriften zur europäischen Ideengeschichte*, Bd. 3, Berlin, Boston 2012, S. 111.

33 Jacques Rancière, *Das Unvernehmen. Politik und Philosophie*, Frankfurt/M. 2002, S. 22.

aus dem Nichts kommende Forderung, sondern um das Geltendmachen einer bestehenden Realität und die Realisierung eines *Potenzials.* Dieses Potenzial, und das unterscheidet diese Deutung von der Vorstellung einer Realisierung und institutionellen Umsetzung von Ideen, liegt in der sozialen Wirklichkeit, in den wirklichen Kräften der »wirklichen Bewegung«,[34] die zur jeweils virulenten Krise führen und zugleich auf diese reagieren. Die Institutionen und Praktiken *nach* einer sozialen Transformation sind dann neu und alt zugleich, sofern sie aus einer Krise der alten Institutionen hervorgehen und sich an neue Bedingungen adaptieren. Genau deshalb lassen sich soziale Transformationsprozesse als beides begreifen: als Kontinuität in der Diskontinuität und als Diskontinuität in der Kontinuität. Die Kontinuität in der Diskontinuität erklärt sich dann daraus, dass solche Veränderungen nicht aus dem Nichts entstehen, sondern als Reaktion auf auftretende Krisen und Probleme. Und die Diskontinuität in der Kontinuität erklärt sich daraus, dass solche Probleme manchmal nicht im bestehenden Bezugsrahmen gelöst werden können. Als Teil eines kriseninduzierten Erfahrungsprozesses sind die hier entscheidenden sozialen Transformationen, egal wie grundsätzlich sie sind, mit dem Vorangegangenen verbunden, sofern sie sich als Problemlösung, das heißt als Reaktion auf die sich stellenden Probleme, auffassen lassen. Unverbunden und qualitativ neu allerdings sind sie oder können sie insofern sein, als nicht ausgemacht ist, dass sich diese Problemlösungen aus dem vorhandenen Bestand gesellschaftlicher Ressourcen gewinnen lassen.

Für die etwas in die Jahre gekommene Alternative »Reform oder Revolution?«[35] bedeutet das: Ob eine bestimmte Krise mit Reformen (also normalen, im Rahmen einer gesetzten sozialen oder politischen Ordnung agierenden Problemlösungen), mit »nichtrefor-

34 Siehe Karl Marx, Friedrich Engels, *Die deutsche Ideologie*, in: *MEW*, Bd. 3, Berlin 1984, S. 9-530, hier S. 35.

35 Zur Fragwürdigkeit dieser Alternative heute und zu einem Plädoyer für den Begriff der Transformation siehe Alex Demirovic, »Reform, Revolution, Transformation«, in: *Journal für Entwicklungspolitik* XXVIII (2012), S. 16-43.

mistischen Reformen«[36] oder nur mit einer Revolution (also einem radikalen Paradigmenwechsel) zu lösen ist, hängt von Gestalt und Radikalität der zu überwindenden gesellschaftlichen Widersprüche oder der zu bewältigenden Krise ab.

Eine solche theoretische Perspektive hätte in Bezug auf die Frage des Fortschritts den weiteren Vorteil, dass mit ihr die Kluft zwischen moralisch-politischem Wandel und anderen Momenten des gesellschaftlichen Wandels nicht unüberwindlich wird, sondern Wandlungsprozesse verschiedenster Art aufeinander beziehbar bleiben. Wie auch immer man zu der Wahrscheinlichkeit radikaler moralischer Revolutionen oder radikaler Innovationen der Modi unseres sozialen Zusammenlebens steht: Für den technologischen Wandel zum Beispiel ist es nicht plausibel, dass es keine solchen Innovationen mehr geben wird. Wenn man das aber für den moralischen Wandel als gesetzt betrachtete, dann stünden wir mit den immergleichen moralischen Prinzipien einer sich ständig und dramatisch verändernden Welt gegenüber. Entscheidend wird dann ein weiterer Punkt: In einem Problemlösungs- und Lernprozess verändern sich nicht nur Ideen. Wenn unsere Ideen und Normen bezüglich Ehe und Familie sich ändern, tun sie das nicht isoliert, sondern als Bestandteil eines ganzen Geflechts von Praktiken, das von diesen Ideen und Normen beeinflusst ist und umgekehrt auch diese beeinflusst, nahelegt oder ermöglicht. Materielle, praktische Veränderungen beeinflussen Ideen, Ideen beeinflussen Praxis und damit die materielle Welt. Damit sind wir beim Thema des nächsten Kapitels angelangt: der Einbettung des moralischen Fortschritts in die Sittlichkeit und der Einbettung der Sittlichkeit in die materielle Welt.

36 Die Formulierung stammt ursprünglich von André Gorz und wird heute von verschiedenen Strömungen der Linken verwendet. Vgl. dazu Mark Engler, Paul Engler, »Die nicht-reformistischen Reformen von André Gorz«, in: *Jacobin.de*, 6.8.2021, ⟨https://jacobin.de/artikel/andre-gorz-nicht-reformistischen-reformen-neue-linke-ivan-illich-reform-revolution/⟩, letzter Zugriff 22.3.2023.

3
Im Kontext: Moralischer Fortschritt und sozialer Wandel

> Man spricht von Ideen, welche eine ganze Gesellschaft revolutionieren; man spricht damit nur die Tatsache aus, daß sich innerhalb der alten Gesellschaft die Elemente einer neuen gebildet haben, daß mit der Auflösung der alten Lebensverhältnisse die Auflösung der alten Ideen gleichen Schritt hält. *Karl Marx*[1]

In einem vielbeachteten und zu Recht gepriesenen Artikel, der vor allem die gegenwärtig in den USA geführte Diskussion über moralischen Fortschritt stark beeinflusst hat, fragt die amerikanische Philosophin Elizabeth Anderson: »Wie können historische Prozesse der Auseinandersetzung um moralische Prinzipien dazu führen, dass Gruppen ihre moralischen Überzeugungen ändern?«[2] Meine Antwort auf diese Frage wird sein: Eine Veränderung in den moralischen Überzeugungen einer Gesellschaft findet nur statt, wenn es nicht allein die moralischen Überzeugungen sind, die sich ändern. Moralischer Wandel ist nicht ausschließlich auf Auseinandersetzungen um moralische Prinzipien und Ansprüche zurückzuführen, sondern auf die Veränderung ganzer, ihrerseits normativ gefasster und interpretierter Praxiszusammenhänge. Anders gesagt: Moralischer Fortschritt entfaltet sich nicht autonom, er verläuft nicht endogen, son-

1 Karl Marx, Friedrich Engels, *Manifest der kommunistischen Partei*, in: *MEW*, Bd. 4, Berlin 1983, S. 459-493, hier S. 480.

2 Elizabeth Anderson, »The Social Epistemology of Morality. Learning from the Forgotten History of the Abolition of Slavery«, in: Miranda Fricker, Michael Brady (Hg.), *The Epistemic Life of Groups. Essays in Collective Epistemology*, Oxford 2016, S. 75-94, hier S. 76.

dern steht im Kontext einer sich verändernden sittlichen Lebensform, in der unterschiedliche Veränderungsdynamiken zusammenspielen und sich wechselseitig beeinflussen. Ist damit als *Ort* derjenigen Veränderung, die wir Fortschritt nennen, das komplexe Geflecht ineinander verwobener Praktiken und Überzeugungen ausgemacht, das man eine soziale Lebensform nennen kann, so lässt sich anhand dieser praxistheoretischen Begrifflichkeit, die ich noch ausbuchstabieren werde, die Frage der »unzerbrechlichen Kette«, die in der Einleitung Thema war, wieder neu stellen.

In diesem Kapitel werde ich zunächst und ausgehend von einer Auseinandersetzung mit Marx die These entwickeln, dass moralischer Wandel *nicht isoliert*, das heißt nicht als rein endogenes Phänomen zu betrachten ist, sondern in einen Zusammenhang mit übergreifenden sozialen Veränderungen gebracht werden muss (3.1). Im nächsten Abschnitt werde ich dies am Beispiel der Vergewaltigung in der Ehe als Einbettung moralischer Praktiken in andere soziale Praktiken oder den »sittlichen Kontext« einer Lebensform plausibilisieren und argumentieren, dass sich entsprechend die Potenziale der Veränderung als gestörte Passungsverhältnisse, als *mismatches* darstellen (3.2). Anschließend gewinne ich aus den sich hier zeigenden Einbettungsverhältnissen eine Einsicht in den Zeitkern und den materialen Charakter der infrage stehenden moralischen Überzeugungen selbst (3.3). Es folgt ein begriffliches Zwischenspiel (3.4), in dem mithilfe einer kurzen Skizze des Konzepts von Lebensformen als »Ensembles sozialer Praktiken« die begrifflichen Weichen für die im nächsten Abschnitt (3.5) zu vollziehende Konzeptionierung der hier sich andeutenden multiplen Verkettungen und wechselseitigen Bedingungsverhältnisse gestellt werden.

3.1 Eine bloße Geschmacksverirrung? Der Gestaltwandel moralischen Fortschritts

Im dritten Band von *Das Kapital* findet sich folgender, in vielerlei Hinsicht bemerkenswerte Satz: »Vom Standpunkt einer höheren ökonomischen Gesellschaftsformation wird das Privateigentum einzelner Individuen am Erdball *ganz so abgeschmackt* erscheinen, wie das Privateigentum eines Menschen an einem anderen Menschen.«[3] Mich interessiert an diesem Zitat insbesondere eine kleine, auf den ersten Blick unscheinbare, aber durchaus erstaunliche Akzentuierung: Marx' Behauptung, wonach uns die Vorstellung, dass Menschen unter die Rechtsform des Privateigentums fallen können, heute »abgeschmackt« erscheinen müsse. Diese Charakterisierung ist irritierend, denken doch sicherlich die meisten von uns (und sicher auch Marx), dass das Privateigentum an anderen Menschen – Versklavung oder Leibeigenschaft[4] – nicht nur irgendwie »abgeschmackt«, sondern durch und durch verabscheuungswürdig ist. Warum also fällt Marx dieses eigentlich ästhetische Urteil – ganz so, als handele es sich um eine bloße Geschmacksverirrung, eine irgendwie unpassende, verachtenswerte, entleerte, aber auch ein bisschen lächerliche, unschöne, ja stillose soziale Institution?[5]

3 Karl Marx, *Das Kapital. Kritik der politischen Ökonomie. Dritter Band,* in: *MEW,* Bd. 25, Berlin 1964, S. 784.

4 Marx bezieht sich im zitierten Kontext auf das »Privateigentum an Menschen« als einem weit gefassten Phänomen, das neben der Sklaverei auch die wiederum sehr verschiedenen Ausprägungen von feudaler Leibeigenschaft umfassen kann.

5 Instruktiv sind hier die Ausführungen Otto Lyons in *Johann August Eberhards Synonymisches Handwörterbuch der deutschen Sprache* von 1910 im Eintrag »Abgeschmackt. Schal. Fade.«. Abgeschmackt sei »alles, was seinen natürlichen angenehmen Geschmack verloren hat«. »In übertragenem Sinne bedeutet *abgeschmackt* das, was *ohne* Geschmack, ja oft *wider* den Geschmack ist und das feinere Gefühl verletzt, z. B. ein abgeschmackter Kopfputz«. »*Abgeschmackt* [...] bezeichnet in erster Linie immer die *Geschmacksverirrung,* die uns in Rede, Kleidung, Kunst usw. entgegentritt. Es enthält noch einen stärkeren Tadel als das Wort *geschmacklos.*« Dabei steht es (im Folgeeintrag »Abgeschmackt. Ungereimt. Geschmacklos.«) in einem Begriffsfeld mit »ungereimt« als das, »was sich nicht reimt,« und, weiter gefasst, »nicht in den Zusammenhang paßt«. »Der Ausdruck *abgeschmackt* ist stärker und daher auch beleidigender, indem er zugleich den widrigen Eindruck andeutet, den alles, was die Vernunft geradezu empört, auf unsere Empfindung macht.« Online unter ⟨https://www.textlog.de/eberhard/synonyme/abgeschmackt-schal-fade⟩, letzter Zugriff 8. 6. 2023.

Meine Vermutung ist, dass dieser Ausdruck dem großen Polemiker und Stilisten Marx nicht versehentlich in die Feder gerutscht ist. Dass uns das Eigentum an Menschen heute (beziehungsweise zu Marx' Zeiten) »abgeschmackt« vorkommt, verweist nämlich darauf, dass es sich uns als eine in bestimmter Hinsicht nicht mehr denkbare Institution darstellt. Als abgeschmackte ist die betreffende soziale Institution nicht vorrangig moralisch empörend, sondern vor allem in dem (mit Hegel gesagt) sittlichen Kontext von Praktiken, Überzeugungen und Institutionen, in dem wir leben, nicht mehr intelligibel. Einen Menschen als Eigentum – *jemanden* als *etwas* – zu behandeln, ist dann nicht etwa schlimmer oder weniger schlimm, als ihn zu betrügen, zu bestehlen oder zu ermorden; es ist, sofern wir die Sklaverei überwunden haben,[6] ein Kategorienfehler. Der Übergang von einem sittlichen Kontext zu einem anderen kommt also offenbar dem Wechsel eines ganzen epistemisch-normativen Bezugsrahmens gleich – einem Paradigmenwechsel, der auf den ersten Blick jedenfalls so aussieht, als geschehe er unvermittelt.

Wenn Marx behauptet, dass uns »[v]om Standpunkt einer höheren ökonomischen Gesellschaftsformation [...] das Privateigentum einzelner Individuen am Erdball *ganz so abgeschmackt* erscheinen

6 Dass das faktisch nicht der Fall ist, und schon gar nicht zu Marx' Zeiten der Fall war, steht auf einem anderen Blatt. Die Abschaffung der von Engländern betriebenen Sklaverei in den West Indies datiert auf 1838, der als Resultat des amerikanischen Bürgerkriegs beschlossene 13. Verfassungszusatz, mit dem die Sklaverei in den Vereinigten Staaten abgeschafft wurde, datiert auf das Jahr 1865. Über die Fortexistenz moderner Formen der Sklaverei bis heute berichtet E. Benjamin Skinner, *Menschenhandel. Sklaverei im 21. Jahrhundert*, Bergisch Gladbach 2008. Dazu auch Kevin Bales, *Die neue Sklaverei*, München 2001. Trotzdem ist Anderson zuzustimmen, wenn sie sagt: »Although de facto slavery persists in many areas of the world, virtually no one is willing to publicly defend it.« Vgl. Elisabeth Anderson, *Social Movements, Experiments in Living, and Moral Progress. Case Studies from Britain's Abolition of Slavery*, Lawrence 2014, S. 2.

[wird], wie das Privateigentum eines Menschen an einem anderen Menschen«,[7] so will er damit sagen: Heute noch erscheint uns das Privateigentum an der Erde als völlig unproblematisch und alternativlos. Unfähig, uns ein anderes Weltverhältnis als das des Eigentums vorzustellen, kommt es uns gar nicht in den Sinn, dass hier ein Problem bestehen könnte. Es ist aber eine andere Zeit und *eine andere soziale Ordnung* vorstellbar, in der sich genau dieses Grundverständnis (und Grundeinverständnis), also unser moralischer Sinn, verändert haben wird, genauso wie er sich hinsichtlich des Eigentums an Menschen bereits verändert hat. Die Institution des Privateigentums (an der Erde) wird sich uns dann als unpassend und ungeheuerlich darstellen, wir werden gar nicht mehr verstehen können, dass es uns jemals in den Sinn kommen konnte, die Erde als solches zu behandeln. Die Bezeichnung »abgeschmackt« verweist, so verstanden, auf die *sittlichen Hintergrundbedingungen*, auf die Proto-Werte[8] der Gesellschaft, das heißt auf deren fundamentale soziale Epistemologie und soziale Ontologie, die die beschriebenen Institutionen und Praktiken auf basaler Ebene möglich oder unmöglich, denkbar oder undenkbar machen. Wie radikal der bereits vollzogene Bruch hinsichtlich des Eigentums an Menschen zu verstehen ist – laut Egon Flaig handelt es sich bei der Abschaffung der Sklaverei um den »tiefste(n) Bruch der Menschheitsgeschichte«[9] –, wird vielleicht erst begreiflich, wenn wir uns vor Augen führen, mit welcher moralischen Indifferenz der privateigentümlichen Verfügung über Menschen inklusive ihrer grausamsten Auswüchse auch von Personen begegnet worden ist, die in anderen Hinsichten

7 Marx, *Das Kapital. Dritter Band*, S. 784.

8 Zum Ausdruck »Proto-Werte« vgl. Georg Lohmann, »Zwei Konzeptionen von Gerechtigkeit in Marx' Kapitalismuskritik«, in: ders., Emil Angehrn (Hg.), *Ethik und Marx. Moralkritik und normative Grundlagen der Marxschen Theorie*, Königstein/Ts. 1986, S. 174-194, hier S. 175.

9 Egon Flaig, *Weltgeschichte der Sklaverei*, München 2018. Dass die Sklaverei gegenüber anderen historischen Formen der Verfügung über Menschen ein spezifisches Verhältnis ist, hat u. a. Orlando Patterson mit seiner These vom »sozialen Tod« des Sklaven deutlich gemacht; vgl. Orlando Patterson, *Slavery and Social Death. A Comparative Study*, Cambridge (Mass.), London 1982.

über ein feines moralisches Gespür verfügten. Elizabeth Anderson belegt die Dramatik eines solchen Wandels moralischer Überzeugungen mit einem eindrucksvollen Beispiel. Sie beschreibt den Kapitän eines Sklavenschiffs, der auf den von ihm geleiteten Atlantiküberfahrten Tausende von Sklaven ihrem grausamen Schicksal ausliefert und sie schon an Bord in großer Anzahl zu Tode quält. Dabei fasst er seine Tätigkeit als durchaus »gottgefällig« auf, hält seine Besatzung zum regelmäßigen Beten an und reflektiert in moralisch penibler Selbstbefragung moralische Verfehlungen wie seine schwer zu bekämpfende Neigung zum gotteslästerlichen Fluchen.[10] Das ist ein moralepistemologisch erstaunliches Zeugnis, gerade weil es sich bei dem hier erwähnten Kapitän nicht um einen Soziopathen oder um eine Person handelt, die keinen moralischen Standpunkt kennt und keine moralische Richtschnur gegen sich akzeptiert, sondern um einen pflichtbewussten und moralisch durchaus feinfühligen Christen.[11] Wie lässt sich eine solche Kluft der moralischen Wahrnehmungsweisen verstehen? Wie die Selbstverständlichkeit, mit der das Quälen von Versklavten für ihn gar nicht in den Einzugsbereich möglicher Verfehlungen gerät? Mich interessiert hier nicht die individualpsychologische Frage, sondern der soziale Kontext innerhalb dessen dies geschieht. Wie ist der Übergang denkbar von einem moralischen Bezugsrahmen, in dem Sklaverei sich als vollkommen selbstverständlich und moralisch neutral darstellt, zu einem anderen, in dem sie ein erschütternder moralischer Skandal ist?[12]

10 Anderson, *Social Movements, Experiments in Living, and Moral Progress*, S. 1-3.

11 Womit angesichts der (auch kolonialen) Gewaltgeschichte des Christentums keinesfalls gesagt sein soll, dass das Christsein an sich jemals jemanden von Grausamkeit abgehalten hätte. Die Spannung, auf die ich hier hinauswill, ist nicht die zwischen christlicher Nächstenliebe und Grausamkeit, sondern die zwischen penibler Selbstbefragung und dem Außerachtlassen des (für uns) Offenkundigen.

12 Ein Übergang übrigens, den auch der von Anderson erwähnte Kapitän – John Newton – persönlich vollziehen wird, indem er zunächst Priester und später auch Abolitionist wird. Aber um diese persönliche Konversion geht es mir hier nicht.

Es spricht viel dafür, dass ein solcher Transformationsprozess nicht (allein) durch einen rein rational motivierten Wandel von Überzeugungen ausgelöst wird. Wie wir gesehen haben, ist das, was hier geschehen ist, zutreffender als ein Wandel eines ganzen Bereichs vom Intelligiblen zum Nichtintelligiblen beschrieben denn als eine Widerlegung innerhalb des Bereichs des Intelligiblen. Geändert hat sich nicht die Bewertung dieser oder jener Praxis, geändert hat sich, ganz wie im eingangs diskutierten Marx-Zitat, was denkbar und undenkbar ist, also der ganze Bereich dessen, was hier normativ überhaupt zur Debatte steht: der Bezugsrahmen moralischer Urteile. Es handelt sich um das, was Alasdair MacIntyre eine »epistemologische Krise«[13] nennt: einen Zustand, in dem der interpretative Bezugsrahmen einer sozialen Ordnung selbst in die Krise geraten ist und der entsprechend eine Transformation ebendieses Rahmens erfordert.

Es trifft also etwas an der Phänomenologie unserer moralischen Erfahrung, dass wir gerade bei für uns so eklatanten moralischen Übeln manchmal mit Veränderungen konfrontiert sind, die sich uns auf den ersten Blick wie eine Art *Gestaltwandel* präsentieren, wie der berühmte *switch* von der Ente zum Hasen.[14] Hat man die Veränderung in der moralischen Einstellung erst einmal vollzogen, so muss es einem unvorstellbar vorkommen, dass man dieselbe Situation auch ganz anders hat wahrnehmen können. Es führt dann kein nachvollziehbarer Weg von hier zurück nach da. Die dazugehörenden Gefühle und Einstellungen werden internalisiert, so dass sie in gleichsam Schiller'scher Manier mit unseren sinnlich-spontanen Nei-

13 Alasdair MacIntyre, »Epistemological Crisis, Dramatic Narrative, and the Philosophy of Science«, in: *The Monist* 60:4 (1997), S. 453-472.

14 Vgl. zu diesem speziellen Kippbild aus der Gestaltpsychologie Ludwig Wittgenstein, *Philosophische Untersuchungen*, Frankfurt/M. 1980, S. 308f.

gungen zusammengehen.[15] Eine neue Normalität etabliert sich; etwas anderes als zuvor erscheint nun als »normal«. Marx' Verwendung des Wortes »abgeschmackt«, mit seinen ästhetischen Assoziationen, gewinnt in dieser Hinsicht durchaus an Plausibilität.

Tiefendynamik und Reaktion

Sollte man nun aber Richard Rorty folgen, der den Weg »von da nach hier« als einen beschrieben hat, für den es keine rationale Grundlage gibt, weshalb sich eine Einübung des Vorstellungsvermögens durch eine »Schule der Empfindsamkeit«[16] empfiehlt, damit er gegangen werden kann? Die Idee eines unverbundenen, rational nicht vermittelbaren Paradigmenwechsels ist klarerweise nicht die Position, auf die Marx hinauswill, weder in der Erklärung des Phänomens noch hinsichtlich etwaiger Handlungsstrategien zur Bekämpfung moralischen Unrechts. Zwar unterscheidet er, wie man dem obigen Zitat entnehmen kann, zwei radikal verschiedene Standpunkte: den »Standpunkt einer höheren ökonomischen Gesellschaftsformation«, in der das Eigentum an der Erde undenkbar (»abgeschmackt«) geworden sein wird, und den Standpunkt davor, also denjenigen, in dem das noch denkbar war. Diese beiden Standpunkte unterscheiden sich so radikal voneinander, dass das, was vom einen Standpunkt aus undenkbar geworden ist, vom anderen aus betrachtet ganz normal scheint, und umgekehrt. Auch für Marx vollzieht sich also der Übergang von der einen zur anderen Einschätzung nicht durch eine schrittweise Einsicht in normative Argumente. Dennoch beschreibt er, anders als die Idee des unverbundenen Gestaltwechsels es will, einen rationalen Übergang mit einer nachvollziehbaren inneren Logik. Der entscheidende Punkt in Marx' Beschreibung der infrage stehenden Transformation ist

15 Friedrich Schiller, *Über die ästhetische Erziehung des Menschen. In einer Reihe von Briefen*, hg. von Klaus L. Berghahn, Stuttgart 2000.

16 Richard Rorty, »Menschenrechte, Vernunft und Empfindsamkeit«, in: ders., *Wahrheit und Fortschritt*, Frankfurt/M. 2003, S. 241-268, hier S. 254.

nämlich gar nicht die scheinbare Unverbundenheit der beiden moralischen Standpunkte. Der entscheidende Punkt ist, dass sich die relevanten Veränderungen gerade nicht in der Sphäre der moralischen Überzeugungen ereignen, sondern in den jeweiligen »ökonomische[n] Gesellschaftsformationen«, die den moralischen Urteilen – etwa über die Eigentumshaftigkeit der Erde oder des Menschen – zugrunde liegen.

Was geschieht hier also? Zunächst historisiert Marx die Undenkbarkeit des Übergangs, indem er sagt, dass sich die beschriebenen Praktiken und Institutionen vom Standpunkt einer »höheren«, also historisch weiter entwickelten ökonomischen Formation aus als »abgeschmackt« darstellen. Er fasst die Bewegung vom Denkbaren und Selbstverständlichen zum Undenkbaren als Bestandteil einer umfassenderen historisch-sozialen Entwicklung auf. Dabei geht er davon aus, dass es sich bei einem solchen Übergang von der einen zur anderen ökonomischen Gesellschaftsformation gerade nicht um einen harten Schnitt handelt, sondern um eine Transformation, die aus nachvollziehbaren Gründen geschieht und ihrer eigenen inneren Logik folgt.

In dieser historischen Perspektive erscheint entsprechend das vormals Denkbare als etwas, das sich in bestimmter Hinsicht überlebt hat, die Abschaffung einer solchen Praxis als das, was »an der Zeit ist«.[17] So radikal der oben geschilderte Gestaltwandel also auch sein mag: Er hat eine Vorgeschichte und einen Verlauf, ist Ausdruck oder Resultat einer historischen Entwicklung, deren Logik es nachzuvollziehen gilt, um den Wandel selbst zu verstehen. So ist auch die oben im Motto zu diesem Kapitel zitierte Bemerkung zu verstehen, dass sich im Fall von revolutionären Veränderungen »innerhalb der alten Gesellschaft die Elemente einer neuen gebildet haben«. Darüber hinaus materialisiert Marx diese Entwicklung. Er glaubt bekanntlich, dass sich die infrage stehende Veränderung als Logik einer ökonomisch-sozialen Entwicklung rekonstruieren lasse; die ökonomi-

17 G.W.F. Hegel, *Vorlesungen über die Philosophie der Geschichte*, in: ders., *Werke in zwanzig Bänden*, Frankfurt/M. 1986, Bd. 12, S. 46.

sche Bewältigung der materiellen Lebensprobleme tritt also gewissermaßen als Leitwährung der Veränderung auf. Getrieben durch die Entwicklung der Produktivkräfte verändern sich die Produktionsverhältnisse und mit diesen unsere gesamten Lebensbedingungen, einschließlich der sie orientierenden Normen.

Marx' Lösung des Problems des Übergangs von einer moralischen Ordnung zu einer anderen beruht also darauf, dass er zwischen zwei Ebenen unterscheidet: einer Tiefenebene der ökonomisch-materiellen Transformation, die von einer nachvollziehbaren Logik regiert wird und den normativen Standpunktwechsel einleitet, und einer zweiten, darüberliegenden Ebene, auf der dieser Standpunktwechsel in Form von einer Veränderung der moralischen Einstellungen geschieht. Was auf den ersten Blick wie ein unvermittelter Gestaltwandel aussehen mag – der Wechsel vom Selbstverständlichen zum Abgeschmackten –, kann nur dann so erscheinen, wenn man von dieser Tiefendimension absieht oder sie nicht versteht. Dass es sich hier um einen Gestaltwandel nach Art des Ente-Hase-Kippbilds handelt, stellt sich, so betrachtet, seinerseits als eine Art optische Täuschung dar oder besser: als eine Perspektive, die dadurch verzerrt wird, dass man nur auf die Oberfläche der veränderten moralischen Einstellungen blickt. (Ich werde den problematischen Charakter dieser Oberflächen-Tiefen-Unterscheidung unten noch thematisieren.)

Moral als Ideologie

Um meine hier mit Marx gewonnene Position noch einmal der Rortys gegenüberzustellen: Gemeinsam ist beiden Perspektiven, dass sie den Prozess des radikalen moralischen Wandels nicht als argumentativ geleitete Revision unserer Überzeugungen auffasst, innerhalb derer wir uns von der Falschheit unserer vorherigen Position und der Richtigkeit der neuen überzeugen. Liegt das nun bei Rorty daran, dass er eine weniger kognitivistische Auffassung hinsichtlich der Ausbildung moralischer Haltungen hat, liegt die treibende Kraft der Veränderung für Marx überhaupt nicht in der Auseinandersetzung über moralische Ideen selbst. Rorty bleibt in dieser Hinsicht – bei aller Provokation gegen kognitivistische Moraltheorien – idealistisch. Die soziale Dynamik, die von Marx thematisiert wird, wurzelt dagegen, wie wir gesehen haben, nicht in einer genuinen Transformation unserer moralischen Sensibilität und unserer normativen Überzeugungen selbst, sondern in dem, was er die »Entwicklung der Produktivkräfte« nennt. Diese umfassen alles, was die Gesellschaft braucht, um sich materiell zu reproduzieren: natürliche, technische, organisatorische und geistig-wissenschaftliche Ressourcen sowie die Arbeitskraft der Menschen. Die normativen Überzeugungen einer Gesellschaft besitzen nach Marx' Verständnis keine unabhängige Dynamik; sie vollziehen keine genuine, keine eigenständige Entwicklung. Aufgefasst als »Ideologie« hat die Moral, wie er sagt, »keine Geschichte«.[18] Das bedeutet nicht, dass sie sich nicht verändert. Sie verändert sich nur nicht aus eigenem Antrieb oder nach einer ihr selbst inhärenten Dynamik. Sie hat also, genauer gesagt, keine *eigene* Geschichte. Die »Auseinandersetzung um moralische Prinzipien«,[19] von der Anderson spricht, wäre dann nicht selbst Motor oder Verursacher der Veränderungen unserer moralischen Überzeugung. Sie ist vielmehr stets reaktiv: Neue Normen entwickeln sich nicht primär aus dem Ungenügen der alten heraus, sondern reagieren ihrerseits auf Entwicklungen auf der oben beschriebenen, durchaus dynamischen Tiefenebene. Dann aber gibt es, zugespitzt formuliert, so etwas wie Moral als eigenständiges Phänomen gar nicht. Der moralische oder normative Fortschritt selbst erscheint dann als eine bloße Widerspiegelung der sozialen und ökonomischen Tiefendynamik, auch wenn er eine wichtige – ideologische – Funktion hat, nämlich die Legitimation, Aufrechterhaltung und Unterstützung der betreffenden sozialen und ökonomischen Institutionen.

18 Karl Marx, Friedrich Engels, *Die deutsche Ideologie,* in: *MEW,* Bd. 3, Berlin 1978, S. 26-27.

19 Anderson, »The Social Epistemology of Morality«, S. 76.

Um an dieser Stelle keine Missverständnisse aufkommen zu lassen: Ich halte das orthodoxe historisch-materialistische Narrativ, das ich hier skizziert habe, aus vielerlei Gründen für unzureichend.[20] Wie von den allermeisten Postmarxisten und auch von Marx selbst schon bemerkt, ist das hier wirkende Basis-Überbau-Modell zu deterministisch, zu eng und zu einseitig angelegt, um das komplexe Netz von Einflusslinien und Interdependenzen zwischen ökonomischen, sozialen, kulturellen und politischen Praktiken, wie es sich uns darstellt, fassen zu können. Wenn ich diese These(n) hier dennoch als Hintergrundbild aufrufe, so deshalb, weil sich daran hinsichtlich der Konzeptualisierung gesellschaftlichen Wandels nach wie vor etwas lernen lässt. Marx betont nämlich etwas, was heute in der philosophischen Diskussion zu selten bedacht wird: die Einsicht, dass es sich bei Veränderungen unserer moralischen Vorstellungswelt nicht um rein endogene Phänomene handelt, sondern um solche, die in Wechselwirkung mit anderen sozialen Veränderungen stehen und entstehen. Verändern tut sich also tatsächlich eine ganze »Gesellschaftsformation«, wie Marx es nennt. Die Rede von der »höheren« im Gegensatz (wohl) zur niedrigeren Gesellschaftsformation muss man an dieser Stelle genauso wenig mitmachen wie die Kartografie einer solchen Formation entlang einer simpel aufgefassten Unterscheidung von Oberfläche und Tiefe (oder auch Basis und Überbau). Marx stellt also die richtige Frage. Seine Antwort allerdings ist aus heutiger Sicht revisionsbedürftig.[21]

Aus der von Marx ausgehenden ersten Annäherung an die Frage

20 Ich werde diese kritischen Einwände, da sie weithin bekannt und umfassend diskutiert sind, hier nicht weiter ausführen. Vgl. prominent Jürgen Habermas, *Zur Rekonstruktion des Historischen Materialismus*, Frankfurt/M. 1976. Vgl. aber auch aus ganz anderer Perspektive Louis Althusser, »Widerspruch und Überdeterminierung«, in: ders., *Für Marx*, Frankfurt/M. 1968, S. 52-85. Jorge Larrain, *A Reconstruction of Historical Materialism*, London 1986, liefert eine gute Darstellung des Diskussionsstands.

21 Ich bin an dieser Stelle nicht an der Frage interessiert, wie es sich in Bezug auf den »wirklichen Marx« oder die ergiebigste Marx-Lektüre verhält – klarerweise gibt es gerade in Bezug auf die hier aufkommenden Fragen ein ausgesprochen differenziertes Spektrum an hilfreichen Deutungen, die dieser sim-

der Transformation moralischer Überzeugungen können wir also eine erste These über die Dynamik moralischen Fortschritts gewinnen. Sie lautet, vorsichtig und viel offener formuliert: Moralischer Fortschritt *steht nicht allein*; der Fortschritt, den wir mit Blick auf moralische Fragen im engeren Sinne glauben verzeichnen zu können, ist in soziale Rahmen- und Hintergrundbedingungen eingefasst und auf diese angewiesen. Die als moralischer Fortschritt beschriebene Veränderung in der Bewertung von Institutionen und Praktiken ist nicht das Resultat einer freistehenden moralischen Einsicht oder einer solitären Entfaltung moralischen Einfühlungsvermögens. Sie ist der Effekt einer Veränderung ganzer sozialer Formationen, einer Veränderung der umgebenden oder angrenzenden Praktiken und des Interpretationshorizonts, innerhalb dessen sich die infrage stehenden moralisch relevanten Praktiken und Überzeugungen gebildet und durchgesetzt haben. Moral ist – so lässt sich das in Hegel'sche Termini übersetzen – stets in *Sittlichkeit* eingebunden, also eingelassen in die historisch konkreten Praktiken und Institutionen, in denen wir unser gesellschaftliches Leben führen.

3.2 Passungsverhältnisse: Die sittliche Einbettung moralischer Überzeugungen

Moralischer Fortschritt geschieht dann, so auch meine These, weder als unvermittelter Gestaltwandel noch als bloßer moralischer Läuterungsprozess. Er ist zurückzuführen auf sich verändernde Hintergrundbedingungen, auf angrenzende Praktiken und Institutionen, die die Umgebung der moralisch relevanten Praxis schrittweise so verschieben und transformieren, dass diese sich in einem anderen Licht zeigt. Diese These kann man anhand eines Beispiels nachvollziehen, das ich bereits in Kapitel 1 angesprochen habe, dem der Vergewaltigung in der Ehe. In Deutschland war noch bis 1997 Verge-

plen Auffassung mit Rückendeckung von Marx selbst entschieden entgegentreten.

waltigung juristisch als »außerehelicher Vorgang« definiert, was im Umkehrschluss nahelegt, dass es innerhalb der Ehe gar keine Vergewaltigung geben kann beziehungsweise die entsprechende Gewalt nicht als Vergewaltigung zählt. Diese Rechtslage stand bei ihrem Inkrafttreten in einer Reihe mit weiteren eherechtlichen Bestimmungen, etwa dem Umstand, dass der Ehemann von sich aus den Arbeitsvertrag seiner Frau auflösen konnte und auch die Verfügungsgewalt über ihr Vermögen hatte.[22] Solche Bestimmungen mögen aus heutiger Sicht skurril wirken, sie waren aber tatsächlich, jedenfalls in der Bundesrepublik Deutschland, bis zum Jahr 1953 geltendes Recht. Sie gingen Hand in Hand mit einem sozialen Arrangement, in dem sich Frauen typischerweise in ökonomischer Abhängigkeit von ihrem Ehemann befanden. Von der dieses Eheverständnis tragenden generellen »Gehorsamspflicht« der Ehefrau zur spezifisch sexuellen war es dann nur noch ein kleiner Schritt; die »Verweigerung ehelicher Pflichten« war ein weithin und auch institutionell anerkannter Scheidungsgrund.

Zum Gesamtbild gehört aber schon die als solche unschuldig wirkende Interpretation von Ehe als intimer Schicksalsgemeinschaft

22 Als das BGB am 1.1.1900 in Kraft trat, enthielt es in § 1354 den Satz: »Dem Manne steht die Entscheidung in allen das gemeinschaftliche Leben betreffenden Angelegenheiten zu.« Auch in Fragen der Haushaltsführung und der Kindererziehung entschied in Streitfällen der Mann allein. Der gesetzliche Güterstand war die Verwaltung und Nutznießung des Mannes am Vermögen der Frau, das heißt: Hatte die verheiratete Frau eigenes Geld, so konnte allein der Mann darüber verfügen und ihm allein gehörten die Einkünfte aus dem Vermögen der Frau. Das Gesetz ist im Wesentlichen bis zum 31. März 1953 in Kraft geblieben. Erst 1957 kam das Gleichberechtigungsgesetz mit dem neuen gesetzlichen Güterstand, der Zugewinngemeinschaft, 1961 das Familienrechtsänderungsgesetz mit einer Neugestaltung des Rechts zwischen Eltern und Kindern sowie Änderungen des Eheschließungs- und Scheidungsrechts. Vgl. zu meiner Darstellung zum Beispiel Eva Marie von Münch, »Hausfrauen-Ehe abgeschafft«, in: *Die Zeit* 43 (1976), online unter ⟨http://www.zeit.de/1976/43/hausfrauen-ehe-abgeschafft⟩, letzter Zugriff 22.1.2018. Für Informationen und Hinweise zu diesem Thema danke ich Christina Clemm.

oder sogar als einer »organischen Einheit«.[23] Die hier wirksam werdende Vorstellung von Intimität mag die Furcht vor dem vielbeschworenen »Staatsanwalt unter dem Ehebett« erklären, die bisweilen deutlich größer zu sein scheint als die Abscheu vor den Gewalttaten, die in diesem geschehen.[24] Schließlich haben wohl auch eine bestimmte Vorstellung über männliche und weibliche Sexualität, in der letztere per se als passives Ertragen aufgefasst wird, dazu beigetragen, dass die gewaltsame, herrschaftsförmige Verletzung der sexuellen Integrität der Frau überhaupt als Variante einer *sexuellen Beziehung* aufgefasst werden konnte, und nicht unter dem Gesichtspunkt der *Gewalt* – eben: sexualisierter Gewalt.[25]

Dass es so mühsam war (und ist), die Ehe als Besitz- und Herrschaftsverhältnis gesellschaftlich schrittweise zu delegitimieren und die diesen Verhältnissen entsprechenden Gewalthandlungen rechtlich zu sanktionieren, liegt an dem eigenartig resistenten Mischungsverhältnis, das die Institution beziehungsweise den Begriff der Ehe charakterisiert: Einerseits wird die Vorstellung von Ehe als einer dem Rechtsverhältnis entgegengesetzten Intimbeziehung betont, andererseits fungiert die Ehe als Herrschaftsverhältnis. Der »Hausherr« war eben das: ein Herr. Genau dies galt es zu entzerren, und die Frauenbewegung konnte in dieser Frage nur erfolgreich sein, weil

23 So begründete bereits Otto von Gierke seine Ablehnung einer Eherechtsreform im Jahr 1920, vgl. ebd.

24 Vgl. Sabine Rückert, »Das Schlafzimmer als gefährlicher Ort«, in: *Die Zeit* 28 (2016), online unter ⟨https://www.zeit.de/2016/28/sexualstrafrecht-verschaerfung-kritik⟩, letzter Zugriff 14.11.2022.

25 Nicht umsonst ist Vergewaltigung eine Art der Bemächtigung und Unterwerfung, wie sie im Krieg ubiquitär ist und feudale Herrschaftsverhältnisse ausgezeichnet hat. Hier ist die entscheidende Frage also bereits, um welche Praxis es sich eigentlich handelt. Der Ausdruck »sexualisierte Gewalt« hat hier die Funktion, ein bestimmtes Verhältnis überhaupt erst als ein solches der Gewalt erkennbar zu machen, und hat damit entscheidend zur Neuinterpretation dieser sozialen Praxis beigetragen. Zum Fortbestehen der Gewalt gegen Frauen, aber auch zum nach wie vor negierenden und verharmlosenden Umgang der Rechtsprechung mit dieser – auch nach ihrer offiziellen Delegitimierung – vgl. Christina Clemm, *Akteneinsicht*, München 2020, und Patrícia Melo, *Gestapelte Frauen*, Zürich 2021.

sie die hier angesprochenen Dimensionen in ganzer Breite thematisiert und nicht nur das im engeren Sinne moralisch Anstößige an der gesellschaftlichen Organisation der Geschlechterverhältnisse hinterfragt hat – vom Sexualitätsverständnis bis zur Hausfrauenehe.

Ähnliche kontextuelle Einbettungsverhältnisse lassen sich für die Institution der Sklaverei sowie die Anwendung vor allem körperlicher, aber auch psychischer Gewalt in der Erziehung identifizieren. So steht die Sklaverei in ihren vielfältigen Formen in einem praktischen Kontinuum sowohl mit anderen Praktiken sozialer Herrschaft und rassistischen Ausschlusses als auch mit anderen Formen der unfreien Arbeit und gesellschaftlichen Tauschverhältnissen. Auch die Gewalt in der Erziehung und andere Praktiken der »schwarzen Pädagogik«[26] werden nur intelligibel, wenn man sie im Zusammenhang der mit ihnen verbundenen Konzepte von Kindsein und Kindheit betrachtet. Diese gehen von einer im Kern wilden und ungebändigten Natur des Kindes aus, die es durch die entsprechenden Erziehungsmethoden (und zum so verstandenen »Besten« der Kinder) zivilisatorisch einzuhegen gilt. Die Akzeptanz von Gewalt in der Erziehung steht weiterhin im Kontext des jeweiligen gesellschaftlichen Umgangs mit Strafe und mit körperlicher Züchtigung überhaupt sowie bestimmter Vorstellungen von elterlicher Autorität, die wiederum an gesellschaftliche Konzepte des unbedingten Gehorsams gegenüber Autoritäten anknüpfen. Ähnlich wie bei der Vergewaltigung in der Ehe erklärt sich nur in einem solchen verzweigten Kontext von Praktiken und Interpretationen, dass körperliche Züchtigung als Erziehungsmaßnahme oder sogar als Ausdruck elterlicher Sorge und Liebe – und nicht nur als bloße Gewalt – gelten konnte.[27]

Deutlich wird an diesen Beispielen, wie die Einbettung moralischer Überzeugungen in einen Kontext weiterer Überzeugungen

26 Dieses Schlagwort hat Katharina Rutschky geprägt. Siehe dazu die von ihr herausgegebene Anthologie *Schwarze Pädagogik. Quellen zur Naturgeschichte der bürgerlichen Erziehung*, Berlin 1977.

27 Eine ingeniöse Schilderung dieser Vorstellungswelt liefert Michael Hanekes Film *Das weiße Band*.

und Praktiken dazu beiträgt, dass Praktiken, die heute mehr oder weniger einhellig als abstoßend und vollkommen inakzeptabel eingestuft werden, über so lange Zeiträume als »normal« galten, sich halten und gesellschaftlich akzeptiert werden konnten. Diese Akzeptanz speist sich aus einem ganzen Ensemble von benachbarten und zusammenwirkenden Praktiken, Institutionen und dem zugehörigen Interpretationsrahmen. Sie erklärt sich also aus dem Kontext einer komplexen sozialen Lebensform, einer Konstellation von Praktiken und Überzeugungen, ohne dass man hier so leicht zwischen Oberfläche und Tiefe, treibenden und reagierenden Kräften unterscheiden und damit eine den Zusammenhang determinierende oder leitende Praxis ausmachen könnte.

Mismatches *und gestörte Passungsverhältnisse*

Ist eine solche normalisierende Einbettung die Bedingung für die Stabilisierung solcher Praktiken, so ereignet sich umgekehrt der moralische Wandel, also die Veränderung oder Desavouierung solcher Praktiken als Effekt einer Destabilisierung und gegebenenfalls Neukonfiguration eines solchen Zusammenhangs. Anders gesagt: Ob das Schlagen von Kindern oder die Vergewaltigung von Ehefrauen zu einer moralisch anstößigen Praxis wird, hängt mit der Veränderung und Verschiebung eines ganzen Gefüges von Praktiken zusammen. Moralischer Wandel kommt dann nicht zuletzt dadurch zustande, dass sich die Hintergrundbedingungen und Anschlusspraktiken der im eigentlichen Sinne moralischen Überzeugungen und Praktiken verändern. Das kann zum Beispiel dadurch geschehen, dass angestammte Passungsverhältnisse erodiert und entsprechend instabil und angreifbar geworden sind. Praktiken und Interpretationen, die vorher zusammengepasst haben, geraten in ein Spannungsverhältnis oder sogar in einen Widerspruch. Neue Praktiken und neue Techniken treten zu einem Ensemble von Praktiken und Interpretationen hinzu; die Bedingungen, unter denen diese ausgeübt werden, und die Interpretationen, die diese begleiten, verändern sich. Manche Praktiken passen (noch) ins Ensemble, andere, neu hinzutretende, scheinen es zu sprengen. In manchen Fällen verschiebt sich damit ein ganzer Kontext oder ein Ensemble von sozialen Praktiken ganz oder teilweise. Das Alte geht dann nicht mehr. Das Neue ist manchmal schon da, manchmal auch nicht; oder es ist da, aber noch schwer zu erkennen.

Gut dokumentiert sind die temporären sozialen Verschiebungen im Geschlechterverhältnis, die sich während des Zweiten Weltkriegs und in der unmittelbaren Nachkriegszeit aufgrund der Tatsache ergeben haben, dass Frauen in für sie bisher nicht vorgesehene Arbeitsverhältnisse gelangt sind und allein verantwortlich für die Organisation und den Erhalt des familiären Lebens waren.[28] Aber auch unabhängig von solch dramatischen Einschnitten, wie der Krieg einen darstellte, haben sich die gesellschaftlichen Arbeitsverhältnisse heute so verändert, dass beispielsweise die Institution des »Haushaltsvorstandes« und der »Hausfrauenehe« nicht mehr oder nur noch schlecht ins gesellschaftliche Leben passt, jedenfalls nicht mehr alternativlos ist. Solche Vorstellungen scheinen, ebenso wie der oben erwähnte Zugriff des Mannes auf den Arbeitsvertrag und das Vermögen der Ehefrau, geradezu aus der Zeit gefallen.

Auch zunächst unscheinbar wirkende technische Erfindungen können soziale und moralische Veränderungen anstoßen. Die Fernsehserie *Downton Abbey* erzählt in dieser Hinsicht eine Geschichte des sozialen Fortschritts, auch wenn die Serie die Arbeitsverhältnisse in den Haushalten der Aristokratie auf unangemessene Weise romantisiert.[29] Es macht die Intelligenz des Plots aus, dass hier zu se-

28 Auf diesem Hintergrund ist dann auch der reaktive *backlash* der 1950er Jahre, das propagandistische Feiern von Häuslichkeit und weiblicher Hingabe in Filmen und Werbung und anderen Medien zu verstehen.

29 Und das ist noch das Wenigste, was man, abgesehen von historischen Ungenauigkeiten, kritisch über diese Darstellung sagen kann. Allein der Umstand, dass Beziehungen zwischen dem Dienstherrn und dem Hausmädchen nicht, wie hier dargestellt, die Ausnahme, sondern die Regel und zudem keineswegs einvernehmlich, symmetrisch und liebevoll waren, macht den euphemistischen Charakter der filmischen Darstellung deutlich. In Wahrheit dürfte es sich in den meisten Fällen um veritable Vergewaltigungen gehandelt haben, denen die jungen Frauen schutzlos ausgeliefert waren.

hen ist, wie Liebe, Krieg, Radio, Telefon und Schreibmaschine sich zusammen mit der Ineffektivität der aristokratischen Landwirtschaft und dem Aufkommen von Emanzipationsbewegungen zu einer Transformationsdynamik verketten, die die traditionelle Lebensweise der britischen Aristokratie sukzessive untergräbt – und ihr letztlich den Garaus machen wird. Ein schlagendes Beispiel für die Materialität dieses Wandels ist die Schreibmaschine, die sich das Hausmädchen Gwen heimlich angeschafft hat und die dem versammelten Dienstbotenstab wie eine Ikone der neuen Zeit präsentiert wird.[30] Die Schreibmaschine symbolisiert das Versprechen einer höher qualifizierten und von der umfassenden persönlichen Abhängigkeit des Dienstbotenverhältnisses befreiten Tätigkeit, das sich in diesem Fall auch tatsächlich einlösen wird. Es sind solche in die Enklave der unzeitgemäß feudal konservierten Lebensform hineinragenden Elemente der neuen Zeit, denen die hier porträtierte Lebensweise nicht standhalten wird. Eindrucksvoll ist auch die Szene, in der sich die gräfliche Familie vor dem neu aufgestellten Radioempfänger von ihren Stühlen erhebt, sobald die Stimme des Königs erklingt. Das leichte Zögern, mit dem diese Geste ausgeführt wird, weil niemand so recht zu wissen scheint, ob es angemessen ist, einem knarzenden technischen Gerät auf diese Weise Ehrerbietung zu erweisen, lässt erahnen, dass die traditionelle gesellschaftliche Ordnung der allgemeinen Verbreitung des Radioapparats zum Opfer fallen könnte.

30 Die sozialen Auswirkungen der Schreibmaschine und die mit ihr einhergehende Entwicklung einer weiblichen Angestelltenkultur sind in ihren Konsequenzen vielfach literarisch festgehalten worden. Die Romane von Irmgard Keun, die das weibliche Angestelltenverhältnis in der Weimarer Republik zwischen Emanzipation und Heiratserwartung schildern, sind hier besonders illustrativ. Siehe z. B. Irmgard Keun, *Das kunstseidene Mädchen* [1932], Berlin 2017. Soziologisch erhellend dargestellt, vor allem auch mit Blick auf die sich ausdifferenzierte Lohnarbeiterschaft, sind diese Verhältnisse auch in Siegfried Kracauers früher Studie *Die Angestellten. Aus dem neuesten Deutschland* [1930], Frankfurt/M. 2006. Die TV-Serie *Babylon Berlin* (2017 ff.), basierend auf den Romanen von Volker Kutscher, hat das jüngst popularisiert.

Aber es sind nicht nur diese technischen und handgreiflichen Elemente, die hier in einen eingespielten Praxiszusammenhang hineinragen. Ebenso wenig wie den technischen Entwicklungen kann die Lebensform des britischen Hochadels den mit dem Ersten Weltkrieg einhergehenden Erschütterungen der sozialen Welt, der sich abzeichnenden Umwertung der Werte sowie der vielfach beschriebenen sozialen Nivellierung, die die Kameraderie der Schützengräben jedenfalls ansatzweise hervorgebracht hat, standhalten. So ist die Liebe zwischen einer der Töchter des Hauses und dem noch dazu sozialistisch gesinnten Chauffeur sowie die daraus resultierende »nicht standesgemäße« Verbindung – ein klassisches *mismatch* aus der Perspektive der Tradition – ein wohlbekannter Topos, der für die alle sozialen Konventionen sprengende Eigenlogik erotischer Anziehung und romantischer Liebe steht und unzählige literarische Vorbilder kennt. Allerdings ist es hier nicht nur das sich durchsetzende romantische Liebesideal, das die aristokratische, genealogisch-reproduktiv orientierte Auffassung von Ehe ins Wanken bringt. Dass es sich ausgerechnet um den politisch sozialistisch engagierten Chauffeur handelt, eine Figur also, die den Zugang zu einer neuen Welt sowohl der Technik als auch der Ideen verkörpert, ist kein Zufall.

Nichtintentionale Verkettungen

Moralischer Fortschritt ist dann mitunter das Resultat einer komplexen Verkettung von intendierten wie nichtintendierten Handlungsfolgen.[31] So können Veränderungen in *einem* Komplex von Praktiken – die Erfindung der Schreibmaschine, der Antibabypille oder des Schießpulvers – Veränderungen in einem anderen Bereich hervorbringen, ohne dass diese explizit beabsichtigt waren oder auch

31 Zu den nichtintendierten Handlungsfolgen siehe immer noch den klassischen Text von Robert K. Merton, »Die unvorhergesehenen Folgen zielgerichteter sozialer Handlungen«, in: Hans Peter Dreitzel (Hg.), *Sozialer Wandel. Zivilisation und Fortschritt als Kategorien der soziologischen Theorie*, Berlin, Neuwied 1967, S. 169-183.

nur hätten sein können. Anthony Appiah hat in seinem Buch über »moralische Revolutionen« die These aufgestellt, dass die im 19. Jahrhundert mit der bürgerlichen Welt neu entstandene Wertschätzung der Arbeit dazu beigetragen hat, die Solidarität der nun selbstbewusst gewordenen arbeitenden Klassen mit der Bewegung der Abolitionisten zu stiften.[32] Motive für diese Solidarisierung sind gewiss die Empörung über die Grausamkeit und Unmenschlichkeit der Sklaverei sowie eine weit gefasste Klassensolidarität. Gerade diese aber war auch gespeist vom Protest gegen die sich in der Sklaverei ausdrückende Missachtung der Arbeit, die der gerade im Zuge der Entwicklung der bürgerlichen Gesellschaft als Arbeitsgesellschaft entstandenen Dignität der Arbeit zuwiderlief. Moralische Revolutionen, so Appiahs generelle These, haben also nicht nur mit der veränderten Auffassung moralischer Pflichten zu tun, sondern sind eingebettet in ein breiter gefasstes Ethos, den geltenden und sich verändernden »Ehrenkodex« (*honor code*) der jeweiligen Gesellschaft und Zeit.

Von dieser These aus ist es nur ein kleiner Schritt zu dem noch verwickelteren Bild, das ich zeichnen möchte. Der Hinweis auf die Veränderung des Ethos führt ja zu der Frage, wie und warum sich der *honor code* und überhaupt das Ethos einer Gesellschaft verändert. Wodurch also hat sich, im angesprochenen Fall, die Wertschätzung der Arbeit verändert? Die Antwort lautet, dass dies seinerseits durch einen ganzen Komplex von sozialen und ökonomischen Faktoren beeinflusst ist, die vom sozialen Bedeutungsverlust des Adels und des aristokratischen Ehrbegriffs über die Veränderung der technischen Rahmenbedingungen der Arbeit bis zu neuen Kooperationserfordernissen, neuen Bedingungen der Arbeitsteilung und der Entstehung des kollektiven Klassenbewusstseins seitens des Proletariats reichen. Sofern der soziale Bedeutungsverlust des Adels (um einen der möglichen Fäden weiterzuspinnen) wiederum multifaktoriell bedingt ist und bereits mit der Erfindung des Schießpulvers ein-

32 Kwame Anthony Appiah, *Eine Frage der Ehre. Oder: Wie es zu moralischen Revolutionen kommt*, München 2011. Kapitel 3.

setzt,[33] durch das die Kriegstugenden der Ritter überflüssig wurden, ließe sich ein zugegebenermaßen etwas holzschnittartiges Narrativ entwickeln, dem zufolge die Erfindung des Schießpulvers – auf wie auch immer verschlungenen Wegen – zur Abschaffung der Sklaverei beigetragen hat. In ähnlicher Manier könnte man behaupten, dass der Erfinder der Schreibmaschine zur Ächtung ehelicher Vergewaltigung beigetragen hat. Weitere solcher Plots, wie ich sie hier nur grob andeuten kann, sind möglich.

Für die hier interessierende Dynamik sozialen Wandels lässt sich aber ein Moment hervorheben: Bei den Fäden, die sich hier spinnen lassen, handelt es sich manchmal um nichtintendierte Nebenfolgen von Handlungen, die ursprünglich auf etwas ganz anderes gerichtet waren. Der Wandel in einem Bereich (die Erfindung der Schreibmaschine) kann sozialen Wandel ganz anderer Art (Optionen einer unabhängigeren Lebensweise für moderne Frauen) mit sich bringen. Manche Tendenzen sozialen Wandels bestehen also, ohne dass irgendeiner der an dieser Entwicklung Beteiligten dies auch nur hätte beabsichtigen können. Sie können dann allerdings zu Anknüpfungspunkten, zu Potenzialen der Veränderung für diejenigen werden, die bewusst für eine bestimmte Richtung sozialen Wandels eintreten (in unseren Beispielen: die Vorkämpferinnen der weiblichen Emanzipation, die für die Abschaffung der Sklaverei kämpfenden Sklav:innen und ihre Unterstützer:innen oder diejenigen Emanzipationsbewegungen, die gegen die autoritäre Familie und ihre Erziehungspraktiken angetreten sind), und können den entsprechenden sozialen Bewegungen Koalitions- und Handlungsmöglichkeiten eröffnen. Fortschritt ist dann Wandel im Wandel.

3.3 Der Zeitkern der Moral

Wenn ich in diesem Kapitel behauptet habe, dass eine Veränderung in den moralischen Überzeugungen einer Gesellschaft nur stattfin-

33 Dieses Beispiel verdanke ich einem Gespräch mit Terry Pinkard.

det, wenn es nicht allein die moralischen Überzeugungen sind, die sich ändern, und dass moralischer Fortschritt sich entsprechend nicht vollständig autonom entfaltet, so bin ich jetzt in der Lage, diese Position und ihre Konsequenzen weiter zu erläutern.[34]

Einbettungsverhältnisse und Verflechtungen

Sehen wir uns zunächst die Einbettungsverhältnisse und Verflechtungen noch einmal an, die durch meine Beschreibung zutage getreten sind.

(1) *Die Verflechtung von moralischen und sittlichen Normen.* Wie oben zu sehen war, ist die »Auseinandersetzung um moralische Prinzipien«[35] im engeren Sinne eingebettet in die Auseinandersetzung um andere Fragen der Lebensführung und in die jeweiligen Institutionen und Praktiken, in denen sie sich realisieren. Die Chance, Gewalt in der Erziehung oder in der Ehe zu beenden, oder besser: sie zu ächten – und damit überhaupt erst die Bedingungen für ihre Beendigung zu schaffen, so mühsam dieses von systemischen Barrieren und Rückschlägen geprägte Vorhaben auch bleibt –, ergibt sich dann, wenn sich auch generell die Praktiken der Erziehung und die Institutionen des Zusammenlebens zusammen mit den Normen, die diese leiten, ändern. Diese Veränderungen des sittlichen Geflechts familiärer Beziehungen, der Geschlechterverhältnisse und unseres Ethos der Kindererziehung mögen nicht im engen Sinne moralische Fragen sein,[36] aber sie haben Konsequenzen für das, was moralisch geboten, und für das, was an moralischer Erneuerung möglich ist. Moralität beruht, so sagt es die Hegelianerin, auf Sittlichkeit. Die im engeren Sinne moralischen Fragen sind ein Teil der Sittlichkeit – des

34 An dieser Stelle verdanke ich den instruktiven Kommentaren von Anna Katharina Sodoma und Titus Stahl besonders viel.

35 Anderson, »The Social Epistemology of Morality«, S. 76.

36 Zu der von mir hier implizit kritisierten Trennung von Moral und Ethik siehe Rahel Jaeggi, *Kritik von Lebensformen*, Berlin 2014, bes. die Einleitung, S. 18-61, wo ich diese Unterscheidung gerade auch anhand des Beispiels der Gewalt in der Erziehung und in Bezug auf Habermas diskutiere.

sittlichen Praxiszusammenhangs –, und nicht kategorisch von dieser unterscheidbar.[37]

(2) *Die Verschränkung von normativen und nichtnormativen Überzeugungen.* Sind moralische Normen im engeren Sinne in ethische oder sittliche Normen eingebettet, so sind normative Fragen insgesamt mit Überzeugungen verwoben, die nicht auf den ersten Blick oder im engen Sinne normativ sind. Die »historischen Prozesse der Auseinandersetzung um moralische Prinzipien, [die] dazu führen, dass Gruppen ihre moralischen Überzeugungen ändern«,[38] sind verschränkt mit unseren Auffassungen über die Welt. Normative Praktiken ändern sich nicht nur, weil sich ändert, was wir (im Sinne der praktischen Vernunft) meinen *tun zu sollen*; sie ändern sich auch, weil sich unser Wissen über die Welt, unsere Sicht auf die Welt – unsere Auffassungen dessen, was *ist* – ändert. Es bedarf deshalb mehr als normativer Argumente, um moralische Abscheulichkeiten zu denunzieren. Die Kritik an der »schwarzen Pädagogik« beruht nicht nur auf einer veränderten Vorstellung unseres moralischen Sollens, sondern auch auf einer veränderten Vorstellung davon, was Kinder sind, was Kinder brauchen und was Kindheit ist.[39] Oder um ein ganz anders gelagertes Beispiel anzuführen: Bekanntlich hat keine soziale Auseinandersetzung mehr zur Erosion traditionaler Autoritäten beigetragen als die kopernikanische Wende, ja, diese hat mit er-

37 Siehe G.W.F. Hegel, *Grundlinien der Philosophie des Rechts*, in: ders., *Werke in zwanzig Bänden*, Bd. 7, Teil 2: »Moralität«. Vgl. zum Verhältnis von Moralität und Sittlichkeit Rüdiger Bubner, »Moralität und Sittlichkeit – die Herkunft eines Gegensatzes«, sowie Jürgen Habermas, »Moralität und Sittlichkeit. Treffen Hegels Einwände gegen Kant auch auf die Diskursethik zu?«, beide in: Wolfgang Kuhlmann (Hg.), *Moralität und Sittlichkeit. Das Problem Hegels und die Diskursethik*, Frankfurt/M. 1986, S. 46-84 sowie S. 16-37.

38 Anderson, »The Social Epistemology of Morality«, S. 76.

39 Vermutlich hat keine moralische Auseinandersetzung in den letzten Jahrzehnten so viel zur rücksichtsvolleren Behandlung von Säuglingen und Kleinkindern beigetragen wie Daniel Sterns *Tagebuch eines Babys*, in dem auf Grundlage der neueren Ergebnisse der Säuglingsforschung die Erlebniswelt des Säuglings anschaulich geschildert wird (Daniel Stern, *Tagebuch eines Babys*, München 1991).

möglicht, dass es überhaupt solche Auseinandersetzungen mit dem Ziel des Sturzes traditionaler Autoritäten geben konnte.

Um Missverständnisse zu vermeiden: Ich möchte hier nicht der Vorstellung das Wort reden, es lasse sich eine normfreie Welt, eine Welt, *wie sie ist*, der Welt der Normen, der Welt, *wie sie sein soll*, gegenüberstellen.[40] Der entscheidende Punkt ist vielmehr, dass beides miteinander verschränkt ist: unsere Vorstellung davon, wie die Welt ist, und unsere Vorstellung davon, wie sie sein soll und wie wir uns in ihr verhalten sollen. Das Normative ist mit dem Epistemischen verbunden.[41] Wenn unser Blick auf die Welt bereits evaluativ ist, ermöglichen neue Welt- und Selbstverständnisse neue Erkenntnisse, so wie diese Erkenntnisse umgekehrt unsere Welt- und Selbstverständnisse beeinflussen.

(3) *Die Einbettung von Praktiken und Überzeugungen in materielle Ressourcen*. Schließlich sind unsere Praktiken (und die sie begleitenden und legitimierenden Überzeugungen) eingebettet in materielle Ressourcen, ja, sie werden von diesen überhaupt ermöglicht und bilden sich um diese herum heraus. Die materiellen Ressourcen ermöglichen und erzeugen Verhaltensweisen, die wiederum die Ressourcen verändern können. Nicht nur ist eine Welt mit Computer und Smartphone eine andere als die mit Buch und Pflug. Auch die Menschen, die mit diesen Dingen umgehen (können) und in die sich die entsprechenden, durch diese ermöglichten, aber auch geforderten »Verhaltensweisen einschreiben«,[42] sind jeweils andere, je nachdem, ob sie mit Smartphone und Computer oder mit Buch und Pflug umgehen. Man darf sich das Verhältnis hier nicht allzu »dinghaft« vorstellen: Die hier gemeinten Ressourcen stiften vor allem Beziehungen (zu uns selbst, zur Welt, zu den anderen). Die Dampfmaschine ist nicht ein beliebiges und für sich stehendes Artefakt. Auf ihrer

40 Vgl. Alice Crary, *Inside Ethics. On the Demands of Moral Thought*, Cambridge 2016.

41 Daher rührt die enge Beziehung schon der frühen Kritischen Theorie zur Epistemologie.

42 Vgl. Theodor W. Adorno, *Minima Moralia. Reflexionen aus dem beschädigten Leben*, in: ders., *Gesammelte Schriften*, Bd. 4, Frankfurt/M. 1980, S. 122.

Grundlage werden Arbeitszusammenhänge in großem Maße arbeitsteilig organisiert und industrialisiert, mit den entsprechenden Folgen: Fabrikarbeit, Leben in Städten, Herauslösung der Arbeitssphäre aus der des Haushalts, Intensivierung des globalen Austauschs. Und auch das Smartphone ist nicht einfach nur ein Ding, sondern Stifter von Welt- und Selbstbeziehungen.

(4) *Die Verschränkung von Überzeugungen und Praktiken.* Aus der hier eingenommenen Perspektive sind Überzeugungen und Praktiken eng miteinander verschränkt. Überzeugungen sind in Praktiken, Praktiken in Überzeugungen eingebettet. Überzeugungen (normative wie andere) werden nicht freistehend in einem von der Praxis unabhängigen (Werte- oder Ideen-)Himmel gebildet, sondern sind – als Interpretationen innerhalb eines Praxiszusammenhangs – mit Praktiken verwoben und ändern sich mit diesen.

Es wandeln sich nicht *zuerst* die Ideen und *danach* die Praktiken, sondern beides geht Hand in Hand. Es ist stets ein Bündel von Ideen, praktischen Veränderungen und (deren) Deutungen, die vom Wandel erfasst werden und ihn zugleich ausmachen. Manchmal verhält es sich wie in Pascals Aufforderung: »Knie nieder, bewege deine Lippen zum Gebet und du wirst glauben.«[43] Manchmal ist es aber auch andersherum: Man glaubt, also kniet man nieder. Manchmal führen neu aufkommende Interpretationen zu praktischen Veränderungen oder neuen Praktiken, manchmal praktische Veränderungen zu neuen Interpretationen. Und fast immer handelt es sich um Dynamiken, deren einzelne Momente sich nicht leicht entwirren lassen.

43 Pascal, zit. nach Louis Althusser, »Ideologie und ideologische Staatsapparate. Anmerkungen für eine Untersuchung«, in: ders., *Ideologie und ideologische Staatsapparate. Aufsätze zur marxistischen Theorie*, Hamburg 1977, S. 108-153, hier S. 138.

Was folgt nun aus diesen Verflechtungen und Einbettungsverhältnissen? Aus meiner Sicht ergibt sich aus diesen eine stärkere These und ein systematisch wichtigerer Punkt als der vermutlich wenig umstrittene und im Grunde methodische Hinweis auf die empirische Angewiesenheit moralisch relevanter Veränderungen auf »entgegenkommende Lebensformen« (wie Habermas es nennt). Möglicherweise ist der von mir verwendete Ausdruck »Einbettung« hier sogar irreführend, handelt es sich doch nicht um immer denselben Kopf, der sich auf unterschiedliche Kissen bettet, sondern um eine Verflechtung, in der beide Seiten sich ändern. Legt man diese These zugrunde, dann sieht man, dass der hier entwickelte Zugriff auf die Frage moralischen Fortschritts Konsequenzen für das Verständnis von Moral hat und umgekehrt bereits auf einem bestimmten Verständnis von Moral beruht. Meine Position folgt hier, grob gesagt, einer pragmatistischen Moralauffassung, in der Moral als Teil der Lebensverhältnisse, als Reflexion auf die praktischen Lebensverhältnisse aufgefasst wird. Moralische oder ethische (sittliche) Normen dienen, diesem Verständnis zufolge, der Bewältigung von Lebensproblemen und entspringen diesen. Moral erweist sich dann, so sieht es auch, in normativ-funktionalistischer Perspektive, Emile Durkheim, als ein System von Regeln, die das Zusammenleben regulieren und dessen Stabilität ermöglichen. Die Auseinandersetzung über moralische Prinzipien ist dann (mit Dewey) Reflexionsinstanz, in der die Probleme des Zusammenlebens, das heißt der sozialen Kooperation, auf die menschliches Leben angewiesen ist, verhandelt werden.

Wenn man es aber so auffasst, dann ist ein Bild moralischen Fortschritts, dem zufolge sich gleichbleibende normative Prinzipien in einer sich verändernden Welt durchsetzen (so wollen es deontologische Positionen), nicht mehr plausibel. Die Prinzipien selber ändern sich vielmehr alleine schon deshalb mit der sich verändernden Welt, weil sie vor immer neuen Aufgaben stehen. Elisabeth Anderson skizziert diese Auffassung mit Bezug auf Dewey bündig:

> Wir entwickeln moralische Grundsätze, um wiederkehrende Probleme unseres gesellschaftlichen Lebens zu lösen. Wenn sich die Umstände ändern, können diese Prinzipien diese Probleme nicht mehr lösen, oder es können neue Probleme entstehen, für die sie nicht geeignet sind. Dies kann eine neue moralische Untersuchung auslösen, eine Suche nach neuen Prinzipien [...].[44]

Die normativen Grundlagen unseres Zusammenlebens (und auch die Moral) haben dann einen Zeitkern. Wenn der moralische Fortschritt auf die von mir skizzierte Weise in den sittlichen Fortschritt und die »Lebensverhältnisse« sowie deren Verständnis im Ganzen eingebunden ist, dann ändern sich die Prinzipien mit den Lebensverhältnissen und deren Veränderung hat umgekehrt einen normativen Kern. Gegenüber einer Zwei-Welten-Lehre der praktischen Vernunft wird hier der Gedanke starkgemacht, dass Normen, auch moralische, keine letzten Prinzipien, keine kategorisch und in allen möglichen Welten geltenden Prinzipien darstellen. Wie wiederum Anderson es fasst: »Anstelle eines ultimativen Prinzips bietet der Pragmatismus Methoden zur Verbesserung unserer moralischen Normen und Grundsätze an.«[45] Moral insgesamt stellt sich dann (um einen Gedanken von Philippa Foot aufzugreifen) als ein System »hypothetischer Imperative«[46] dar, deren Geltung sich nicht absolut – kategorisch – bestimmen lässt, sondern sich aus ihrer Rolle bei der Ermöglichung sozialer Kooperation und der Bewältigung von Problemen des Zusammenlebens ableitet. Man kann das eine »funktionalistische Moralauffassung« nennen, in der »moralische Normen, die uns binden, letztendlich von Mitgliedern einer sozialen Gruppe als Teil des fortlaufenden Versuchs konstruiert sind, das Zu-

44 Anderson, »The Social Epistemology of Morality«, S. 177.

45 Ebd.

46 Philippa Foot, »Die Moral als ein System hypothetischer Imperative«, in: Ursula Wolf, Anton Leist (Hg.), *Die Wirklichkeit des Guten. Moralphilosophische Aufsätze*, Frankfurt/M. 1997, S. 89-107.

sammenleben zu ermöglichen«.[47] Das hat Konsequenzen auch für die oben schon gestreifte Frage von Genesis und Geltung.

Trivialerweise beruhen ja (auch für Kantianer:innen) moralische Fortschritte empirisch und in ihrer Genese auf solchen »entgegenkommenden« lebensweltlichen Hintergrundbedingungen. Die pragmatistisch-funktionalistische Auffassung der Moral als Teil der Lebensverhältnisse dagegen betrifft nicht nur die Genese der beschriebenen Fortschritte, sondern auch deren Geltung. (Erst damit löst sich im Übrigen der in Kapitel 1 behauptete Vorrang des Fortschritts vor dem Guten ein.) Das liegt daran, dass die im engeren Sinne moralischen Prinzipien, sofern sie in einem sittlichen und materiellen Praxiszusammenhang fundiert sind, nicht nur irgendeine Geschichte haben, sondern eine, die normativ bedeutungsvoll ist als Geschichte einer immer besser (oder auch immer schlechter) werdenden Lösung der im Sozialen entstehenden Kooperationsprobleme. Moralischer Fortschritt ist dann nicht ein Fortschritt hin zur Moral, zum moralisch Richtigen, sondern ein Fortschritt in der Moral. Diese selbst hat – in ihrer Verflechtung mit den sittlichen Verhältnissen – einen Zeitkern. Das bedeutet: Die Entfaltung der infrage stehenden Normen ist selbst ein historisch-sozialer Prozess, der seinerseits normative Bedeutung hat.

Die hier skizzierte Position hat aber noch eine weitere Konsequenz:

47 Anna Katarina Sodoma, »Functionalist Conceptions of Moral Progress and the Plurality of Ways of Life«, in: Michael Reder u. a. (Hg.), *Jahrbuch Praktische Philosophie in globaler Perspektive*, Bd. 3: *Moralischer Fortschritt*, S. 50-72, hier S. 52. Ein Einwand gegen den funktionalistischen Ansatz könnte lauten, dass er allzu instrumentalistisch ist. Aus meiner Sicht allerdings reduziert sich der Instrumentalismus, wenn man sich klarmacht, dass soziale Kooperation kein beliebiges Ziel ist. Es obliegt nicht meiner Willkürentscheidung, ob ich (im Prinzip) kooperiere. Vielmehr machen die Normen des Zusammenlebens den Umstand der Kooperation (und der Dependenz) explizit – und als solchen gestaltbar und verhandelbar –, stiften Kooperation aber nicht erst und schon gar nicht »from scratch«. Damit ist der Ausgangspunkt gegenüber atomistischen und kontraktualistischen Konzeptionen umgekehrt: Ausgangspunkt ist die Kooperation, erklärungsbedürftig die Nichtkooperation.

Die Frage, *wie* wir unser Zusammenleben organisieren und von welchen Normen wir uns dabei leiten lassen, lässt sich nämlich, wenn wir die beschriebenen Verflechtungen in Rechnung stellen, von der Frage, *was* wir hier organisieren, auf welcher – auch materialen – Grundlage wir unser Zusammenleben gestalten und welche Mittel und Fertigkeiten wir haben, um die Produktion und Reproduktion unseres Lebens zu bewältigen, nicht vollständig trennen.[48]

Wenn moralischer Fortschritt im Kontext umfassender Veränderungen in vielen verschiedenen Lebensbereichen steht, dann ergibt sich daraus zwar nicht unmittelbar, dass zwischen den einzelnen gesellschaftlichen Veränderungsprozessen tatsächlich eine »unzerbrechliche Kette« oder ein direktes Kausalverhältnis besteht, wie es die Fortschrittsphilosophie des 18. und 19. Jahrhunderts unterstellt hat. Die Kette ist vielleicht nicht unzerbrechlich, sondern fragil; und es mag auch nicht immer eine geradlinige Kette sein, sondern manchmal eher ein Knäuel mit vielen offenen Fäden. Die in der Einleitung erwähnte scharfe Trennung von technisch-wissenschaftlichen Fortschritten einerseits und ethischen, moralischen oder politischen Fortschritten, die das Zusammenleben der Menschen betreffen, andererseits, wird dann ebenso unplausibel wie die Vorstellung, sozialer Fortschritt spiele sich allein auf der Ebene veränderter Überzeugungen von Individuen ab.

Fraglich ist aber immer noch, *wie* genau sie zusammenwirken. Im nächsten Abschnitt, einem begrifflichen Zwischenspiel, möchte ich das hier teils schon vorausgesetzte praxistheoretische Vokabular explizieren, mithilfe dessen ich dieses Zusammenwirken und die daraus resultierenden Transformationsdynamiken von Lebensformen weiterverfolgen werde.

48 Vgl. Johannes Rohbeck, *Geschichtsphilosophie zur Einführung*, Hamburg 2015.

3.4 Begriffliches Zwischenspiel: Lebensformen als träge Ensembles von Praktiken

Aus meiner bisherigen Darstellung hat sich ergeben, dass der Ort der Veränderung, die wir (sozialen) Fortschritt nennen können, das Ensemble sozialer Praktiken und Institutionen ist, das ich als *Lebensformen* bezeichne. Aber in welchem Sinne spreche ich hier von Lebensformen?[49] Und wie können diese sich verändern?

Lebensformen sind die Formen, in denen eine Gesellschaft ihr Leben materiell und kulturell reproduziert. Die Rede von Lebensformen, so wie ich sie verstehe, bezieht sich auf kulturell geprägte Formen menschlichen Zusammenlebens, auf »Ordnungen menschlicher Koexistenz«,[50] ein »Ensemble von Praktiken und Orientierungen«,[51] aber auch deren institutionelle Manifestationen und Materialisierungen. Sie sind Ordnungen der kollektiven Gestaltung des menschlichen Lebens und beinhalten die ökonomischen, kulturellen, sozialen und politischen Praktiken, die es ausmachen. Dazu gehören neben Formen des sozialen Verkehrs oder praktisch-institutionell sich verkörpernden Normen des sozialen Umgangs und der Organisation der gesellschaftlichen Arbeitsteilung auch technische Fertigkeiten sowie das Material oder die Ressourcen, mit denen wir praktisch umgehen. Die Rede von Lebensformen soll diese also nicht etwa als »Kultur« den materiellen, ökonomischen oder politischen Aspekten des gesellschaftlichen Zusammenhangs entgegensetzen.[52]

49 Dieser Abschnitt ist auch in dem Sinne ein Zwischenspiel, als ich diese Begrifflichkeit ausführlich bereits in Teil 1 meines Buches *Kritik von Lebensformen* entwickelt habe, so dass es sich sicherlich für manche Leser:innen überspringen lässt. Siehe ebd., Kap. 2, S. 94-141.

50 Burkhard Liebsch, »Lebensformen zwischen Widerstreit und Gewalt. Zur Topographie eines Forschungsfeldes im Jahr 2000«, in: ders., Jürgen Straub (Hg.), *Lebensformen im Widerstreit. Integrations- und Identifikationskonflikte in pluralen Gesellschaften*, Frankfurt/M. 2003, S. 13-44, hier S. 17.

51 Lutz Wingert, *Gemeinsinn und Moral. Grundzüge einer intersubjektivistischen Moralkonzeption*, Frankfurt/M. 1993, S. 174.

52 Der Lebensformbegriff ist in dem Sinne materialistisch und eben nicht kul-

Die begriffliche Weichenstellung, die ich hier vornehme, lässt sich in folgende Formel fassen: *Lebensformen sind träge Ensembles sozialer Praktiken.* Um zu erläutern, was das genau heißt, bietet es sich an, die in dieser Formel enthaltenen Elemente zu betrachten: den Begriff der (sozialen) *Praktiken*, die Bestimmung ihres Zusammenhangs als *Ensemble* und die Einsicht in die *Trägheit* dieser Ensembles.

(1) *Soziale Praktiken* in unterschiedlichen Aggregatzuständen[53] sind gewissermaßen die Basiseinheit, aus denen Lebensformen sich zusammensetzen. Soziale Praktiken sind Weisen, in denen wir etwas tun. Sie betreffen den Umgang mit den anderen, mit der materiellen Welt oder mit sich selbst, wobei diese Dimensionen auf vielfältige Weise miteinander verwoben sind. Eine Abendgesellschaft oder ein Versteckspiel ist ebenso eine soziale Praxis wie das Einkaufen in einem Supermarkt, das Schreiben einer Klausur, das Organisieren einer Straßenblockade oder das Einbringen der Ernte. Praktiken sind dabei Sequenzen einzelner Handlungen, die mehr oder weniger komplex und umfassend und mehr oder weniger habitualisiert sind. Praktiken sind in gewissem Maße verbindlich und sie sind repetitiv: Etwas, das nur einmal oder nur von einem einzigen Menschen getan und niemals wiederholt würde, ist keine Praxis. Praktiken sind per se sozial, weil sie nur vor dem Hintergrund sozial konstituierter Bedeutungsräume existieren und verstanden werden können und soziale Funktionen haben, nicht etwa, weil sie ausschließlich im engeren Sinne kooperative Tätigkeiten betreffen. Also: Nicht erst das gemeinsame Fußballspiel, auch das einsame Braten eines Spiegeleis, das Sich-Schminken vor dem Spiegel oder die meditative Praxis eines Einsiedlers ist in diesem Sinne eine soziale Praxis; auch diese Praktiken zehren von sozial etablierten Bedeutungen und wirken in einen

turalistisch, als er das Zusammenwirken und die wechselseitige Verflochtenheit der unterschiedlichen Sphären betont und darauf beharrt, dass Lebensformen eine materiale Grundlage haben. Andererseits geht er von der, wenn man so will, kulturellen und normativen Überformung auch dieser Grundlage aus.

53 In diesem Sinne sind soziale Institutionen ein vergleichsweise »fester« Aggregatszustand von Praktiken, es gibt aber auch »flüssigere«.

sozialen Bedeutungsraum hinein. Dabei sind Praktiken Handlungsmuster, die uns das Handeln erst ermöglichen und zugleich durch unsere Aktivität erst hervorgebracht und immer wieder aktualisiert werden müssen. Da solche Praxismuster normgeleitet sind und also Bedingungen der Erfüllung einer Praxis beinhalten, setzen sie unserem Handeln Grenzen (wenn ich mich nicht wenigstens bemühe, mich zu verstecken, ist das keine gültige Weise, an der Praxis des Versteckspielens zu partizipieren); sie ermöglichen unser Handeln aber auch erst (ohne die entsprechenden Normen gibt es kein Versteckspiel). Darüber hinaus sind speziell für unseren Zusammenhang drei Aspekte hervorzuheben.[54]

Zum einen basieren Praktiken, sofern sie ein habituelles Moment beinhalten, nicht nur auf willentlichen, das heißt mit Absicht getätigten Handlungen. In einem gewissen Maß und solange sie nicht gestört werden oder mit Problemen konfrontiert sind, beruhen Praktiken eher auf implizitem denn auf explizitem Wissen. Des Weiteren sind Praktiken keine »nackten Tatsachen«: Sie müssen als etwas verstanden und interpretiert werden. Allein aus der Tatsache, dass jemand hinter einem Baum steht, kann ich noch nicht schließen, ob diese Person vor der Polizei flieht oder aber mit Kindern Verstecken spielt. Um das Verstecken hinter dem Baum als Teil eines Versteckspiels zu verstehen, brauche ich zusätzliche Anhaltspunkte. Ich muss dazu das Spiel namens Verstecken kennen (also seine Regeln) und es in dem beobachteten Geschehen identifizieren können. Aber darüber hinaus verstehe ich, indem ich das Hinter-dem-Baum-Stehen als Teil des Versteckspiels verstehen kann, auch implizit dessen Verhältnis zu anderen Praktiken und entsprechenden Interpretationen. Ich verstehe dann das Konzept oder Interpretationsschema »Spiel« (im Gegensatz zu »Arbeit« oder »Ernst«) und darüber hinaus möglicherweise das Konzept von Kindheit im Unterschied zum Er-

54 Zu einem verwandten, wenn auch in Bezug auf den normativen Charakter sich unterscheidenden Verständnis sozialer Praktiken siehe Sally Haslanger, »What is a Social Practice?«, in: *Royal Institute of Philosophy Supplements* 82 (2018), S. 231-247.

wachsensein und vieles mehr. Praktiken sind also nur vor einem Deutungshorizont verständlich, der weitere Praktiken und Interpretationen einschließt.

Und schließlich ist es wichtig, sich die spezifische Normativität von Praktiken vor Augen zu führen: Orientiert sich unsere Teilhabe an einer bestimmten Praxis an den Erwartungen, die mit ihr einhergehen, so handelt es sich hier nicht um willkürliche oder rein konventionelle Verabredungen. Praktiken sind um die Kernidee der Erfüllung der jeweiligen Praxis herum organisiert. Wenn man nicht einmal versucht, sich zu verstecken, dann hat man das Spiel nicht verstanden; wenn man gar nicht erst den Versuch macht, Waren aus den Regalen zu nehmen und in den Einkaufswagen zu legen, sondern im Supermarkt nur umherschlendert, gilt das nicht als Einkaufen. Praktiken haben ein inhärentes Telos. Sie sind auf ein Ziel gerichtet, das durch sie erreicht werden kann. An einer Praxis teilzunehmen – wirklich teilzunehmen – setzt also schon voraus, dass man mit Blick auf ihr Ziel und die internen Maßstäbe der guten Realisierung des Ziels handelt. Das gilt selbst dann, wenn mehrere Ziele gleichzeitig mit einer bestimmten Praxis verfolgt werden können, wenn die Praxis also überdeterminiert ist.

(2) Das nun, was ich, in meiner Formel von Lebensformen als trägen Ensembles sozialer Praktiken, als *Trägheit* bezeichne, hat mehrere Momente. Lebensformen enthalten sedimentierte Elemente, Gewohnheiten und andere Praxiskomponenten, die nicht ohne Weiteres in allen ihren Hinsichten zugänglich, explizit oder transparent sind. Sie enthalten aber auch Dimensionen der historischen Überlieferung und materiale Voraussetzungen, die die verfügbaren Handlungsmuster prägen und ihre Dynamik hemmen können. Lebensformen bewegen sich also in einem Zwischenreich zwischen Verfügbarkeit und Unverfügbarkeit. Obwohl es sich bei ihnen um das Resultat menschlicher Tätigkeiten handelt, ist es nicht so, dass sie (immer) fluide, veränderbar, zugänglich oder auch nur in ihrem Gemachtsein transparent wären. Sie sind Resultat unserer Aktivität, aber auch das, was diese ermöglicht; sie sind Resultat unserer Handlungen, aber auch das Interpretations- und Handlungsmuster, das

diese prägt. Entsprechend werden Lebensformen weder am grünen Tisch geplant, noch lassen sie sich von dort aus verändern. Eingelassen in eine Lebensform, verhalten wir uns zu dieser nicht wie zu einem vollkommen transparenten und wählbaren Bündel von Optionen.

(3) Die Auffassung von Lebensformen als *Ensembles* von Praktiken ist für die in diesem Kapitel verfolgte Fragestellung besonders wichtig. Zunächst: Eine einzelne Praxis macht noch keine Lebensform aus. Einkaufen oder Versteckspielen sind für sich betrachtet keine Lebensformen, sie sind aber Bestandteile einer solchen. Die Einzelpraxis wird, wie wir gesehen haben, aus einer Lebensform – einem Praxis- und Interpretationszusammenhang – heraus verstanden und verständlich und ist in vielen Fällen auch nur in einem solchen Zusammenhang mehrerer aufeinander bezogener Praktiken möglich. Das, was wir eine Lebensform nennen können, umfasst also verschiedene Praktiken. Diese sind allerdings nicht eine bloße Ansammlung ansonsten unverbundener Elemente; vielmehr stehen diese Praktiken in einer Konstellation zueinander, einem *Ensemble*, aus dem sie ihren jeweiligen Gehalt beziehen und das umgekehrt seinen Charakter aus dieser Konstellation erhält. Die entsprechenden Praktiken wirken zusammen, sind zusammen geeignet, die mit einem Praxiszusammenhang verbundenen Ziele zu erreichen, und können ihre Bedeutung je nach der in dem jeweiligen Ensemble wirksamen Konstellation von Praktiken verändern.

Wie nun Praktiken innerhalb einer Lebensform aufeinander bezogen sind, kann sehr unterschiedlich sein. In manchen, aber nicht in allen Fällen ist die Verbindung offensichtlich, sofern sie auf sozialer Arbeitsteilung beruht. Die Praxis des Einkaufens im Supermarkt beispielsweise ist der Endpunkt einer ganzen Reihe anderer Praktiken, die diese erst ermöglichen. Sie beruht auf verschiedenen Schritten: von den Praktiken und Ressourcen, die in die Produktion der feilgebotenen Waren eingehen über die komplizierte Logistik des Vertriebs bis hin zum Einräumen der Supermarktregale. Dieses wiederum wird in einer stark arbeitsteilig organisierten Ökonomie von verschiedenen anderen Institutionen, etwa einem bestimmten Erziehungssystem oder einer bestimmten Organisation familiärer Reproduktionsarbeit ermöglicht. Wenn viele Praktiken ihren Sinn und die Möglichkeit ihrer Realisierung erst durch die Einbettung in einen solchen Zusammenhang bekommen, wenn also das Gut und der Zweck, die in einer Praxis realisiert werden sollen, sich nicht in dieser allein realisieren lassen, dann stellen sich Lebensformen als strukturierte Zusammenhänge dar, in denen komplexe Güter oder Zwecke verfolgt werden.

Es gibt also einerseits Praktiken, die sich aus dem Zusammenhang nicht so leicht herausbrechen lassen, weil sie unabdinglich für das Bestehen anderer Praktiken sind. Wenn niemand die Regale auffüllt und wenn es nichts zum Auffüllen gibt, stehen sämtliche Anschlusspraktiken und letztlich die Reproduktion der Lebensform auf dem Spiel. Leser:innen von *Die grüne Wolke*, Alexander Sutherland Neills Schlüsselroman der antiautoritären Erziehung, werden sich an den Moment erinnern, in dem den Jugendlichen, die mit ihrem Luftschiff der Versteinerung der gesamten Menschheit entkommen sind, klar wird, dass ihnen der nunmehr ungehinderte Zugang zu Supermärkten und Spielzeugläden auf Dauer nichts nützt.[55]

Lebensformen als »Ensemble von Praktiken« zu bezeichnen, bedeutet nun aber auch, dass der entsprechende Zusammenhang nicht in Stein gemeißelt ist und auch losere Verbindungen zulässt. Einzelne seiner Praktiken können darin gewissermaßen bezugslos – solitär – fortbestehen oder durch andere, durch funktionale Äquivalente, ersetzt werden. Die Relationen zwischen den Praktiken, die zusammen das Ensemble einer Lebensform ausmachen, sind also an einigen Stellen auf diese, an anderen auf jene Weise verfasst; einmal ist der Zusammenhang engmaschiger, einmal ist er grobmaschiger geknüpft. Einzelne Cluster innerhalb einer Lebensform weisen eine enge und streng funktional aufzufassende Verbindung auf, andere mögen in einem lockereren und weniger spezifischen Sinne da-

55 Vgl. Alexander Sutherland Neill, *Die grüne Wolke*, Hamburg 2018 (im Original erstmals erschienen 1938, die deutsche Übersetzung von Harry Rowohlt stammt aus dem Jahr 1971).

zu passen, sind aber dennoch voneinander (und überhaupt aus der Lebensform) schwer wegzudenken. Manche Praktiken sind beiherspielend, andere sind, um im Bild des Netzes zu bleiben, Knotenpunkte.

Dass ich hier von Lebensformen als *Ensembles* von Praktiken spreche, bedeutet damit auch eine gewisse Neuakzentuierung gegenüber der Auffassung von Gesellschaften als Organismus.[56] Während die Rede vom Organismus strikte, verbindliche und eindeutige Beziehungen und Funktionen nahelegt, ist die Metapher des Ensembles flexibler. Ein Ensemble – nehmen wir ein großes symphonisches Orchester – besteht aus aufeinander bezogenen Teilen und Teilfunktionen, die nur zusammen den erwünschten Klang ergeben oder eine komplexe Dynamik erzeugen. Innerhalb des Ensembles gibt es je nachdem, welches Stück gespielt wird, unterschiedliche Beziehungen. Manche Stimmen verstärken einander (mehrere Geigen), andere komplementieren einander oder wechseln sich in der Stimmführung ab. Für manches gibt es funktionale Äquivalente (man kann einen düster-gefahrvollen dunklen Grundton entweder durch Kontrabässe oder durch den Einsatz von Bläsern oder Schlaginstrumenten erzeugen; helle Stimmen können wahlweise durch Violinen oder durch Querflöten repräsentiert werden), für anderes nicht. Das ist zwar ähnlich wie bei einem Organismus, und tatsächlich bezeichnen wir gelegentlich das gelingende Zusammenspiel eines Ensembles als ein »organisches« und das Orchester als »Klang*körper*«. Dennoch sind die damit verbundenen Annahmen nicht ganz so stark und nicht so verbindlich wie in Bezug auf den Organismus. Während das Herz immer nur die Funktion hat, Blut zu pumpen, kann das Cello in unterschiedlichen Konstellationen unterschiedliche Funktionen erfüllen. Die Funktionen sind fluider und variabler. Aber auch hier gilt: Wenn sich eine einzelne Praxis verändert, verändert sich (oft) auch der Zusammenhang. Und umgekehrt: Man muss

56 Vgl. zur systematischen Erhellung einer solchen Auffassung bei Durkheim, Hegel und Marx jetzt sehr aufschlussreich Fred Neuhouser, *Diagnosing Social Pathologies*, Cambridge 2023.

den Zusammenhang – das Ensemble und die soziale Struktur – ändern, um die einzelne Praxis ändern zu können.

3.5 »Schritt halten«: Ein Geflecht wechselseitiger Beziehungen

Damit komme ich nun zurück zur Frage des Zusammenwirkens und der Wechselverhältnisse zwischen den verschiedenen Komplexen von Praktiken und Überzeugungen. These dieses Unterkapitels ist, dass wir mit Blick auf die von mir skizzierten Einbettungsverhältnisse und Verflechtungen ein Bild der komplexen Wechselbeziehungen zwischen den unterschiedlichen Praxissphären gewinnen können, das es uns ermöglicht, diese zu denken, ohne dabei im einseitigen Bild einer aus der Tiefe (der ökonomischen Basis) gelenkten Oberfläche verhaftet zu bleiben. Vielmehr sollten wir uns die Verhältnisse, so ermöglicht es das Verständnis des Ensemblecharakters sozialer Praktiken, als multiple Dynamiken vorstellen, die in ihrem Eigensinn und ihrer Eigenständigkeit dennoch aufeinander bezogen sind und sich wechselseitig beeinflussen.

Wenn, wie ich entwickelt hatte, moralischer Fortschritt sich im breiteren Kontext sozialen Wandels, das heißt von sich verändernden sittlichen Lebensformen vollzieht, also in Situationen, in denen mit den eingelebten moralischen Urteilen und Institutionen auch andere sittliche, technische, kulturelle Praktiken sich ändern oder obsolet werden, dann verläuft er einerseits nicht *endogen*, er entfaltet sich nicht autonom aus sich heraus. Meine Behauptung ist nun aber, dass er andererseits auch nicht vollständig *exogen* ist. Von einem Geflecht unterschiedlicher Praktiken und Überzeugungen mit einer je eigenen und eigensinnigen Entwicklungslogik ausgehend, stellt sich die Situation so dar, dass normative Veränderungen durch nichtnormative Veränderungen zwar ermöglicht und manchmal getriggert, aber nicht determiniert werden. Weder kann man von einer komplett eigenständigen Dynamik der Entwicklung moralischer beziehungsweise – allgemeiner – normativer Überzeugungen ausgehen, die dann als Motor die soziale Entwicklung steuert, noch sollte man sich diese, umgekehrt, rein reaktiv, als bloßen Ausdruck oder »Wiederspiegelung« nichtnormativer Dynamiken vorstellen. So wenig sich möglicherweise die Frauenemanzipation ohne die Pille und die Schreibmaschine vollzogen hätte, so wenig bringen Pille und Schreibmaschine die Emanzipation von selbst hervor.

Wie dem Zitat, das diesem Kapitel als Motto vorangestellt ist, zu entnehmen ist, denkt Marx, dass »mit der Auflösung der alten Lebensverhältnisse die Auflösung der alten Ideen *gleichen Schritt* hält«. Meiner Auffassung nach sollte man das nicht so verstehen, als seien die Lebensverhältnisse dabei der alleinige Schrittmacher, die Richtung, Rhythmus und Geschwindigkeit vorgeben, während die Ideen darauf lediglich folgen und reagieren. Sind die Ideen Resultate der Lebensverhältnisse, so sind umgekehrt Lebensverhältnisse Resultate von Ideen. Soziale Praktiken sind, wie ich oben dargelegt habe, immer schon interpretierte und das bedeutet auch: immer schon normativ interpretierte Praktiken; sie sind, was sie sind, vor dem Hintergrund eines normativ gefärbten Interpretationshorizonts. Sofern in die die Lebensverhältnisse ausmachenden Praktiken selbst normative Interpretationen und Überzeugungen eingelassen sind, stehen sich hier nicht Ideen auf der einen, Lebensverhältnisse auf der anderen Seite gegenüber. »Schritt« halten Lebensverhältnisse und Ideen dann in komplexen Wirkmechanismen *miteinander*, ohne dass eines dem anderen unselbstständig folgt.

Das Bild, das sich ergibt, entspricht dann nicht der oben aufgerufenen Marx'schen Vorstellung, dass die Ideologie (oder das Set normativer Überzeugungen, das unsere Lebensverhältnisse prägt) »keine Geschichte« hat und der Dynamik der Veränderung der materiellen Lebensverhältnisse (beziehungsweise der Produktivkraftentwicklung) bloß folgt. Die infrage stehenden Sphären sind je für sich dynamisch (haben also eine je *eigene* Dynamik und Geschichte), sind in dieser Dynamik aber wechselseitig miteinander verflochten. Sie ermöglichen und beeinflussen sich gegenseitig: Eine Verkettung von gleichzeitig eigensinnigen wie aufeinander bezogenen Dynamiken.

Unterschiedliche Handlungsstränge aus unterschiedlichen Bereichen des Lebens – ökonomische Innovationen, technische Erfindungen, das politische Geschehen, die Veränderung von Selbstverständnissen und Weltbezügen – kommen zusammen, wenn soziale Transformationen sich ereignen. Diese (manchmal sehr langen) Fäden der Entwicklung sind einerseits auf verschiedene, manchmal auch kaum durchschaubare Weisen miteinander verwoben. Andererseits hat jede Dimension des sozialen Lebens – Familie, Arbeit, technische Innovationen, politische Herrschaft – eine je eigene innere Logik. Ich verstehe die hier wirkenden Prozesse als Problemlösungsdynamiken (und komme im nächsten Kapitel darauf expliziter zurück). Solche Problemlösungsdynamiken finden sich in Bezug auf ganz verschiedene Dimensionen unserer sozialen Existenz; sie verlaufen nicht in einer einheitlichen Linie und sind nicht unbedingt aufeinander abgestimmt. Es gibt eine Problemlösungsdynamik in Bezug auf technische Erfindungen und Innovationen, aber auch in Bezug auf soziale Gewohnheiten, die Organisation sozialer Herrschaft und die Gestalt politischer Institutionen. Aus technischen Entwicklungen zum Beispiel folgen weitere technische Entwicklungen; sie antworten auf Bedürfnisse und erzeugen neue Bedürfnisse. Sie sind Ausdruck entwickelter Fähigkeiten und Anstoß zur Ausbildung weiterer Fähigkeiten.

War beispielsweise die Computertechnologie erst einmal bis zu einem gewissen Niveau entwickelt, so lag es nahe, die zunächst für staatliche, wissenschaftliche und wirtschaftliche Großorganisationen entwickelten Rechenmaschinen auch für den individuellen oder gar privaten Gebrauch zugänglich zu machen, womit sich auch die Anforderungen an die Rechner ausdifferenzierten. Dazu war es nötig, technischen Erfindungsgeist und Innovationskraft zu investieren, um die Aufgabe zu lösen, Speichermedien leichter, kleiner und leistungsfähiger zu machen. Oder denken wir daran, wie sich die Nutzung des Internets zu einem sozialen Bedürfnis entwickelt hat, das mittlerweile zu einem nicht wegzudenkenden Bestandteil unserer kommunikativen Infrastruktur geworden ist. Die Menschen haben sich daran gewöhnt, von jedem denkbaren Ort aus Zugriff nicht nur auf ihre eigenen Daten, sondern auf einen immens großen Wissens- und Informationsbestand zu haben. Jede (künstliche) Grenze dieses Zugangs muss so zum Ärgernis – zu einer zu überwindenden Grenze, also einem Problem – werden. So besitzt die Entwicklung von frühen Rechenmaschinen zum Personal Computer und zum Laptop sowie die parallele Entwicklung von der frühen Telefonie über die ersten Selbstwahlgeräte und Netze bis hin zum Handy eine gewisse innere Logik, die sich in mancher Hinsicht autonom entfaltet. In anderer Hinsicht aber ist sie heteronom verknüpft und von anderen Praxissphären bedingt: So ist der Zusammenhang zwischen der Entwicklung von Kommunikations- und Informationstechnologien und Kriegstechnik beziehungsweise der Entwicklung moderner Kriegsführung ja offensichtlich.

Sehen wir uns eine andere Dynamik an. Auch Weisen des Zusammenlebens und die daraus entstehenden normativen Ansprüche können eine Eigenlogik entfalten, so dass aus einmal gesetzten Ansprüchen und Möglichkeiten weitere Ansprüche und die entsprechenden erneuerten Institutionen oder Praktiken folgen. Hatte sich (um auf eines meiner Paradebeispiele zurückzukommen) die Idee der Liebe und der freiwillig eingegangenen Bindung erst einmal als sozial akzeptiertes Prinzip der Eheschließung durchgesetzt, so ergaben sich weitere Ansprüche und Bedürfnisse, die sich dynamisch entwickelten. Sobald zum Beispiel die ökonomische und standesmäßige Verbindung zweier Familien offiziell keine Rolle mehr spielte, die Partnerwahl also als prinzipiell frei und individualisiert und vor allem als emotional motiviert galt, ließen sich auch Heiratsbeschränkungen konfessioneller Natur nicht mehr lange halten. Da niemand mehr in die Ehe gezwungen werden konnte, wurde auch der Zwang innerhalb der Ehe Schritt für Schritt inkonsequent, ohne dass er deshalb jemals aufgehört hätte. Der Wandel von der Vernunft- zur Liebesheirat und die Auflösung der strengen Bindung an eine biologisch gedachte Reproduktion eröffnet schließlich die – immer noch umkämpfte – Möglichkeit, gleichgeschlechtliche Partnerschaften in die Institution der Ehe einzubeziehen oder die Institution der Ehe ganz aufzulösen. Aber auch für diese normative Dynamik wiederum gibt es, wie wir gesehen haben, nichtnormative Rahmenbedingungen. Oder besser: Diese normative Dynamik interferiert mit nichtnormativen Dynamiken.

Wir haben es hier mit einem komplexen Verflechtungszusammenhang zu tun, der durch multifaktorielle wechselseitige Beeinflussung unterschiedlicher Praxissphären beziehungsweise von Praktiken und Überzeugungen entsteht – mit einem komplex geknüpften Netz wechselseitiger Abhängigkeiten, Einflüsse, Effekte und Verbindungen vielfältiger Art und Richtung. Dieses Interferenzgeschehen entwickelt sich als Abfolge aufeinander reagierender Prozesse, Ereignisse und Problemstellungen und ist nicht systematisch von einer übergeordneten Sphäre und der entsprechenden Logik »dirigiert«. Gefragt nach einer möglichen Hierarchie von Praktiken, also danach, ob einige Praktiken zentraler sind als andere, ob manche Praktiken andere dominieren oder sogar dirigieren,[57] lässt sich vermuten, dass es zwar nicht sozialstrukturell systematisch die eine und als solche identifizierbare »Leitwährung« des Sozialen gibt, nicht ein Bündel von Praktiken, das alle anderen determiniert. Wohl aber gibt es zu unterschiedlichen Zeiten und in unterschiedlichen historisch-sozialen Konstellationen unterschiedliche und unterschiedlich dominante »Ankerpraktiken« oder auch bestimmte Praxiskomplexe, die für die Reproduktion einer spezifischen Lebensform unabdingbar sind. Lebensformen unterscheiden sich unter anderem darin, welche das sind und in welcher Konstellation sie zu den anderen Praktiken stehen.[58]

57 Vgl. hierzu die Überlegungen Ann Swidlers, die die Existenz von solchen »Ankerpraktiken« annimmt. Ann Swidler, »What Anchors Cultural Practices«, in: Theodore Schatzki u.a., *The Practice Turn in Contemporary Theory*, New York 2001, S. 83-101, hier S. 90.

58 Jens Beckert zum Beispiel reklamiert die prägende Leitfunktion der Ökonomie als spezifisch für unsere Zeit. Vgl. Jens Beckert, »Wirtschaftssoziologie als Gesellschaftstheorie«, in: *Zeitschrift für Soziologie* 38:3 (2009), S. 182-

Mismatches *und Historischer Materialismus*

An dieser Stelle lohnt es sich, noch einmal zum Motiv der Passungsverhältnisse zurückzugehen, das ich oben absichtlich vage eingeführt hatte, und es durch eine Kontrastierung mit der Position von Marx zu präzisieren. Hatte ich zuvor skizziert, wie Veränderungen dadurch möglich werden, dass Passungsverhältnisse zwischen Praktiken gestört sind, so hat Marx zur Erklärung von revolutionären, aber auch weniger revolutionären sozialen Transformationsprozessen bekanntlich ein ganz bestimmtes und auch enger gefasstes Passungsverhältnis vor Augen, dessen Auflösung Veränderungen provoziert. An einer vielzitierten Stelle stellt er dies pointiert, ja vielleicht eine Spur zu pointiert, wie folgt dar:[59] »Die Handmühle ergibt eine Gesellschaft mit Feudalherren, die Dampfmühle eine Gesellschaft mit industriellen Kapitalisten.«[60] Es gibt demnach Verbindungen zwischen einem ganzen Komplex von Techniken, sozialen Praktiken und sozialen Organisationsformen derart, dass die Handmühle zur Gesellschaft mit Feudalherren »passt« und die Dampfmühle zum industriellen Kapitalismus. Marx spricht hier allerdings davon, dass das eine das andere »ergibt«. Wir haben auf der einen Seite die Handmühle samt den für sie charakteristischen Praktiken, den technischen Fähigkeiten und der sich aus der Bedienung von Handmühlen ergebenden Weise der Arbeitsorganisation (also die Produktivkräfte). Auf der anderen Seite steht die feudale Ordnung mit ihren

197. Damit ist noch nicht gesagt, dass es während der gesamten Weltgeschichte immer die ökonomischen Praktiken sind, die für die gesamte Lebensform prägend sind.

59 Es ist nicht unwichtig, darauf hinzuweisen, dass Marx hier eine empirische Hypothese formuliert. Er betreibt eine Art empirisch falsifizierbarer Geschichtsphilosophie (wie auch Jürgen Habermas verschiedentlich betont hat). Der bisherige Verlauf der Geschichte lässt sich in diesem theoretischen Rahmen begreifen, dieser muss aber umgekehrt durch das historische Material plausibilisiert werden.

60 Karl Marx, *Das Elend der Philosophie. Antwort auf Proudhons »Philosophie des Elends«*, in: *MEW*, Bd. 4, Berlin 1983, S. 63-182, hier S. 130.

sozialen Machtverhältnissen und Hierarchien, ihrer Verteilung von ökonomischem und politischem Einfluss und den für sie charakteristischen Eigentumsverhältnissen und Lebensweisen (also den Produktionsverhältnissen). Verändert sich die eine Seite, indem zum Beispiel die Dampfmaschine erfunden wird, so wird, wenn man eine funktionale Beziehung voraussetzt, die andere Seite instabil. Es entsteht eine auf Veränderung drängende Konstellation: Die Aufrechterhaltung feudaler Verhältnisse unter Bedingungen der Dampfmaschine stellt sich dann als ein *mismatch* dar, das zu sozialen Verwerfungen und (laut Marx) letztendlich zur sozialen Revolution führt. Die Entwicklung der Produktivkräfte verläuft also in sich und aus sich heraus dynamisch; die Produktionsverhältnisse, die nicht mehr mit ihr Schritt halten, dieser nicht mehr entsprechen, werden dysfunktional und, in einer berühmten Formulierung, zur »Fessel«[61] der weiteren Entwicklung.

Nun ist das, wie bereits Louis Althusser feststellt, geradezu eine Karikatur der materialistischen Vorstellung der Geschichte, ein Bild, das schon bei Marx selbst deutlich differenzierter ist und in einer Vielzahl von Interpretationsversuchen und Anschlüssen von Althusser bis zu Habermas (um nur zwei prominente Versuche zu benennen) komplexe Deutungen erfahren hat. Im analytischen Marxismus hat vor allem die Frage, wie man den funktionalen Charakter des hier skizzierten Verhältnisses zu verstehen hat, für ausgiebige Diskussionen gesorgt.[62]

Mir soll diese Skizze eines Passungsverhältnisses und der Dynamik der »aus der Passung geratenen« Verhältnisse lediglich als Kontrastfolie für die Skizzierung der erweiterten Version der Einflussverhältnisse und Wechselbeziehungen dienen, wie ich sie im Sinn habe. Alles entscheidet sich daran, wie stark man dieses Bedingungsverhältnis, dieses »Sich-Ergeben«, und wie stark man den funktionalen

61 Karl Marx, *Zur Kritik der politischen Ökonomie*, in: *MEW*, Bd. 13, Berlin 1981, S. 3-160, hier S. 9.

62 Die meisten dieser Diskussionen haben ihren Ausgangspunkt genommen von Gerald A. Cohen, *Marx' Theory of History*, Oxford 1978.

Zusammenhang machen will. Die Idee multipler vielfach aufeinander bezogener Praktiken im dynamischen Ensemble von Lebensformen, die ich hier verfolge, fasst (nicht anders, als eine Vielzahl anderer Interpret:innen es tun) die Beziehungen hier vielfältiger.

(1) *Wechselseitigkeit.* Statt von einem einseitigen Bedingungsverhältnis zwischen Produktivkraftentwicklung und Produktionsverhältnissen, geht eine in meinem Sinne »ermäßigte« beziehungsweise erweiterte Version dieses Verhältnisses von einem *wechselseitigen Verhältnis* aus. Darin ist dann nicht nur die eine Seite (die der Produktivkräfte) aus sich heraus dynamisch, die andere dagegen statisch beziehungsweise nur reaktiv auf die eigentliche Quelle der Dynamik bezogen; dynamisch und in ihrer Dynamik miteinander verquickt und aufeinander einwirkend sind vielmehr beide Seiten.

(2) *Normative Durchdrungenheit des Funktionalen.* Wenn die Produktivkraftentwicklung problemgetrieben ist, ergeben sich auch diese Probleme in einem normativen und sozialen Umfeld, werden zu *bestimmten* Problemen immer schon in einer normativ und »kulturell« vorgefassten Form und können nur in dieser gelöst werden.

Beide Thesen zusammen können erklären, inwiefern technische Entwicklungen immer auch soziale und kulturelle Entwicklungen sind. Wenn in China im 9. Jahrhundert das Schwarzpulver zwar bereits bekannt war, aber zunächst vornehmlich für Feuerwerke und rituelle Zwecke eingesetzt wurde, oder wenn in der Antike die Dampfmaschine bereits erfunden wurde, dann aber – statt die Dynamik auszulösen, die sie später im Kontext der Industrialisierung entfalten sollte – lediglich der Erzeugung von Effekten und der Belustigung im Theater diente,[63] so zeigt das, dass die Entwicklung und Dynamik technischer Innovationen nicht nur auf einen ökonomischen Problemdruck angewiesen sind, sondern immer auch auf soziale Kontexte, die diese Innovationen in bestimmte Verwendungszusammen-

63 Vgl. Heike Le Ker, »Automaten der Antike. Wie die Götter die Tempeltüren öffneten«, in: *Spiegel Wissenschaft*, 9.4.2009, online unter ⟨https://www.spiegel.de/wissenschaft/mensch/automaten-der-antike-wie-die-goetter-die-tempeltueren-oeffneten-a-618229.html⟩, letzter Zugriff 8.6.2023.

hänge einbetten und ihre Weiterentwicklung und Anwendung in bestimmten Praxiszusammenhängen ermöglichen. Wenn ich oben gesagt habe, dass es der Schreibmaschine bedurfte, um die Frauenemanzipation auf den Weg zu bringen, oder des Schießpulvers, um den Adel zu delegitimieren, so kann man den Zusammenhang also auch andersherum rekonstruieren. Wenn die Frauenemanzipation die Schreibmaschine braucht, so braucht die Erfindung der Schreibmaschine die Frauenemanzipation. Es bedurfte gesellschaftlicher Veränderungen, die es überhaupt denkbar machten, dass unverheiratete Frauen alleine leben und Arbeitsverhältnisse im Büro statt häuslicher Dienstverhältnisse eingehen, damit um die Schreibmaschine herum dieser neue Typus des Arbeitsverhältnisses entstehen und aus dem Männerberuf des Privatsekretärs die Schreibkraft in der Kanzlei, die Stenotypistin im Großraumbüro, die Sekretärin oder die Vorzimmerdame werden konnte. Technische Veränderungen können also soziale (und normative) Veränderungen triggern, sie werden aber umgekehrt auch von diesen in Gang gesetzt oder ermöglicht.[64]

(3) *Auflösung des strengen Bedingungsverhältnisses.* Wo eine orthodoxe Version des historischen Materialismus von einem streng funktionalen Bedingungsverhältnis zwischen Produktivkräften und Produktionsverhältnissen ausgeht, fasst die erweiterte Version dieses als *Ermöglichungsverhältnis* und (in manchen Fällen) als Wahlverwandtschaft im von Weber inspirierten Sinne auf. Die Veränderung der einen Seite ist nicht die notwendige und hinreichende Bedingung für die Reaktion der anderen Seite, sondern sie ermöglicht diese, um es in einer stark ermäßigten Formulierung zu fassen. Die Handmühle »ergibt« also die Feudalgesellschaft nicht im Sinne des Erzwingens, die Dampfmaschine nicht die bürgerliche Gesellschaft;

64 Man sieht das besonders an den Formen der Kooperation. Der Einsatz von Maschinen erfordert und ermöglicht Arbeitsteilung, die Erfahrung der Disziplinierung und Kooperation affiziert die Subjektivitäten: Sie bildet sie heraus und verändert die Verhältnisse der Menschen untereinander. Arbeitsorganisation hat umgekehrt kulturelle Vorbedingungen, wurzelt in gesellschaftlichen Praktiken und hängt mit der politischen Organisationsform zusammen.

sie ermöglicht diese oder legt sie nahe oder trägt zu ihrer Persistenz bei. Sofern sie allerdings überhaupt eine Reaktion erforderlich macht, weil aus bestimmten Formen der Nichtreaktion Probleme erwachsen, deutet sich hier dennoch eine (sehr schwache) Logik des Geschehens an.[65]

(4) *Funktionale Äquivalente.* Aus einem eng gefassten funktionalen Verhältnis, einer funktionalen Notwendigkeit, die einer entsprechenden funktionalen Erklärung zugänglich ist, ist damit eine erweiterte Version des Funktionalismus auch in der Hinsicht geworden, dass diese von der Existenz *funktionaler Äquivalente* ausgeht, also davon, dass es nicht nur jeweils eine mögliche Reaktion auf eine bestehende Veränderung und Problemlage gibt, sondern mehrere. Es gibt also innerhalb eines Spektrums von im funktionalen Sinne passenden Adjustierungen eine Varianz. Im Klartext: Die Handmühle kann die Feudalgesellschaft, aber auch andere Formen gesellschaftlicher Organisation »ergeben«, und auch die Dampfmaschine führt, selbst wo sie zu einem industrialisierten Kapitalismus führt, mindestens zu *varieties of capitalism*, manchmal aber eben auch zu gar nichts. Ein und dasselbe Problem kann, anders gesagt, unterschiedliche funktional gleichwertige Lösungen haben – aus denen sich dann allerdings je verschiedene weitere Probleme und Dynamiken ergeben. Wie ich in Kapitel 4 ausführen werde, lassen sich diese Dynamiken als *Problemlösungsprozesse* mit gleichzeitig bestimmtem wie offenem Charakter beschreiben.

65 Diese Überlegungen sind auch in der innermarxistischen Diskussion präsent. Vgl. Michael Heinrich, *Wissenschaft vom Wert. Die Marxsche Kritik der politischen Ökonomie zwischen wissenschaftlicher Revolution und klassischer Tradition*, Münster 1991. In seinem Buch (S. 143) legt Heinrich mit Verweis auf Marx' Analysen zur Kunst dar, dass auch bei Marx nicht von einer Widerspiegelung gesprochen werden kann, sondern dass dieser hier nur eine »strukturelle Abhängigkeit« hervorhebt. (Natürlich gibt es aber bei Marx auch Stellen, die ganz anders klingen.) Diesen Hinweis verdanke ich Jan van Dick.

Wie unterscheidet man nun aber im Rahmen dieser vielfach verflochtenen Dynamiken fortschrittliche von nicht fortschrittlichen? Sobald der normative Vektor der Produktivkraftentwicklung wegfällt, der für Marx insofern leitend war, als er in diesem die Erweiterung menschlicher Fähigkeiten und Möglichkeiten zur Befriedigung immer anspruchsvollerer Bedürfnisse sah, erscheinen die entsprechenden Veränderungen ja als richtungsoffen. Die beschriebenen Transformationen sind nicht *per se* fortschrittlich. John Dewey bemerkt zu Recht: »[D]ie Kräfte, die komplizierte und umfangreiche Veränderungen in der Gesellschaftsstruktur herbeigeführt haben, bringen nicht von selbst Fortschritt hervor [...].«[66] Das bedeutet, genau gelesen: Sie bringen diesen nicht nur nicht *von selbst*, einem Automatismus folgend, hervor; sie bringen auch nicht unbedingt *Fortschritt* hervor. In vielen Fällen können knirschende beziehungsweise erodierende Passungsverhältnisse nach mehreren Richtungen aufgelöst werden. Insbesondere technische Erfindungen und technologische Entwicklungen haben bekanntlich oft zwei Seiten. Das Radio hat ohne Zweifel zur Entstehung einer demokratischen Öffentlichkeit beigetragen, ist aber zugleich das wichtigste Instrument der Nazis gewesen, um die Massen auf den faschistisch-autoritären Führerstaat einzuschwören. Vielleicht hätte es den Arabischen Frühling ohne Mobilfunk und soziale Medien nicht gegeben, aber auch der Islamische Staat nutzt diese Medien erfolgreich für seine alles andere als progressiven Zwecke.[67] Die neuen Praktiken selbst sind zwar transformativ, aber gewissermaßen richtungsoffen. Eine technische Erfindung kann positive soziale Veränderungen bewirken, muss es aber nicht; und eine soziale Veränderung kann sich aus mehreren distink-

66 John Dewey, »Progress«, in: *International Journal of Ethics* 26:3 (1916), S. 311-322, hier S. 313.

67 Barbarische Enthauptungen werden auf denselben Social-Media-Kanälen gepostet, auf denen sonst Teenager ihrem Selbstdarstellungsdrang huldigen oder Firmen für ihre Produkte werben.

ten Quellen speisen, so dass Konstellationen entstehen, in denen Veränderungen sich als mehrfach überdeterminierte Komplexe verschiedener Praxisdynamiken ereignen.[68] Der Marx'sche Optimismus, dem zufolge der Kapitalismus (und die durch diesen angestoßene sehr dynamische Entwicklung der Produktivkräfte) ungeheures Elend, aber gerade dadurch auch die Bedingungen für die Überwindung dieses Elends hervorgebracht hat, gerät dadurch nicht nur in empirischer Hinsicht ins Wanken. Er betrifft auch die Kriterien für die Fortschrittlichkeit sozialer Wandlungsprozesse selbst. Marx konzipiert eine Dialektik mit eingebautem Richtungsmesser; wir haben es aber häufig mit multidimensionalen Verwicklungen zu tun, die keinen solchen mit sich führen. Woher also kommt der normative Richtungsmesser sozialer Wandlungsprozesse? Was macht diese – radikal oder weniger radikal – zum Fortschritt?

Am Anfang dieses Kapitels stand die Frage nach der Entstehung moralischen Fortschritts. Diese habe ich transformiert zur Frage nach der Veränderung eines ganzen Geflechts von Hintergrundbedingungen und Folgepraktiken, in das moralische Einstellungen und Praktiken eingebettet sind, sowie des sozialen Interpretationshorizonts, der ihnen ihre Bedeutung verleiht. Daraus ergibt sich einerseits, dass moralischer Fortschritt immer schon auf (breiter gefasstem) *sozialem* Fortschritt beruht, in dem mehr geschieht als eine Korrektur der Moralvorstellungen oder normativen Prinzipien einer Gesellschaft. Andererseits lenkt es unsere Aufmerksamkeit darauf, dass Fortschritt eine Form sozialen *Wandels* ist. Kurzum: Die Frage nach dem moralischen Wandel hat sich in die Frage nach dem *sozialen Wandel* transformiert. Im nächsten Kapitel soll es um die Entstehungsbedingungen und die Dynamik sozialen Wandels gehen, bevor wir (in Kapitel 5) zur Frage des normativen Richtungsmessers zurückkehren.

68 Vgl. Althusser, »Widerspruch und Überdetermination«. Soziale Transformationsprozesse bis hin zu Revolutionen können in dem Sinne überdeterminierte Ereignisse sein, als sie sich aus mehreren Quellen speisen, die sich gegenseitig beeinflussen. Sie sind dann Resultat verschiedener, zunächst unabhängig auftretender Kausalketten.

4
Krise und Konflikt: Die Dynamik sozialen Wandels

> Die Revolutionen bedürfen nämlich eines passiven Elements, einer materiellen Grundlage. [...] Es genügt nicht, daß der Gedanke zur Verwirklichung drängt, die Wirklichkeit muß sich selbst zum Gedanken drängen. *Karl Marx*[1]

> Politische Revolutionen werden durch ein wachsendes [...] Gefühl eingeleitet, daß die existierenden Institutionen aufgehört haben, den Problemen, die eine teilweise von ihnen selbst geschaffene Umwelt stellt, gerecht zu werden. *Thomas Kuhn*[2]

> Die Dinge entwickeln sich nicht, wenn Du sie nicht dazu zwingst. *Virginie Despentes*[3]

Fortschritt ist Wandel im Wandel. Will man verstehen, was Fortschritt ist, so muss man verstehen, wie sozialer Wandel funktioniert. Sind komplexe Praxisgefüge oder Lebensformen, wie im vorangegangenen Kapitel dargelegt, der Ort dieses Wandels, so muss jetzt weiter untersucht werden, wie die Transformationsdynamik solcher Gefüge beschaffen ist, wie sich die Veränderungen von Lebensfor-

1 Karl Marx, »Zur Kritik der Hegelschen Rechtsphilosophie. Einleitung«, in: *MEW*, Bd. 1, Berlin 1981, S. 378-391, hier S. 386.

2 Thomas Kuhn, *Die Struktur wissenschaftlicher Revolutionen*, Frankfurt/M. [2]1976, S. 104.

3 Virginie Despentes, *Liebes Arschloch*, Köln 2023.

men, soziale Revolutionen und Transformationen im größeren und kleineren Maßstab, darstellen, so dass innerhalb dieser Fortschritt erkennbar wird.

Wir haben gesehen, dass sozialer Wandel dort *möglich* wird, wo ein *mismatch* zwischen verschiedenen sozialen Praktiken und Institutionen besteht, wo das Passungsverhältnis zwischen diesen gestört ist, so dass sich ein Einsatzpunkt für Veränderungen ergibt. Was aber *motiviert* sozialen Wandel, was treibt ihn an oder legt ihn nahe? Das Leitmotiv des vorliegenden Kapitels ist, dass die treibenden Kräfte solcher Transformationen Probleme, Krisen und Konflikte sind. Neue Gesellschaften gehen aus den Krisen der alten Gesellschaften hervor, so lässt sich diese These in plakativer Anlehnung an Marx fassen. Sie sind das Resultat von Problemlösungsprozessen, so die etwas nüchternere pragmatistische Auffassung. Oder mit Hegel: Gesellschaften transformieren sich qua Aufhebung von Widersprüchen, die sie selbst erzeugen.[4]

Solche Krisen werden nicht allein hervorgebracht durch die Überzeugungen, den Willen und das Wollen der Akteure, sie müssen aber von diesen zum Konflikt gemacht werden. Welche Rolle also spielen soziale Akteure in diesem umfassenden Geschehen? Wie stellt sich das Verhältnis zwischen strukturellen (lang angelegten und übergreifenden) Veränderungen und ereignishaft zugespitzten Momenten innovativen Handelns dar? Schließlich: Wie lässt sich die »deflationierte« Logik der Entwicklung denken, die ich in der Einleitung versprochen habe? Ich kann nun klarerweise in diesem Kapitel keine umfassende Theorie sozialen Wandels entwickeln, sondern nur einige der für die Beantwortung meiner Ausgangsfrage nach dem Fortschritt wichtigen Eckpunkte festhalten. Entsprechend komme ich zunächst auf den Marx'schen Gedanken zurück, dass Revolutionen oder, genereller, soziale Transformationsprozesse ein *passives* und ein *aktives* Element haben (4.1). Danach werde ich die Dynamik von Lebensformen als Dynamik von Prob-

4 Vgl. dazu Tilo Wesche, *Die Rechte der Natur. Vom nachhaltigen Eigentum*, Berlin 2023.

lemlösungsprozessen erläutern (4.2), um anschließend die Schwerfälligkeit und die Blockaden von Transformationsprozessen aus der Einbindung in komplexe Funktionszusammenhänge heraus zu verstehen (4.3). Damit sind wir bei der Frage von Krise und Konflikt sowie der Rolle der Akteure und der sozialen Bewegungen für Prozesse sozialen Wandels angelangt (4.4). Abschließend verfolge ich die (labile oder »brüchige«[5]) Logik der Transformation, die sich aus dem bisher Gesagten ergeben hat und die ich als »sich anreichernden Erfahrungsprozess« der teleologischen Entwicklungsidee entgegenstelle (4.5).

4.1 Das aktive und das passive Element

Revolutionen bedürfen, wie Marx schreibt, »eines *passiven* Elements«, einer »materiellen Grundlage«. Sie bedürfen aber, so lässt sich folgern, auch eines *aktiven* Elements. Im richtigen Verständnis dessen, worin das aktive und das passive Element jeweils bestehen und wie sich beide zueinander verhalten, liegt der Schlüssel zum Verständnis des (fortschrittlichen) sozialen Wandels.

Worin also bestehen das *passive* und das *aktive* Element der Revolution?[6] Auf den ersten Blick glaubt man sehr leicht zu verstehen, was damit gemeint ist. Das passive Element sind die sozialen, die materiellen Verhältnisse, die zur Veränderung oder zum Umsturz drängen; das aktive Element sind die Revolutionär:innen, die die Revolution machen. Auf den zweiten Blick allerdings wird es schwie-

5 Wie in der Einleitung bereits gesagt, stehle ich diesen Begriff von Isette Schuhmacher.

6 Ich nehme Marx' Überlegungen zu den Bedingungen von Revolutionen hier als Überlegungen zum radikalen sozialen Wandel. Zur Frage, wie sich radikaler sozialer Wandel oder beschleunigte und verdichtete Momente gesellschaftlicher Transformationen zu Revolutionen verhalten, vgl. Alex Demirović, »Transformation und Ereignis. Zur Dynamik demokratischer Veränderungsprozesse der kapitalistischen Gesellschaftsformation«, in: Michael Brie, *Futuring. Perspektiven der Transformation im Kapitalismus über ihn hinaus*, Münster 2014, S. 419-435.

riger. Was sind diese Verhältnisse, wenn nicht selbst schon Resultate dessen, was Menschen tun und wollen, Resultate sozialer Praxis? Und umgekehrt: Was macht die Revolutionär:innen zu Revolutionär:innen? Wenn Revolutionär:innen (beziehungsweise die Träger:innen sozialer Transformationen) diejenigen sind, die die von den Verhältnissen, dem passiven Element vorgezeichneten Gelegenheiten zur Veränderung ergreifen, und wenn umgekehrt diese Gelegenheiten – die Widersprüche, Krisen und Dysfunktionalitäten der gegebenen Situation – erst von den Revolutionär:innen zu einem Konflikt zugespitzt werden, bringt dann nicht das passive das aktive Moment hervor und vice versa? Offenbar bestehen beide Elemente nicht unabhängig voneinander. Also: Die Gelegenheit macht Revolutionär:innen, umgekehrt machen die Revolutionär:innen erst die Gelegenheit. Ich werde im Folgenden die Idee des aktiven und des passiven Elements zunächst in das Vokabular von Problem und Widerspruch, Krise und Konflikt übersetzen, um darauf aufbauend dieses Verschlungensein zu deuten.

Nicht aus dem Nichts

Für die Struktur und Dynamik des sozialen Wandels ergeben sich nach den im letzten Kapitel diskutierten Beispielen bereits einige erste Hinweise darauf, wie Transformationsprozesse aussehen können und wie vielfältig hier verschiedene Dynamiken ineinandergreifen: Verursacht durch Entwicklungen, Innovationen oder auch Krisen aller Art werden Elemente aus Praxiszusammenhängen herausgebrochen; herkömmliche soziale Praktiken verlieren an Bedeutung, neue soziale Praktiken (und neue Techniken) treten hinzu. Das führt zu Verschiebungen aller Art. Manche dieser neuen Praktiken lassen sich in das bestehende Ensemble einpassen, andere sprengen es und stoßen damit mehr oder weniger weitreichende Veränderungen an, die gegebenenfalls dazu führen, dass eine Lebensform sich verändert oder sogar untergeht und eine neue entsteht.[7] Die hergebrachten Pas-

7 In der Diskussion der ehelichen Vergewaltigung wurde allerdings auch deut-

sungsverhältnisse geraten ins Wanken, sie können und müssen neu justiert, der Interpretationsrahmen der Praxis muss neu konfiguriert werden. Es entstehen neue Räume (oder auch Zwischenräume),[8] die Architektur des Zusammenhangs verändert sich. Und all das ist begleitet von mehr oder weniger expliziten sozialen Auseinandersetzungen – eben um die Neujustierung und Interpretation, um die Neugestaltung, Transformation, aber im Zweifelsfall auch Aufrechterhaltung derjenigen sozialen Praxiszusammenhänge, in denen die Individuen ihr Leben führen. Und obwohl es sich um Praxiszusammenhänge handelt (und nicht um vom Schicksal gelenktes oder von der Natur bestimmtes Geschehen), obwohl also Menschen »ihre eigene Geschichte machen«, vollzieht sich die Geschichte in mancher Hinsicht auch »hinter ihrem Rücken«, als Resultat nichtintendierter Handlungsfolgen und als Effekt von Dynamiken, die sie nicht beherrschen, und wird dann eben doch als fremde Macht erfahren. Sozialer Wandel (und noch mehr: fortschrittlicher sozialer Wandel) ist also, so viel sollte deutlich geworden sein, eine unübersichtliche, ja unordentliche Angelegenheit.

Für meine Fragestellung und die sich hier abzeichnende Theorie sozialen Wandels ist ein Moment entscheidend: Soziale Transformationen entstehen nicht aus dem Nichts. Sie reagieren darauf, dass bestehende Praktiken und Institutionen nicht mehr funktionieren,

lich, dass die Frage, was »passt«, immer auch eine der Interpretation der entsprechenden Praktiken ist: Ob man einen Vorgang als – wie auch immer unschöne – Variante von *Sex* oder als Variante von *Gewalt* auffasst, markiert hier einen Unterschied ums Ganze.

8 Vgl. zur Idee des in Zwischenräumen stattfindenden oder sich vorbereitenden gesellschaftlichen Wandels auch Michel Foucaults Idee der »Heterotopien«, vgl. ders., »Andere Räume«, in: Karlheinz Barck u. a. (Hg.), *Aisthesis. Wahrnehmung heute oder Perspektiven einer anderen Ästhetik*, Leipzig 1992, S. 34-46. Zu einem aktuellen Anschluss an das Modell der Heterotopien siehe Eva von Redecker, *Praxis und Revolution. Eine Sozialtheorie radikalen Wandels*, Frankfurt/M., New York 2018. Erik Olin Wright hat in seinem Buch *Reale Utopien. Wege aus dem Kapitalismus*, Berlin 2017 (in der Übers. von Max Henninger) den Begriff »Transformation durch Freiräume« (im englischen Original: *interstitial transformation*) geprägt, dabei aber auch deutlich gemacht, dass diese nicht für sich stehen können. Siehe ebd., S. 435.

dass sie vor Problemen stehen, die sie nicht lösen können, oder in Krisen geraten, aus denen sie nicht wieder herauskommen, ohne sich und manchmal auch den ganzen Bezugsrahmen, in dem sie stehen, zu transformieren. In einem pragmatistischen Geist lässt sich also behaupten: Sozialer Wandel wird durch Krisen und Verwerfungen ausgelöst; er reagiert auf die Notwendigkeit der Adaption an unklar gewordene soziale Situationen, also auf *Probleme*, *Krisen* oder sogar auf *Widersprüche* (im anspruchsvollen Hegel'schen Sinn). Damit sind drei unterschiedliche begriffliche Zugriffe bezeichnet, denen aber eines, nämlich die Betonung der reaktiven Seite, gemeinsam ist: Sozialer Wandel entsteht nicht einfach aus einer guten Idee heraus, sondern ist motiviert durch irgendeine Form der Dysfunktionalität oder Überlebtheit des Bestehenden. Er entsteht als Reaktion darauf, dass sich eingespielte Praktiken überlebt haben, dass Institutionen erodiert sind oder dass sie widersprüchlich geworden sind. Die Frage, wie sozialer Wandel entsteht, hat dann nicht die Form »Warum ändert sich *überhaupt etwas*?«. Sie setzt also nicht eine statische Situation voraus, von der dann fraglich ist, wie sie sich (überhaupt) verändern lässt. Vielmehr stellen sich soziale Formationen als immer schon dynamische Gebilde dar, die durch Problemstellungen aller Art und von einer latent krisenhaften Dynamik gekennzeichnet sind und in bestimmten Situationen und Konstellationen gewissermaßen über sich hinausgetrieben werden. Als Effekt von *challenge* und *response* ist das »Neue« (die neue soziale Praxis, Institution oder Formation und das neue Verständnis unserer Praktiken) dann eine gerichtete Transformation innerhalb einer Konstellation, die sich aus den Widersprüchen und knirschenden Passungsverhältnissen oder auch den Erosionserscheinungen der »alten Ordnung« ergibt. Sozialer Wandel ist dann, ob radikal oder weniger radikal, ein krisengetriebener Problemlösungsprozess. Aus diesem Umstand ergibt sich sowohl seine Dynamik wie auch seine Richtung, auf die es uns ja für die Frage nach dem Fortschritt ankommen muss.

Sozialer Wandel wird also in bestimmter Hinsicht *nötig*, wo die Erosion sozialer Institutionen und Praktiken und das Aufkommen neuer Problemstellungen die Herausbildung neuer Praktiken und

Institutionen erfordert. Er wird dadurch auch *möglich*. Allerdings wird er nicht schon deshalb *wirklich*.[9] Wenn neue Gesellschaften »aus den Krisen der alten Gesellschaften hervorgehen«, wie Marx schreibt, dann verändern sich soziale Formationen also nicht (nur) deshalb, weil einige Akteur:innen es so wollen, sondern weil die von diesen selbst mitgeschaffenen Bedingungen es erlauben, ermöglichen, nahelegen, aber eben manchmal auch nachgerade zu erzwingen scheinen. Das sind die Situationen, in denen das Alte nicht mehr geht; oder in denen (frei nach Lenin) die einen nicht mehr wollen, die anderen nicht mehr können.[10] Die Macht scheint dann manchmal (wie Hannah Arendt bemerkt) auf der Straße zu liegen, aber sie wird nicht immer ergriffen.

Aber was genau soll es bedeuten, dass diese Entwicklungen problem- oder krisengetrieben sind oder sich sogar nach der Logik einer »Überwindung von Widersprüchen« vollziehen? Ich gehe dieser Frage im Folgenden zunächst nach, indem ich sie erneut in die oben eingeführte praxistheoretische Perspektive stelle und aus dieser heraus das Motiv der Problemlösung genauer beleuchte.

9 Es ist also natürlich nicht so, dass Wandel tatsächlich immer geschieht, wenn er nötig oder möglich wäre. Das zeigt dramatisch die in den industrialisierten Ländern mittlerweile fast 50-jährige Geschichte der Verdrängung der ökologischen Bedrohung und des Klimawandels. Auch haben überlebte oder dysfunktional gewordene Praktiken manchmal ein erstaunlich langes Leben, wie der zähe Prozess der Durchsetzung von Rechten für Frauen, Kinder und weitere diskriminierte Gruppen zeigt. Aber die Nichtreaktion mündet eben in eine Vervielfachung der Probleme und, wie wir in Kap. 6 sehen werden, in Regression.

10 Das Lenin-Zitat lautet ausführlich: »Zur Revolution genügt es nicht, daß sich die ausgebeuteten und unterdrückten Massen der Unmöglichkeit, in der alten Weise weiterzuleben, bewußtwerden und eine Änderung fordern; zur Revolution ist es notwendig, daß die Ausbeuter nicht mehr in der alten Weise leben und regieren können. Erst dann, wenn die ›Unterschichten‹ das Alte nicht mehr wollen und die ›Oberschichten‹ in der alten Weise nicht mehr können, erst dann kann die Revolution siegen […]. Die Revolution ist unmöglich ohne eine gesamtnationale (Ausgebeutete wie Ausbeuter erfassende) Krise.« (Wladimir Iljitsch Lenin, *Werke*, Bd. 31, Berlin 1956, S. 71.) In Thomas Braschs Film *Domino* (D 1982) heißt es weniger aufmunternd: »Das Alte geht nicht mehr und das Neue auch nicht.«

4.2 Lebensformen als Problemlösungsinstanzen zweiter Ordnung

Lebensformen, verstanden als träge Ensembles sozialer Praktiken sind, so meine These, Problemlösungsinstanzen. In Lebensformen verkörpern sich Reaktionen auf Probleme, Versuche, die Probleme zu lösen, die sich *für sie und mit ihnen* stellen. Das ist die Grundlage, um ihre Dynamik und die Bedingungen ihrer Veränderung zu verstehen. Wenn Lebensformen Problemlösungsinstanzen in Bezug auf immer schon normativ imprägnierte und historisch situierte Probleme sind, dann ändern sie sich, wenn sie vor neuen Problemlagen, vor Erosionserscheinungen oder vor Krisen der existierenden sozialen Praktiken und Institutionen stehen, die sie teilweise selbst miterzeugt haben. Im Folgenden möchte ich die Formel von Lebensformen als Problemlösungsinstanzen daher kurz entpacken.

Probleme als Aufgabe und Schwierigkeit

Was ist ein *Problem*? Meine Verwendung des Begriffs macht sich eine charakteristische Doppeldeutigkeit zunutze. Wenn wir sagen: »Sie sieht sich vor ein Problem gestellt«, so kann das entweder bedeuten: »Sie steht vor einer Aufgabe«, oder: »Sie steht vor einer Schwierigkeit«. Die Rede von Lebensformen als Problemlösungsversuchen kann entsprechend entweder bedeuten, dass sich die Formen des Zusammenlebens vor bestimmte *Aufgaben* gestellt sehen, die sie zu lösen haben, ohne dass dabei immer schon impliziert wäre, dass hier etwas bereits schwierig geworden ist. Oder aber sie bedeutet, dass Lebensformen mit *Schwierigkeiten* konfrontiert sind, also mit einem Zustand, in dem etwas problematisch geworden oder in eine Krise geraten ist. Ein Problem in diesem letztgenannten Sinn tritt dort auf, wo bestimmte Handlungsabläufe ins Stocken geraten, Interpretationen fehlgehen, uns das, was wir tun und wollen, nicht mehr gelingt oder etwas, das wir zu verstehen glaubten, unverständlich oder inkonsistent wird. Die hier vorgeschlagene Verwendung von »Problem«

denkt beide Bedeutungen als ineinander verwoben: Lebensformen stoßen bei der Bewältigung von Problemen im Sinne von Aufgaben immer schon auf Probleme im Sinne von Schwierigkeiten. Dabei wird die (positive) Aufgabenstellung manchmal nur (negativ) durch die auftretenden Schwierigkeiten – oder auch Krisen – sichtbar. In beiden Hinsichten sind Lebensformen *reaktiv* und in beiden Hinsichten reagieren sie auf materielle Lebensbedingungen, sind also *bedingt*, und zwar durch ihrerseits sozial konfigurierte, normativ und historisch imprägnierte Voraussetzungen.

»Probleme«, wie ich sie in diesem Zusammenhang verstehe, sind also erstens kulturell spezifisch und zweitens historisch und sozial formiert. Sie treten nur im Kontext einer immer schon gestalteten und je bestimmten, historisch situierten und sozial instituierten Lebensform auf, entstehen aus einer bereits gestalteten und interpretierten Situation heraus. Probleme liegen also nicht einfach auf der Straße. Dennoch sind sie in einem bestimmten Sinne unverfügbar vorhanden, nämlich als etwas, das uns im Zweifelsfall entgegensteht, unsere Handlungsvollzüge blockiert.[11]

Problemlösungen

Inwiefern nun *lösen* Lebensformen Probleme, und wie tun sie das? Sie lösen Probleme, indem sie unser Leben organisieren, also die Handlungsmuster und die Institutionen bereitstellen, in denen wir leben. Dabei sind sie jeweils Ausdruck eines bestimmten (und für sie spezifischen) Problemstands oder Problemniveaus, also gewissermaßen des jeweiligen Zwischenstands eines bestimmten Problemlösungsprozesses, der sich als ein unabschließbarer verstehen lässt. Versteht man also Lebensformen als Problemlösungsinstanzen, so fängt man, anders gesagt, *mittendrin* an, das heißt in einer bereits durch Praktiken und die darin entstehenden Probleme strukturierten Welt – inmitten eines Problemlösungsprozesses.

11 Ausführlicher zum »Problem mit den Problemen« siehe Rahel Jaeggi, *Kritik von Lebensformen*, Berlin 2014, S. 208-216.

In Lebensformen sedimentieren sich deshalb auch immer vorangegangene Problemlösungsgeschichten, das heißt eine Abfolge von Problemen oder Krisen und deren (mehr oder weniger gelungene) Bewältigung. Anders gesagt: Menschen leben, und sie gestalten dabei die materiellen und immateriellen (kulturellen und symbolischen) Bedingungen ihres Lebens. Probleme stellen sich dabei immer wieder neu, sie sind selten endgültig gelöst. Und sie sind, je komplexer die Situation ist, auch nicht von der Art, dass sie spannungsfrei gelöst werden könnten, weil Problemlösungen typischerweise neue Probleme erzeugen.

Die bürgerliche Familie beispielsweise transformiert, glaubt man der in Hegels Rechtsphilosophie entwickelten Familientheorie,[12] die traditional-patriarchale Familie in Richtung einer Verwirklichung von Freiheit in einer Institution, in der Bindung und Unabhängigkeit miteinander vereinbar werden oder in der die individuellen Triebbedürfnisse als »geistige« gelebt und die »flüchtige Neigung« als Moment von Sittlichkeit stabilisiert werden kann.[13] Sofern aber ebendiese Familienformation, so die feministische Kritik, selbst patriarchal bleibt, die Autonomie ihrer weiblichen Mitglieder untergräbt und auf einem falschen Dualismus zwischen Natur und Geist, Besonderem und Allgemeinem, der (angeblich) gefühlsbetonten Natur der Frau und der (angeblich) auf Allgemeinheit zielenden Vernunft des männlichen Prinzips beruht, gerät sie aufgrund des von ihr selbst geschaffenen Konfliktpotenzials, aber auch einer sich um sie herum erneut verändernden Welt (zum Beispiel der veränderten Arbeitswelt) unter Druck und in vielfältige Krisen. Die unter diesen Bedingungen erfolgende Neubestimmung der Geschlechterverhältnisse und die Öffnung der Familie für andere als heterosexuelle Orientierungen sowie für polyamouröse Experimente lassen sich als

12 G.W.F. Hegel, *Grundlinien der Philosophie des Rechts*, in: ders., *Werke in zwanzig Bänden*, Frankfurt/M. 1986, Bd. 7, S. 307-338.

13 So Frederick Neuhouser, *Foundations of Hegel's Social Theory. Actualizing Freedom*, Cambridge (Mass.) 2000, S. 65.

Reaktionen auf diesen Druck und die sichtbar gewordenen Defizite des klassischen familiären Modells auffassen.

Von Lebensformen als *Instanzen* der Problemlösung spreche ich, um kein intentionalistisches Missverständnis aufkommen zu lassen. Dass Lebensformen Probleme lösen, soll nicht bedeuten, dass es sich bei ihnen um Subjekte mit Absichten und Handlungsvermögen handelt. Wie oben (in Kapitel 3) behauptet, handelt es sich vielmehr um überindividuelle Handlungsmuster und soziale Strukturen, die Handlungsmöglichkeiten für Akteur:innen ebenso bereitstellen wie beschränken. Da es aber gleichzeitig soziale Akteure sind, die in ihren praktischen Lebensvollzügen ebenjene Praxiszusammenhänge zwar nicht »produzieren« (wie es bei Marx heißt: Menschen »produzieren ihr Leben«), aber eben doch miterzeugen und reproduzieren, sind die Subjekte als aktives Element natürlich an beidem, dem Entstehen wie dem Vergehen sozialer Praktiken und Praxiszusammenhänge beteiligt.

Probleme zweiter Ordnung

Bei den Problemen, mit denen es Lebensformen als Lebensformen zu tun haben und in Bezug auf die sich die Frage nach dem Fortschritt überhaupt stellen kann, handelt es sich nun typischerweise um *Probleme zweiter Ordnung*. Damit sind Probleme in Bezug auf die konzeptionell-kulturellen Ressourcen gemeint, die einer Lebensform zur Verfügung stehen, um Probleme erster Ordnung zu lösen. Nehmen wir zum Beispiel eine agrarisch geprägte Gesellschaft, die von einer Hungersnot heimgesucht wird, weil es seit Monaten nicht geregnet hat. Der Nahrungsmangel ist klarerweise ein Problem erster Ordnung für die Reproduktion dieser Gesellschaft: Menschen verhungern. Ein Problem *zweiter Ordnung* liegt dagegen vor, wenn sich herausstellt, dass die Gesellschaft aus irgendeinem Grund nicht in der Lage ist, auf dieses Problem erster Ordnung mit angemessenen Maßnahmen zu reagieren. Probleme zweiter Ordnung betreffen also nicht den unmittelbar entstandenen Mangel, sondern die Praktiken und Institutionen, das heißt die sozialen Ressourcen, die es möglich (oder eben unmöglich) machen, auf diesen zu reagieren. Sollten Dürreperioden ein regelmäßiges Vorkommnis sein, die Gesellschaft aber dennoch nicht mit entsprechenden Maßnahmen – wie dem Bau von Speicherhäusern – reagiert, so ist diese Reaktionsunfähigkeit ein Problem zweiter Ordnung.

Ist bereits der Klimawandel menschengemacht, so ist die Unfähigkeit, auf diesen zu reagieren, sind die Lernblockaden und strukturellen Hemmnisse, die sich der rationalen Auseinandersetzung mit dem Problem entgegenstellen, ein Problem zweiter Ordnung. Möglicherweise stellt sich die infrage stehende Gesellschaft dem Problem nicht oder leugnet es; es mag sich auch herausstellen, dass dies mit einer unzulänglichen Vorstellung von Naturvorgängen zu tun hat oder gar mit der Vorstellung, dass Verhungern als Strafe Gottes hinzunehmen sei. Wenn zum Beispiel der Gouverneur von Utah im Jahre 2022 die Menschen dazu aufruft, gegen die menschengemachte Austrocknung des Colorado Rivers zu beten, kann man sicherlich von einem Problem zweiter Ordnung sprechen.[14] Ein weiteres Beispiel wäre eine Gesellschaft, die zwar das Potenzial zur Lösung einer Krise hätte – wie dies bei den selbstinduzierten Versorgungskrisen einer global entwickelten Weltwirtschaft nicht selten der Fall ist –, nicht aber den (politischen) Willen, bestimmten ökonomischen und ökologischen Dynamiken entgegenzutreten. Verfestigen sich Probleme oder Krisen zweiter Ordnung, so ist das stets ein Indiz dafür, dass die Lebensform selbst ein Problem hat: dass etablierte Institutionen, Praktiken, Überzeugungen und Selbstverständnisse jener Gesellschaft fraglich und dysfunktional werden. Sie stehen vor einer Lernblockade.

Und da Problemwahrnehmungen selbst von den normativen Erwartungen geprägt sind, die von einer institutionellen Ordnung sowohl ausgehen als auch an sie gerichtet sind – siehe die gerade skizzierten Möglichkeiten, eine Hungersnot oder den Klimawandel zu

14 Ich entnehme dieses Beispiel einer Folge von *Last Week Tonight with John Oliver*, siehe ⟨https://www.youtube.com/watch?v=jtxewXUVbQ&t=1081s⟩, letzter Zugriff 24.5.2023, und danke Jan von Dick für den Hinweis darauf.

deuten oder zu leugnen –, geraten Lebensformen in Krisen aufgrund von normativ vordefinierten Situationsbeschreibungen. Krisen, in die Lebensformen geraten und durch die sie über sich hinausgetrieben und zur Transformation geführt werden können, sind also immer schon *auch* normative Krisen.

Fortschritt als reflexive Problemlösung

Wenn also Lebensformen Problemlösungsinstanzen in diesem Sinne sind, dann ändern sie sich genau dann, wenn sie mit neuen Problemlagen oder Krisen, etwa mit Erosionserscheinungen der existierenden sozialen Praktiken und Institutionen konfrontiert sind, die sie, wie Thomas Kuhn es ausdrückt, teilweise selbst miterzeugt haben. Krisen- und Erosionserscheinungen – *Probleme* – einer sozialen Ordnung können dabei ganz unterschiedliche Ursachen haben. Es gibt Fälle, in denen eine soziale Formation durch äußere Ursachen oder die Konfrontation mit neuen Gegebenheiten, neuen technologischen Entwicklungen oder anderen sozialen Lebensformen in eine Krise gerät, zu deren Überwindung sie keine materiellen, sozialen oder moralischen Ressourcen hat. Soziale Praktiken und Institutionen können aber auch durch immanent entstandene Widersprüche in Schwierigkeiten geraten oder erodieren. Nehmen wir zum Beispiel eine Gesellschaft, die auf Fürsorge und Pflegeleistungen angewiesen ist, aber deren Verfügbarkeit systematisch untergräbt. Ganze soziale Ordnungen können dann sowohl dysfunktional werden als auch einen Legitimitätsverlust erleiden, der gegebenenfalls zu spontan ausbrechenden Konflikten führt.

Für die Frage nach dem Fortschritt ist nun folgender Punkt entscheidend: Zu Fortschritt oder Regression kommt es dort, wo Lebensformen mit Problemen zweiter Ordnung konfrontiert sind – und diese entweder bewältigen können (Fortschritt) oder eben nicht (Regression). Ich hatte oben bereits gesagt, dass Lebensformen durchgängig vor Problemen stehen, sich in einer fortschreitenden Problemlösungsdynamik befinden. Ob sie *fortschrittlich* sind oder nicht, entscheidet sich dabei aber eben nicht an der Frage, ob sie die diese auslösenden Probleme erster Ordnung lösen, sondern ob sie Probleme zweiter Ordnung lösen können: ob sie also über die dazu erforderlichen institutionellen Ressourcen und Möglichkeiten der Initiierung von Reflexions- und Problemlösungsprozessen verfügen. Die Frage ist also nicht, ob sie faktisch – manchmal oder häufiger – Probleme lösen, und noch nicht einmal nur, ob sie – manchmal oder häufiger – lernen. Die Frage ist, *ob sie gelernt haben, zu lernen.* Sozialer Fortschritt bedeutet dann vor allem einen reflexiven Fortschritt hinsichtlich von Problemlösungskompetenzen.

Und noch eine zweite Konsequenz meiner Darstellung lässt sich für das Fortschrittsverständnis produktiv machen: Sind es ganz unterschiedliche Probleme, die innerhalb einer gesellschaftlichen Lebensform gelöst werden müssen – technische Probleme, Probleme des Wissens, Probleme des Zusammenlebens, politische oder soziale Probleme –, so lässt sich auf der Ebene der Problemlösungspotenziale zweiter Ordnung auch der Zusammenhang und das Passungsverhältnis zwischen den verschiedenen Dimensionen des Fortschritts fassen. Technologisch fortschreitende Problemlösung zum Beispiel bedeutet keinen Fortschritt, wenn sie nicht mit den anderen Dimensionen des Sozialen, den Auswirkungen auf diese und den eventuellen Nebenfolgen zusammengedacht und kommensurabel gemacht werden kann. Ökonomische Problemlösungen – die Logik der Verwertung – können dann zum Beispiel Problemlösungen im Sozialen verhindern. Auf der Ebene der Probleme zweiter Ordnung sind das aber nicht zwei getrennte Aspekte. Ein Fortschritt in der Produktivkraftentwicklung, der den Individuen, aber auch der Welt »nicht gut anschlägt« (um die Formulierung Walter Benjamins noch einmal zu zitieren), ist eben keiner. Damit wird Fortschritt zu einer Metakategorie sozialen Wandels; die Frage, ob ein sozialer Wandel fortschrittlich oder regressiv ist, entscheidet sich dann nicht zuletzt an der Integration ebenjener Momente.

Das Bild, das sich bisher ergeben hat, sieht folgendermaßen aus: Lebensformen ändern sich (im Normalmodus) ständig, einfach weil sie immer wieder mit neuen Situationen und Adaptionserfordernissen konfrontiert sind. Das sind die normalen Problemlösungsprozesse, die die beständige Dynamik des Sozialen ausmachen und an denen die Individuen in ihrer Reartikulation und Aneignung von Praktiken auf die eine oder andere Weise teilhaben. Im Verlauf dieses (normalen) Problemlösungsprozesses geraten sie aber manchmal in Situationen, die sie zu radikaleren Änderungen nötigen. Das ist dann der Fall, wenn das Bezugssystem, innerhalb dessen Probleme normalerweise gelöst werden, seinerseits problematisch geworden ist. Der Problemlösungsprozess ist dann in der *Krise*, Alasdair MacIntyre würde sagen: in einer epistemologischen Krise, die radikale Paradigmenwechsel einleiten kann. Krisen sind also etwas anderes als dringlichere oder irgendwie »größere« Probleme. Sie sind ein Indikator dafür, dass die Art und Weise, in der üblicherweise Probleme sowohl verstanden als auch gelöst werden, nicht mehr funktioniert, und ein Indikator dafür, dass eine dysfunktional gewordene Situation sich auf eine Entscheidung hin zuspitzt.

Die Rede vom Widerspruch enthält nun weitere und durchaus anspruchsvolle Implikationen. Besteht ein logischer Widerspruch (klassischerweise) zwischen zwei unvereinbaren Aussagen, so sind gesellschaftlich induzierte *praktische* Widersprüche solche, bei denen ein Set sozialer Praktiken so verfasst ist, dass es sich selbst untergräbt, sein Funktionieren systematisch unmöglich macht. Widersprüche sind systematisch und intern erzeugt. Sie treten nicht von außen und zufällig an eine soziale Formation heran, sondern sind in der Funktionsweise der entsprechenden Formation selbst angelegt, sind also gewissermaßen gleichzeitig Bedingung ihres Funktionierens wie ihres Nichtfunktionierens. Widersprüche sind also Probleme, die systematisch in einer gegebenen sozialen Formation liegen, von dieser selbst erzeugt und in ihr nicht lösbar sind, deren Aufhebung somit nur in der (radikalen) Transformation der entsprechenden Formation bestehen kann.

Krise und Konflikt

Was unterscheidet nun Krisen, Widersprüche und Probleme von *Konflikten*? Ersteren ist gemeinsam, dass sie auf eine Art von *Dysfunktionalität* verweisen. Ein Konflikt dagegen ist ein Antagonismus, eine mehr oder weniger scharfe Uneinigkeit zweier oder mehrerer Parteien über eine Sache. In diesem Sinne sind Krisen und Probleme »objektiv« (und also ein passives Element), eben weil sie eine Dysfunktionalität oder Handlungsblockade aufseiten der Dinge anzeigen, Konflikte hingegen »subjektiv« (und damit das aktive Element), weil sie eine solche Situation zum Entscheidungsgegenstand innerhalb eines Feldes von Handlungsoptionen und Konfliktparteien machen. Wichtig ist nun, sich klarzumachen, dass es sowohl Uneinigkeit über das gibt, was ein Problem, ein Widerspruch oder eine Krise *ist*, als auch Uneinigkeit über das, was sie *löst*. Der dadurch entstehende Konflikt schlägt im Krisenfall auf die Ebene der Deutung des Deutungssystems, des Paradigmas durch. Um eines meiner Beispiele aufzugreifen: Dem Gouverneur von Utah, der zum Beten gegen die Austrocknung des Flusses aufruft, ist der Gedanke, dass es sich hierbei um einen defizienten Problemlösungsmechanismus zweiter Ordnung handelt, aller Voraussicht nach völlig fremd.

Die pragmatistisch-materialistische Perspektive, die ich mithilfe des Theorems von den Lebensformen als Problemlösungsinstanzen aufgespannt habe, legte zunächst eine recht robuste Antwort auf das Fortschrittsproblem nahe. Versteht man die Dynamik sozialen Wandels als Resultat von Widersprüchen, Krisen und Konflikten, von denen soziale Formationen gezeichnet sind, aber auch – weniger dramatisch – von einfachen Aufgaben und Problemen, vor denen sie stehen, dann bemisst sich die Fortschrittlichkeit einer Entwicklung mutmaßlich daran, ob sie Lösungen zur Behebung der jeweils entstandenen Problemlage bereitstellt. Ein Entwicklungsschritt, der das entstandene Problem löst, dürfte dann *ein Fortschritt* oder *fortschrittlich* genannt werden. Wie wir gesehen haben, würde eine solche Antwort das Problem aber lediglich verschieben: Wie nämlich entscheidet sich (und wer entscheidet), was ein Problem ist? Anhand welcher Kriterien erkennt man eine gelingende Lösung?

In vielen Fällen ist ja, das zeigt schon ein Blick auf die gesellschaftspolitischen Auseinandersetzungen der letzten Jahre, durchaus umstritten, *ob* etwas ein Problem oder gar eine Krise ist. War die sogenannte Flüchtlingskrise des Sommers 2015 wirklich eine Krise – und wenn ja, in welcher Hinsicht? Besteht das Problem darin, dass verfolgte Menschen, deren Leben in ihrer Heimat aus verschiedensten Gründen bedroht oder für sie nicht mehr lebenswert ist, nach Europa fliehen, oder darin, dass dieser Vorgang rechtspopulistischen Bewegungen den Vorwand liefert, den gesellschaftlichen Diskurs ins Rechtsautoritäre zu wenden und Fantasien eines vermeintlichen »Bevölkerungsaustausches« zu verbreiten? Es ist offensichtlich, dass hier bereits die Problembeschreibung kontrovers ist. Noch mehr muss das für die Möglichkeiten einer Lösung gelten. Wäre die Krise gelöst, wenn die Grenzen Europas abgeschottet wären und niemand mehr ins Land käme? Ist sie lösbar durch den Bau von Mauern? Oder ist sie erst gelöst, wenn Geflüchtete in der EU eine sichere Heimstatt gefunden und als Mitbürger:innen politisch und gesellschaftlich eine Stimme haben? Nicht nur gibt es hier unterschiedliche Auffassungen. Es gibt auch nicht zu unterschätzende Interessenkonflikte. Die Krisen- oder Problemwahrnehmung hängt auch davon ab, *für wen* eine bestimmte Situation eigentlich eine Krise oder ein Problem ist. Wenn, um ein anderes Beispiel zu wählen, die sozialstaatlichen Integrations- und Sicherungsmechanismen versagen, so ist das sicherlich nachteilig oder sogar katastrophal für diejenigen, die auf eine bezahlbare öffentliche Infrastruktur, auf Kranken- und Sozialversicherung und frei zugängliche Bildung angewiesen sind. Aber warum sollte es sich um eine Krise handeln, gar um eine umfassende Krise gesellschaftlicher Integration, und nicht etwa um die neoliberale Freilegung individueller Leistungspotenziale? Hohe Arbeitslosenzahlen stellen für die einen eine dramatische Krise gesellschaftlicher Integration dar, für andere aber ist das Anwachsen einer »industriellen Reservearmee« (Marx) oder die »Produktion« von Prekarität eine willkommene Gelegenheit, Lohnkosten zu drücken oder soziale Mindeststandards weiter zu senken. Krisen sind also nicht nur selbst normativ verfasst (also Krisen des Normativen), auch die Beschreibung von etwas *als* Krise ist eine normativ konfigurierte Beschreibung, die auf einer umfassenden Bewertung einer Situation aufruht und diese anleitet.

4.3 Stabilität und Instabilität sozialer Formationen

Der hier versuchten Beschreibung von sozialem Wandel liegt eine Auffassung zugrunde, die nicht ganz selbstverständlich ist: dass wir es bei sozialen Formationen und Lebensformen mit immer schon dynamischen Gebilden zu tun haben. Soziale Veränderungen sind dann immer Veränderungen innerhalb einer sich schon vollziehenden Veränderung. Revolutionäres und progressives Veränderungshandeln greift diese Veränderungsprozesse auf und in sie ein, und manchmal lenkt es diese Prozesse. Statt zu fragen, wie sich die offenkundig so stabilen Strukturen (an die die Individuen aus verschiedenen Gründen gebunden sind) ändern lassen, fragt man dann, *wie man das Sich-Ändern ändern kann.*

Veränderung

Veränderung ist nämlich immer. Die Veränderung unserer sozialen Welt setzt sich aus unzähligen umfassenderen und weniger umfassenden, radikalen und weniger radikalen, intendierten und nichtintendierten Veränderungen zusammen. Manche davon passieren ohne unser Zutun, manche sind Ergebnis umfassender Pläne oder Strategien. Einige Veränderungen betreffen nur bestimmte Aspekte des Alltagslebens, andere die politische oder ökonomische Verfasstheit einer ganzen Gesellschaft. Manche Veränderungen passieren rasant und in ereignishafter Zuspitzung (wie der Sturz des Schah-Regimes 1979 oder der Zusammenbruch der DDR 1989 und der Anschluss an die Bundesrepublik im darauffolgenden Jahr), manche überraschend schnell (wie die Durchsetzung des PCs oder des Smartphones oder der Durchbruch der #MeToo-Bewegung); andere wiederum vollziehen sich schleichend, fast unmerklich (wie die Kommerzialisierung des Gesundheitswesens). Manche Veränderungen sind umfassend und radikal, wie die angeführten politischen Systemwechsel oder auch die Digitalisierung, die ja eine radikale Transformation der Gesellschaft, der Arbeits- wie der Lebenswelt mit sich bringt. Andere betreffen nur Mikropraktiken oder Teilbereiche des sozialen Lebens. Aber selbst diese hängen häufig mit den umfassenderen Veränderungen zusammen, sind von diesen angestoßen oder kumulieren zu solchen. Man sieht das an einem auf den ersten Blick unschuldigen Beispiel, der Veränderung von Ernährungsgewohnheiten (in den privilegierten Gegenden des globalen Nordens und speziell in Deutschland):

> Auf wenigen Lebensgebieten sind wir in den letzten Jahren Zeugen so umfassender Gewohnheitsänderungen geworden wie auf dem der Ernährung. Die Älteren erinnern sich noch an eine Welt, in der es hierzulande weder Avocados noch Papayas, selten Erdnussbutter, aber auch kaum mehr Pastinaken und Petersilienwurzeln gab. In den späten Sechzigerjahren konnte man noch Leute treffen, die noch nie Nudeln gegessen hatten. Heute unterscheiden wir Spaghetti, Spaghettoni und Spaghettini.[15]

Es geht hier um Mikropraktiken des Alltags: darum, was wir einkaufen, kochen, essen. Dabei sind, wie allgemein bekannt, Essgewohnheiten nicht nur Ausdruck ökonomischer Lagen und lokaler Gewohnheiten, sondern auch durchzogen von sozialen Distinktionen. In schnellem Wandel werden hier Veränderungen diktiert. Waren im Deutschland der 1970er Jahre Tiefkühlkost und Schnellrestaurants noch die moderne Lösung des Ernährungsproblems für Dop-

15 Jürgen Kaube, »Und, schmeckt's?«, in: *Frankfurter Allgemeine Zeitung*, 27.4.2023, S. 9.

pelverdienerfamilien, wurden sie schon zwei Jahrzehnte später als »Unterklassenessen« denunziert. Und wo die Pastinake einmal ausgestorben gewesen sein mag, fehlt sie heute auf keinem großstädtischen Biomarkt mehr, während die Avocado nicht nur allgemein eingemeindet, sondern sogar zum Superfood deklariert worden ist. »Spaghetti« wiederum ist vermutlich die häufigste Antwort auf die Frage nach dem liebsten deutschen Nationalgericht. Veränderungen dieser Art sind nun trotz ihrer Schnelllebigkeit nicht nur Moden, sie sind Ausdruck umfassenderer gesellschaftlicher und ökonomischer Veränderungen: der Globalisierung des Warenverkehrs, der Internationalisierung des Verkehrs, der Ausbreitung eines gewissen Wohlstands im Deutschland der Nachkriegszeit und der sozialen Auswirkungen von Migration und Tourismus.

Die so unschuldig daherkommenden diesbezüglichen Veränderungen sind dabei – jedenfalls in modernen kapitalistischen Gesellschaften mit ausgeprägter gemeinsamer Infrastruktur – stets auch Resultat ökonomischer Prozesse und agrarpolitischer Entscheidungen. Dass Fleisch vom sonntäglichen Ausnahmeessen zum täglich konsumierten und unverzichtbar scheinenden Billigangebot werden konnte, ist klarerweise keine naturwüchsige Entwicklung, sondern Resultat entschiedener politischer Förderung dieses Sektors.[16] Sind nun die hier beschriebenen Veränderungen Ausdruck umfassenderer Veränderungen, so stoßen sie umgekehrt auch solche an. Zweifelsohne haben die Ernährungsgewohnheiten der reichen Länder Einfluss auf die Welternährungslage und das Klima, am Beispiel des Fleischkonsums ist das ja viel diskutiert; das betrifft noch die ausdrücklich ernährungsbewussten Segmente des Konsums, insoweit der weltweit rapide ansteigende Quinoa-Konsum ganze Landstriche in Peru hat austrocknen lassen.

16 Vgl. dazu Niklaus Geyrhalters Dokumentarfilm *Unser täglich Brot* (A 2006).

Schwerfälligkeit von Gewohnheiten und Stabilität sozialer Strukturen

In Kapitel 3 habe ich soziale Lebensformen, um deren Stabilität beziehungsweise Instabilität es hier ja geht, als *träge* Ensembles von Praktiken beschrieben. Praktiken sind zwar von Menschen gemacht, sie stehen den Akteuren aber nicht vollständig zur Verfügung. Sie bedingen und ermöglichen ihr Handeln, sind das Muster, in dem es sich vollzieht. Zum Vollzug von Praktiken gehört, so hatte ich gesagt, ein habituelles Moment – und Gewohnheiten können hartnäckig sein. Soziale Praktiken ändern sich also nicht so leicht wie Meinungen und Überzeugungen. In eine Lebensform tritt man nicht ein wie in einen Fußballverein. Anders ausgedrückt: In den Fußballverein kann man mittels Beitrittserklärung eintreten. In die mit diesem verbundene Lebensform hingegen, in das dichte Geflecht von Üblichkeiten, Prioritäten und Deutungsmustern, das sie ausmacht, wird man hineinsozialisiert oder eingeübt, ohne dass man dabei immer weiß, was man tut. Diese Muster schreiben sich auch in die Körper und die Körperwahrnehmungen ein. Iris Marion Youngs bahnbrechender Aufsatz »Werfen wie ein Mädchen«[17] führt in diesem Sinne eindrücklich vor, wie die weiblichen Rollenzuschreibungen das Raum- und Körperverhältnis bestimmen. Entsprechend schwierig kann es sein, die damit gesetzten Muster zu durchbrechen, nicht umsonst setzen Emanzipationsbewegungen regelmäßig beim Explizitmachen solcher impliziten Muster und Einschreibungen an.

Zur Trägheit und damit Stabilität sozialer Strukturen oder gesellschaftlicher Gefüge (im Sinne einer Veränderungsresistenz) trägt aber auch die beschriebene Komplexität der Ensemblestruktur bei. Jede einzelne soziale Praxis ist verflochten mit vielen anderen, braucht die anderen, um selbst zu bestehen, verweist auf die anderen. Kom-

17 Iris Marion Young, *Werfen wie ein Mädchen. Ein Essay über weibliches Körperbewusstsein*, Ditzingen 2020.

plexe soziale Strukturen weisen den Akteuren Orte und Weisen des Verhaltens innerhalb der Struktur zu, von denen nicht einfachhin Abstand genommen werden kann. Wenn Praktiken einander stabilisieren oder sogar in einem funktionalen Verhältnis zueinander stehen, kann man aus dem einen nicht ausbrechen, ohne das andere mit einzureißen. Praxiszusammenhänge sind also in mancher Hinsicht fest verankert und schwer beweglich – das ist ein Moment des Beharrens, dem auf der Seite der Individuen ein Moment der (auch affektiven und manchmal ideologisch verursachten) Bindung entspricht. Progressiver oder emanzipatorischer sozialer Wandel stellt sich dann manchmal dar wie das Abschütteln oder Sich-Abtrainieren einer lästigen Gewohnheit, gelegentlich mittels Gegenpraktiken.[18] Aber das ist ein irreführendes Bild. Verändert die soziale Welt sich ständig, so verändern wir auch unsere Gewohnheiten permanent, eben weil sich die Welt, in der wir diese ausbilden, verändert, das heißt die praktischen Funktionszusammenhänge, in denen sie wirken.

Um noch einmal auf das Beispiel der Ernährung zurückzukommen: Es sind ja nicht nur Konsumgewohnheiten (und schon gar nicht individuelle), die zum Austrocknen der Landstriche in Peru führen, sondern weitreichende ökonomische Rahmenbedingungen. Nicht der Konsum, sondern der vermehrte Anbau lässt Peru austrocknen und dieser wird nicht nur durch die Nachfrage an sich angetrieben, sondern auch dadurch, dass einerseits Regulierungen vor Ort fehlen und andererseits Profitinteressen und/oder der Mangel an ökonomisch tragbaren Alternativen den Anbau immer weiter anwachsen lassen. Die ökonomisch induzierte Veränderung, die zur Ausweitung des Fleisch-, Quinoa- und Avocadokonsums geführt hat, wird zum Problem zweiter Ordnung, wenn sie es verhindert, dass auf die ökologischen Grenzen dieser Art von Landwirtschaft geachtet wird.

18 Vgl. hierzu Sally Haslanger, »What is a Social Practice?« in: *Royal Institute of Philosophy Supplements* 82 (2018), S. 231-247.

Das führt zu Fragen hinsichtlich der Probleme zweiter Ordnung und der Art von Blockaden, mit denen wir es zu tun haben. Warum gelingt es den lokalen und der globalen Gesellschaft nicht, die hier auftretenden Probleme erster Ordnung (Dürre, ausgelöst durch Übernutzung) zu lösen? Liegt es am Rechtssystem, das keine Rechte der Natur vorsieht? Liegt es am ökonomischen System, das die Externalisierung von Kosten erlaubt? Liegt es am Kapitalismus mit seiner Profit- und Wachstumslogik? Das sind Problematisierungen auf der zweiten Stufe (der Frage nach den Ressourcen einer Gesellschaft für die Lösung ihrer Probleme), die unterschiedliche und unterschiedlich weitreichende Antworten erfahren mögen. Die hier beschriebene Situation und die zur Verfügung stehenden Ressourcen stellen das »passive Element« dar, also diejenigen Verhältnisse, die den Ausgangspunkt bilden, von dem aus die Menschen ihre Lebensverhältnisse thematisieren und verändern, die Situation, in der sie weltweit um ihr Leben kämpfen (müssen).

4.4 Von der Krise zum Konflikt

Nimmt man das von mir beschriebene Krisengeschehen als Ausgangspunkt sozialen Wandels, so erscheint die Verwicklung des aktiven und des passiven Elements noch einmal in einem anderen Licht. Sind die Erosion der alten Ordnung(en), die Krise(n), in die diese geraten, das passive Element und ist der Umstand, dass die Menschen »nicht mehr wollen« und die Macht ergreifen (oder in weniger heroischen Fällen: Praktiken aufgeben oder verändern), das aktive, so sind beide insofern miteinander verschlungen, als das Nicht-mehr-Wollen der Menschen gerade das ist, was die Verhältnisse dysfunktional macht. Und umgekehrt: Die Menschen wollen (auch) deshalb nicht mehr, weil die Verhältnisse dysfunktional sind. Das Alte verliert seine Legitimation und seine soziale Bindekraft, weil es nicht mehr funktioniert, und es funktioniert nicht mehr, weil es seine Legitimation verloren hat. Faktische Veränderungsprozesse werden dann graduell in einem Spektrum zwischen der aktiven und der passiven Seite auftreten. Manchmal reagieren soziale Akteure (eher) auf die Krise, manchmal lösen sie diese (eher) aus.

Habe ich bisher den Fokus auf die passiven Bedingungen für den sozialen Wandel und die Seite der (objektiven) Krisen gelegt, so wird nun das aktive Moment zum Thema. Wir haben anhand des moralischen Fortschritts gesehen, dass es hier nicht einfach um den Bewusstseinswandel von Individuen geht, sondern um die Transformation von sozialen Praxisgefügen, sozialen Strukturen oder Lebensformen. Die Geschichte sozialen Fortschritts zeigt zudem, dass Fortschritt nicht von wohlmeinenden Menschen, die in Lernprozessen und durch den höflichen Austausch von Argumenten ihre Überzeugungen geändert haben, gewährt wird. In den meisten Fällen wird er durch soziale Bewegungen erkämpft. Diese Kämpfe sind mal mehr, mal weniger heftig; sie sind mal mehr, mal weniger radikal; sie sind mal mehr, mal weniger erfolgreich. Oft sind sie zäh, sind die Widerstände massiv und die »Mühen der Ebene« (Brecht) selbst nach errungenen Siegen nicht zu unterschätzen. In manchen historischen Momenten – Revolutionen – beschleunigen und verdichten sich die Ereignisse. Andere Transformationen nehmen einen ruhigeren Verlauf. Manche sozialen Kämpfe sind umfassend oder zielen auf umfassende Veränderungen, manche adressieren bewusst Teilbereiche; und nicht selten gibt es unter den Akteur:innen Auseinandersetzungen darüber, welche Ansätze und Angriffspunkte die richtigen, ausreichend umfassenden und insofern ausreichend radikalen sind. In den Worten von Martin Luther King: Es geht darum, »eine derartige Krise zu schaffen und eine derartige Spannung zu erzeugen, daß eine Gemeinschaft, die sich stets geweigert hat zu verhandeln, gezwungen ist, sich dem Thema zu stellen«.[19] Anders gesagt: Beruht sozialer Wandel einerseits auf Krisen, so sind andererseits für diesen ebenjene Prozesse entscheidend, in deren Verlauf Krisen zum Konflikt gemacht werden können.

19 Martin Luther King, »Brief aus dem Gefängnis von Birmingham«, in: ders., *Warum wir nicht warten können*, Berlin 1969, S. 93-121, hier S. 98 (Übersetzung angepasst).

Diese Spannung zwischen aktivem und passivem Element sozialer Veränderungsprozesse bis hin zur sozialen Revolution konzeptualisiert zu haben, ist nicht das geringste Verdienst von Marx' Theorie. Die in seinem Werk nicht aufgelöste Spannung zwischen der Produktion der in diesem Sinne passiven Bedingungen für die Revolution entlang der Strukturanalyse der materialistisch gewendeten Geschichtsphilosophie und dem Klassenkampf, in dem diese Bedingungen von einem selbstbewusst sich artikulierenden Kollektivsubjekt zugespitzt und ihre Veränderung von diesem politisch erkämpft werden, lässt sich historisch in immer wieder wechselnden Verhältnisbestimmungen nachvollziehen. Es ist dieselbe Spannung, die wir in Hegels Philosophie der Geschichte, in seinen Überlegungen zum »weltgeschichtlichen Individuum« finden. Auch dessen Rolle ist ja umstritten und auch hier ist das Verhältnis zwischen der Tatkraft des welthistorischen Individuums und den Bedingungen, unter denen diese Taten Wirklichkeit werden können, beziehungsweise das Verhältnis zwischen dem weltgeschichtlichen Individuum als heroisch Handelndem und seiner Beschreibung als demjenigen, der nur realisiert, was »an der Zeit ist«, spannungsreich:

> Dies sind die großen Menschen in der Geschichte, deren eigne partikulare Zwecke das Substantielle enthalten, welches Wille des Weltgeistes ist. [...] Solche Individuen hatten in diesen ihren Zwecken nicht das Bewußtsein der Idee überhaupt, sondern sie waren praktische und politische Menschen. Aber zugleich waren sie denkende, die die Einsicht hatten von dem, was Not und was an der Zeit ist. Das ist eben die Wahrheit ihrer Zeit und ihrer Welt, sozusagen die nächste Gattung, die im Innern bereits vorhanden war. Ihre Sache war es, dies Allgemeine, die notwendige nächste Stufe ihrer Welt zu wissen, diese sich zum Zwecke zu machen und ihre Energie in dieselbe zu legen. Die welthistorischen Menschen, die Heroen einer Zeit, sind darum als die

> Einsichtigen anzuerkennen; ihre Handlungen, ihre Reden, sind das Beste der Zeit.[20]

Die welthistorischen Individuen haben für den von Hegel beschriebenen Geschichtsprozess eine durchaus doppeldeutige Rolle, die derjenigen vergleichbar ist, die Marx dem Proletariat zuschreibt: Als gewissermaßen »Geschäftsführer des Weltgeistes« sind sie diejenigen Akteure, die handelnd alte Zustände überwinden und neue Bedingungen setzen, sie sind die das Neue schaffenden Revolutionäre, genuin Handelnde. Gleichzeitig aber sind sie in dieser Rolle nur Erfüllungsgehilfen des Zeitgeistes, das heißt der historischen Situation, ebender »Wahrheit ihrer Zeit und ihrer Welt«. Das welthistorische Individuum handelt. Es handelt aber, weil es »die Einsicht [hat] von dem, was Not und was an der Zeit ist«, und es handelt entsprechend dieser Einsicht, indem es dem, was »im Innern bereits vorhanden war«, zum Durchbruch verhilft. Es reagiert also zugleich aktiv und passiv; es macht Geschichte, realisiert dabei aber die in dieser liegenden Tendenzen und Möglichkeiten. Was historisch geschieht, hängt dann vom (kontingenten) Auftreten der Individuen ab oder von der kämpferischen Entschiedenheit des von der »Klasse an sich« zur »Klasse für sich« gewordenen Proletariats. Zugleich aber hängt es offenbar nicht nur von ihnen ab, sondern auch von der historischen Situation, der weltgeschichtlichen Lage – und dabei nicht nur von gerade zufällig aufscheinenden Möglichkeiten (wie ein plötzlich auftretendes Machtvakuum den Anlass für eine Revolte liefern kann), sondern auch von systematisch angelegten Spannungen und Erosionserscheinungen in einem bestehenden sozialen und institutionellen Gefüge. Mit einem berühmten Zitat von Marx: »Die Menschen machen ihre eigene Geschichte, aber sie machen sie nicht aus freien Stücken unter selbstgewählten, sondern unter unmittelbar vorhandenen, gegebenen oder überlieferten Umständen.«[21]

20 G.W.F. Hegel, *Vorlesungen über die Philosophie der Geschichte*, in: ders., *Werke in zwanzig Bänden*, Frankfurt/M. 1986, Bd. 12, S. 45.

21 Karl Marx, *Der achtzehnte Brumaire des Louis Bonaparte*, hg. und mit einem Kommentar von Hauke Brunkhorst, Frankfurt/M. 2007.

Diese Spannung zwischen weltgeschichtlicher Freiheit und Determinierung lässt sich entschärfen, wenn man das Geschehen als Realisierung der in einer Situation liegenden Möglichkeiten und Potenziale interpretiert. Solche Möglichkeiten werden nicht immer realisiert, sondern können – wenn die Konstellation schlecht ist oder es an welthistorischen Individuen zu ihrer Realisierung fehlt – auch unrealisiert bleiben. Es handelt sich dann um im Laufe der Geschichte angelegte Potenziale, deren Realisierung in einem gegebenen Verlauf mit seiner Vorgeschichte und seinen Bedingungen zwar rational sein mag, aber nicht zwingend ist. Das welthistorische Individuum oder das maßgebliche politische Subjekt ist dann dasjenige, das faktisch zum richtigen Zeitpunkt das Richtige getan hat, das die Tendenzen seiner Zeit auf eine anschlussfähige Weise erfasst, kanalisiert und handelnd auf diese reagiert hat. Zwingend erscheint ein solcher Zug aber allenfalls retrospektiv.

Die Rede von der Möglichkeit (radikalen) sozialen Wandels kann jetzt dahingehend modifiziert werden, dass es jeweils mehrere Ressourcen und ein Vielfaches an Möglichkeiten geben kann, an die die »bestimmte« Antwort anzuknüpfen vermag. Analog zu der These, dass soziale Widersprüche sich qua Krisen zeigen und durch Konflikte sich erst als Widersprüche »realisieren«, lässt sich nun behaupten, dass die in einer erodierenden oder gar obsolet gewordenen Lebensform liegenden Ressourcen und Potenziale zu ihrer Überwindung und Erneuerung zu solchen erst im Moment der durch Krisen ausgelösten Transformation werden. Man sieht das in den Fällen, in denen krisenhafte Zustände einer Lebensform von gesellschaftlichen Gruppen zum Gegenstand einer offensiven Auseinandersetzung gemacht werden, wie Feminist:innen es im Fall der Vergewaltigung und revoltierende Sklav:innen und Abolitionist:innen es im Fall der Sklaverei getan haben.[22] Hier wird die Erosion gesell-

22 Vgl. dazu auch Elizabeth Anderson, *Social Movements, Experiments in Living, and Moral Progress. Case Studies from Britain's Abolition of Slavery*, Lawrence 2014.

schaftlicher Praktiken und Institutionen nicht mehr passiv erfahren, sondern mit Macht aktiv herbeigeführt.

Aus der hier gewählten Perspektive tragen soziale Konflikte und Kämpfe dazu bei, sozusagen den Aggregatzustand von möglicherweise latenten Krisen oder Erosionserscheinungen zu ändern. Entsprechend deutet sich aber auch ein Kriterium an, um nicht nur angemessene und unangemessene Problemlösungen, sondern auch angemessene und unangemessene – und das bedeutet: *progressive* oder *regressive* – soziale Kämpfe zu unterscheiden. Progressiv sind diejenigen Veränderungen, die auf Problemstellungen und Krisen angemessen reagieren, regressiv diejenigen, die von Erfahrungs- und Lernblockaden gezeichnet sind oder diese produzieren.

Diesen Gedanken werde ich in Kapitel 5 ausführen, in dem es um die Frage der Bewertung des sozialen Wandels *als Fortschritt* gehen wird. Aus meiner Darstellung sozialen Wandels als Problemlösungsprozess ergeben sich aber auch erste Resultate für die Frage der Entwicklungslogik.

4.5 *Roads not taken:* Entwicklungslogiken und Erfahrungsprozesse

Sozialer Wandel entsteht nicht aus dem Nichts, so hatte ich behauptet. Er ist *veranlasst* durch Verwerfungen aller Art. Aber wie, nach welcher (weiteren) Logik vollzieht er sich? Um hier einmal Trotzki mit seinen Überlegungen zur russischen Revolution zu zitieren:

> Die Geschehnisse können weder als Kette von Abenteuern betrachtet, noch auf den Faden einer vorgefassten Moral aufgezogen werden. Sie müssen ihrer eigenen Gesetzmäßigkeit gehorchen.[23]

Aber was ist »ihre eigene Gesetzmäßigkeit«? Und wie streng sind die Gesetze? Wie lässt sich die von mir in Anspruch genommene Logik

23 Leo Trotzki, *Geschichte der russischen Revolution*, Bd. 1, Berlin 1931, S. 1.

der Anreicherung, des Lernens, der Akkumulation von Erfahrung plausibilisieren? Und was unterscheidet sie von der Art von Entwicklungslogik, wie ich sie in der Einleitung problematisiert habe? Die hier zur Debatte stehende These lautet wie folgt: Das Neue (die neu entstandene soziale Praxis, Institution oder Formation und das neue Verständnis dieser Praktiken) ist das Ergebnis einer gerichteten Transformation innerhalb einer Konstellation, die sich aus den Widersprüchen und gestörten Passungsverhältnissen oder auch den Erosionserscheinungen der »alten Ordnung« ergibt. Während die außerordentlich anspruchsvolle, an der Logik praktischer Widersprüche orientierte Version dieser These in ihrer orthodoxen Fassung davon ausgeht, dass das Neue sich im Alten schon vorbereitet hat, also bereits in ihm enthalten ist, so dass der Widerspruch im Grunde seine Auflösung bereits in sich trägt, lässt sich der Zusammenhang auch loser fassen: als Problemlösungsgeschehen und offener Erfahrungsprozess.

In Lebensformen instanziieren sich, so hatte ich behauptet, Reaktionen auf Probleme. In ihnen sedimentieren sich dann aber auch immer *Problemlösungsgeschichten*, das heißt eine Abfolge von Problemen oder Krisen und deren (mehr oder weniger gelungener) Bewältigung, woraus sich die historisch nachfolgenden Problemstellungen ergeben. Damit wird eine *Folge von aufeinander aufbauenden Problemlösungen* unterstellt, dass wir es hier also mit Verhältnissen zu tun haben, die ihre jetzige Gestalt deshalb angenommen haben, weil sie aus etwas Früherem hervorgegangen sind und in diesem Aufeinanderfolgen oder Auseinanderhervorgehen auf die spezifischen Defizite der vorherigen Situation reagieren. Soziale Erfahrungen (die Erosion und Transformation sozialer Praktiken und Institutionen) folgen einander auf eine Weise, die konstruktiv, also sich anreichernd im Sinne des Lernens und der qualitativen Vertiefung von Erfahrung ist – oder eben destruktiv im Sinne der Blockade und Verarmung adäquater Erfahrungsmöglichkeiten und der Verhinderung von Lernen. Klarerweise suggeriert diese Annahme von Akkumulation beziehungsweise Verarmung, dass soziale Erfahrungen aufeinander reagieren oder aus- und aufeinander folgen. *Nicht* impliziert ist damit aber erstens, dass ein solcher Prozess ein definitives Ende oder Ziel haben muss, und zweitens, dass er sich nach teleologischem Muster entfaltet, so dass der Keim zum entfalteten Prozess bereits im Ausgangspunkt der Entwicklung enthalten wäre. Auch die prädefinierten Stadien der Entwicklung gehören so nicht zum Bild.

Das liegt auch daran, dass in Problemlösungsprozessen nicht immer sukzessive *ein und dasselbe* Problem gelöst wird, es geht also nicht um die immerwährende Arbeit an einem spezifischen Bündel *grundlegender und überzeitlicher* »Menschheitsprobleme«, die frühestens am Ende der Geschichte gelöst sein würden. Problemlösen ist ein freistehender Vorgang, den man nicht teleologisch nach dem Muster der Verwirklichung eines inhärenten Ziels des menschlichen Lebens verstehen kann. So wie sich Sinn nur im Vollzug ergibt, ergeben sich auch die Probleme, um deren Lösung es hier geht, im Vollzug und innerhalb einer komplexen Dynamik. Sie stellen sich immer wieder neu, ergeben sich teilweise aus vorangegangenen Problemlösungen und anhand von jeweils neuen Aufgaben und Problemen, mit denen wir praktisch konfrontiert sind. Dabei transformieren sich sukzessive nicht nur die Mittel zur Problemlösung, sondern auch die Ziele.[24]

Problemlösung ist damit ein fortschreitender, dynamischer Prozess, ein Lern- oder Erfahrungsprozess mit offenem Ausgang. Ein Problem stellt sich nicht ein Mal und ist dann gelöst; es stellt sich auch nicht als solches immer wieder und trifft auf immer neue Lösungsmöglichkeiten. Vielmehr ändern sich Probleme selbst mit und im Zuge ihrer Lösung. Nicht nur die Lösungen sind dann immer wieder neu, sondern eben auch die Probleme – und das nicht nur, weil von außen immer neue Anforderungen an eine gegebene soziale Formation gestellt werden, sondern auch weil diese Formation sich immanent entwickelt und Probleme auf immer höherem – vermitteltem – Niveau aufwirft.

Weil nun Probleme immer auch Resultate vorangehender Prob-

24 Siehe dazu Jaeggi, *Kritik von Lebensformen*, S. 261-276.

lemlösungen sind und weitere Probleme mit sich bringen und weil in der Problemlösung das Element menschlichen Handelns und damit des Neuen eine wichtige Rolle spielt, sind Problemlösungen nicht im Ganzen vorhersehbar. Probleme führen ihre Lösung nicht schon mit sich. Und weil Krisen zwar von einer immanenten Logik – der Logik praktischer Widersprüche – getrieben sein können, dabei aber auf unvorhersehbare Gegebenheiten und Bedingungen reagieren, kommt Kontingenz ins Spiel. Regression und Fortschritt – genauer gesagt: die Entwicklungslinien, in Bezug auf die man regressive von progressiven Verläufen unterscheiden kann – sind dann *kontingent, aber nicht beliebig.* Sie folgen (deflationiert betrachtet) einer Logik von aufeinander aufbauenden und sich voraussetzenden Möglichkeiten, die aber nicht (deterministisch gefasst) zwangsläufig zur Wirklichkeit werden müssen.

Eine schwache, mehrdimensionale Logik der Geschichte

Ein Hurrikan oder eine Dürreperiode kann den Sturz einer Regierung oder den Ausbruch einer Revolution befördern, der Reichtum an Ölreserven die Stabilität einer Regierung sichern. Und manchmal sind es historische Zufälle, die systemerschütternde Prozesse auslösen. Bekanntlich ist die Öffnung der Berliner Mauer im November 1989 durch die versehentliche Ansage Günther Schabowskis ins Werk gesetzt worden, die Mauer sei *ab sofort* offen, woraufhin die Menschen unreguliert – und ab diesem Moment auch nicht mehr aufhaltbar – über die Grenze nach Westberlin strömten.[25] Dennoch wäre es klarerweise falsch, zu behaupten, dass dieses und die folgenden Ereignisse nicht eingetreten wären, hätte Schabowski in genau

25 Tatsächlich war in diesem Moment die Reisefreiheit schon beschlossen, und sie wurde in der Annahme beschlossen, dass nur durch sie die immer stärker werdenden Proteste zu bändigen wären. Versehentlich war nur die sehr plötzliche Umsetzung, ohne die es die massiv sich beschleunigenden Ereignisse nicht gegeben hätte und durch die sich – eben weil es so plötzlich und so formlos vonstatten ging – der Eindruck der vollständigen Erosion der bestehenden Institutionen verstärkt hat.

diesem Moment und in genau dieser Situation seine Worte bedachter gewählt. Er war, so erbärmlich hilflos und bürokratisch er in diesem historischen Moment auch gewirkt haben mag, das Hegel'sche »weltgeschichtliche Individuum«, das Individuum, das handelt und das Neue schafft, das aber in seinem Handeln den Geist der Zeit realisiert, ihn zur Artikulation und Verwirklichung bringt.

Selbst wenn plötzliche und nicht zwingende *windows of opportunity* Ereignisse befördern können, so ist doch für jeden, der solche Prozesse radikalen und beschleunigten sozialen Wandels im Großen oder im Kleinen schon einmal miterlebt hat, offensichtlich, dass hier typischerweise eine Vielfalt von Momenten wirksam wird: *längerfristige* (ökonomische Probleme, Systemkonkurrenz, politische Verschiebungen in der Ära Gorbatschow), *mittelfristige* (der Druck durch die massenhafte Ausreisebewegung und die Montagsdemonstrationen) und sehr *kurzfristige* (die Unumkehrbarkeit der Situation nach Schabowskis Ankündigung, die dadurch entstand, dass die Menschen die Ankündigung wörtlich genommen haben und nicht auf die schwerfällige administrative Umsetzung warten wollten). Diese verschiedenen Momente können jeweils für sich eine stärkere oder schwächere innere Logik beanspruchen und auf vielfältige Weise zusammenspielen. Dass die Macht manchmal sozusagen auf der Straße liegt und ergriffen werden kann, bedeutet nicht, dass dies zu jedem beliebigen Zeitpunkt möglich wäre.

Weder also beruhte die sogenannte deutsche Wiedervereinigung auf einem Versehen, noch hätte sie zwingenderweise genau so verlaufen müssen, wie sie verlaufen ist. Es gibt Vorbedingungen dafür, dass bestimmte Möglichkeiten überhaupt erst entstehen, aber keine Notwendigkeit, dass eine bestimmte Möglichkeit Wirklichkeit wird. Es gibt also »roads not taken« und jeweils andere mögliche Verläufe auch dieser Geschichte. An welchen Abzweigungen der Weltgeschichte eine andere Lösung, in unserem Beispiel also Alternativen zum bloßen Beitritt, etwa eine Neukonstitution im Ganzen oder auch ein unabhängiger und in Wirtschafts- und Sozialordnung anders verfasster deutscher Staat (wie es einige der am Umsturz beteiligten Gruppen zunächst angestrebt hatten), möglich gewesen wären, ist eine schwer zu beantwortende Frage. Daran aber, dass die bloße Erinnerung an solche, damals heftig diskutierte Alternativen heute schon fast obskur wirkt, merkt man, wie erfolgreich der dann gegangene Weg die jeweils anderen Möglichkeiten unkenntlich macht.

Es hätte also immer auch anders kommen können, obwohl die Ereignisse zugleich nicht beliebig sind. Das liegt daran, dass es einerseits zugrunde liegende Bedingungen dafür gibt, dass historische Konstellationen sich in eine bestimmte Richtung bewegen und sich in ihnen bestimmte Handlungsmöglichkeiten eröffnen können. Und es liegt daran, dass es andererseits nicht nur genau einen Satz an notwendigen Bedingungen dafür gibt. Wenn wir, wie ich es vorgeschlagen habe, im Prozess der Problemlösung von der Existenz funktionaler Äquivalente ausgehen, dann wird es, je nachdem welches dieser Äquivalente gewählt wird, zu neuen Ketten von Problemen und Problemlösungen, zu neuen Pfaden kommen.

Daraus ergeben sich je unterschiedliche Wege, und derjenige, der aufgrund der Weichenstellung durch ein bestimmtes dieser funktionalen Äquivalente tatsächlich gegangen wird, entwickelt sich in seiner eigenen Logik, nach der Rationalität seiner eigenen Problemstellungen und folglich in Form eines ihm eigenen, auf diese Probleme bezogenen »rationalen Antwortgeschehens«.[26] »Roads not taken«[27] sind dann als Wege nicht einfach da. Sie wären möglich gewesen, sind aber nicht existent, weil nicht verwirklicht. Anders als bei echten Weggabelungen hat es den Weg, bevor er beschritten worden ist, nicht schon gegeben. Und es wird ihn auch nicht geben. Er entsteht erst beim Gehen – oder er entsteht nicht.

26 Vgl. Robert Ziegelmann, *Bestimmende Negation. Utopie und Utopiekritik in Kritischer Theorie*, Berlin 2023 (Diss., unpubl.).

27 So der Titel einer Ausstellung im Deutschen Historischen Museum in Berlin, Dezember 2022. »The Road not taken« heißt außerdem ein Gedicht von Robert Frost.

5
Wandel zum Besseren? Fortschritt als sich anreichernder Erfahrungsprozess

Der Weg muss im Gehen entstehen.

Kim de l'Horizon[1]

Man hält das, was am Schluss von Entwicklungsromanen passiert, für eine unumgängliche Konsequenz des menschlichen Daseins. Dabei ist es nur der Zwangsneurose eines Schriftstellers geschuldet. Dem Ordnungswahn von Goethe. Dass dessen Radiergummis parallel zur Tischkante liegen mussten, ist der Grund dafür, dass wir alle glauben, man trete aus dem chaotischen Dickicht schmerzhafter Erfahrungen schlauer heraus, als man reingestürzt ist. *Helene Hegemann*[2]

Nicht jeder Wandel ist ein Wandel zum Besseren. Nicht jeder Wandel bedeutet Fortschritt. In diesem Kapitel will ich mich mit der Frage befassen, welche sozialen Transformationsprozesse sich als Fortschritt verstehen lassen, also mit der Unterscheidung von fortschrittlichem und regressivem Wandel. Damit bin ich beim eigentlichen Streitpunkt der Fortschrittsproblematik und zugleich bei meiner entscheidenden These angelangt: Fortschritt lässt sich zwar nicht substanziell, wohl aber prozedural bestimmen, als Verlaufsform sozialen Wandels, die damit selbst normative Bedeutung erhält. Fort-

1 Kim de l'Horizon, *Blutbuch*, Köln 2022, S. 41. Sehr ähnlich der bereits zitierte Antonio Machado, »CXXXVI Proverbios y cantares«, in: ders., *Campos de Castilla. Kastilische Landschaften 1907-1917*, Zürich 2001, S. 219.

2 Helene Hegemann, *Schlachtensee*, Köln 2022, S. 183.

schritt ist dann nicht (nur), wie die in Kapitel 1 diskutierte Formel besagt, ein Wandel zum Besseren. Fortschritt ist ein sich anreichernder Lern- und Erfahrungsprozess. Um diese These zu plausibilisieren, werde ich, angeregt durch eine Diskussion, die sich in Robert Musils *Der Mann ohne Eigenschaften* findet, zunächst systematisch auffächern, was die Bestimmung von Fortschritt eigentlich so schwierig macht. Lassen sich Fortschritte auch »in einem bestimmten Sinn«,[3] wie Musil sagt, leicht identifizieren, so geraten wir immer dann in Schwierigkeiten, wenn es darum geht, einen diese lokalen Fortschritte übergreifenden Sinn zu identifizieren (5.1). Der im Anschluss daran entwickelte Ansatz geht davon aus, dass sich die Frage nach dem »Sinn im Ganzen« nicht nur nicht beantworten, sondern auch gar nicht sinnvoll stellen lässt. Gesellschaften verfolgen nicht Ziele, sie lösen Probleme. Buchstabiert man diese Annahme aus, so lässt sich daraus ein nichtteleologisches, pragmatistisches Modell des Fortschreitens als »Wachstum« oder Anreicherungsprozess gewinnen (5.2). Danach geht es um den negativistischen Charakter dieses Vorgehens. Das entscheidende Kriterium zur Bewertung von Fortschritt ist, meiner Position zufolge, die Abwesenheit von Erfahrungsblockaden. Anders gesagt: Fortschritt ist die Abwesenheit von Regression (5.3).[4] In einem Exkurs diskutiere ich am Ende des Kapitels den dialektischen Charakter der hier behaupteten Anreicherungsprozesse am Beispiel von (zwei) Emanzipationsprozessen (5.4).

5.1 Teil des Problems: Bestimmter und übergreifender Sinn des Fortschritts

Robert Musils epochaler Roman *Der Mann ohne Eigenschaften* ist in mancher Hinsicht ein Roman über den Fortschritt und seine Ambi-

3 Robert Musil, *Der Mann ohne Eigenschaften*, Hamburg 1957, S. 496.

4 Für wichtige Nachfragen in Bezug auf dieses Kapitel danke ich insbesondere Jakob Huber, der mir mit seinem entschiedenen Kommentar einige Klarstellungen ermöglicht hat.

valenzen. In der Zeit unmittelbar vor dem Ersten Weltkrieg situiert, stehen die gesellschaftlichen und technisch-lebensweltlichen Veränderungen sowie die Epochenstimmung einer Sinnkrise der bürgerlichen Welt immer wieder im Zentrum des Geschehens. So konfrontiert Ulrich, die Hauptfigur des Romans, in einer charakteristischen Szene seine Tischgenossen damit, dass ihre Annahmen über den Fortschritt weniger selbstverständlich sind, als sie denken:

> Aber Ulrich machte es nun einmal Vergnügen. »Ist das moderne Bürgerhaus mit Sechszimmerwohnung, Dienstbotenbad, Vacuum Cleaner und so weiter, wenn man es mit den alten Häusern vergleicht, die hohe Zimmer, dicke Mauern und schöne Gewölbe haben, ein Fortschritt oder nicht?« fragte er.
> »Nein!« schrie Hans Sepp.
> »Ist das Flugzeug ein Fortschritt gegenüber der Postkutsche?«
> »Ja!« schrie Direktor Fischel.
> »Die Kraftmaschine gegenüber der Handarbeit?«
> »Handarbeit!« schrie Hans, »Maschine!« Leo.
> »Ich denke«, sagte Ulrich, »jeder Fortschritt ist zugleich ein Rückschritt. Es gibt Fortschritt immer nur in einem bestimmten Sinn.«[5]

Zutage treten hier die Möglichkeit grundlegender Meinungsverschiedenheiten in der Bewertung dessen, was als Fortschritt gelten kann, und die Ambivalenz des Fortschritts selbst, sofern der größere Komfort der modernen Behausungen leicht nostalgisch mit dem Verlust an »dicken Mauern und schönen Gewölben« gegengerechnet wird.

Die Ambivalenz des Fortschritts

Man mag nun die Verallgemeinerbarkeit von Ulrichs Einsicht, dass »jeder Fortschritt [...] zugleich ein Rückschritt« ist, mit Blick auf die Abschaffung der Sklaverei oder die Ächtung der Gewalt in der Familie bezweifeln. Sein Hinweis auf die unterschiedlichen Hin-

5 Musil, *Der Mann ohne Eigenschaften*, S. 496f.

sichten, in denen etwas sich als Fortschritt darstellt oder eben nicht, der Hinweis also auf den »bestimmten« oder zu bestimmenden »Sinn«, in dem etwas ein Fortschritt ist, ist allerdings für die Darstellung der Problematik erhellend. Hinsichtlich der Geschwindigkeit ist die Eisenbahn ein Fortschritt, hinsichtlich der sinnlichen Reiseerfahrung oder der Auswirkungen auf die Umwelt möglicherweise nicht. Und bekanntlich wurde darüber bereits bei der Erfindung der Eisenbahn heftig gestritten.[6] Hinsichtlich des Komforts ist die moderne Wohnung ein Fortschritt, hinsichtlich ihrer ästhetischen Eigenschaften nicht unbedingt. Wenn Haushalte dazu übergehen, ihre Wäsche mit Waschmaschinen zu waschen, verliert sich die in nostalgischen Bildern von »Wäscherinnen am Fluss«[7] festgehaltene Form der Sozialität. Auch über die entfremdenden Tendenzen der Maschinenarbeit gegenüber der Handarbeit und damit darüber, ob die Steigerung der Produktivität an sich schon als Fortschritt identifiziert werden kann, sind seit ihrer Einführung die Meinungen kontrovers. Um das Problem an einem weniger kulturpessimistisch belasteten Feld zu illustrieren: Die Durchsetzung von Diversitätsmaßnahmen an den Universitäten bringt in mancher Hinsicht eine Quantifizierung von Leistung mit sich, die mit der fortschrittlich-emanzipativen Beförderung von Inklusion zugleich die Durchsetzung eines standardisierten Mainstreams befördert. Und der (fortschrittliche) Abbau von betrieblichen Hierarchien geht manchmal einher mit der Einführung neoliberaler Muster des In-Konkurrenz-Setzens. Selbst in Bezug auf vergleichsweise wenig umstrittene Momente sozialen Fortschritts lassen sich also oft auch Verluste und Ambivalenzen verzeichnen.

Allerdings: Sofern die hier geschilderten Fort- und Rückschritte je unterschiedliche Hinsichten des Geschehens betreffen, ist es genau genommen irreführend, in jedem Fortschritt zugleich einen Rückschritt zu vermuten. Die beschleunigte Mobilität des Flugzeugs oder

6 Klassisch dazu: Wolfgang Schivelbusch, *Geschichte der Eisenbahnreise. Zur Industrialisierung von Raum und Zeit im 19. Jahrhundert*, Frankfurt/M. 1989.

7 Siehe z. B. die Gemälde von Eugène Louis Boudin.

der Eisenbahn gegenüber der Postkutsche ist nicht hinsichtlich der Mobilität selbst ein Rückschritt, also eben nicht *zugleich* ein Rückschritt, sondern hinsichtlich seiner Nebenfolgen oder hinsichtlich anderer, über die bloße Geschwindigkeit hinausgehender Qualitäten. In diesem Sinn geht jede Veränderung mit – manchmal unerwarteten oder auch unabsehbaren – Nebenwirkungen einher, die ambivalent oder sogar fatal sein können, ohne dass diese Veränderungen selbst dadurch schon diskreditiert wären. Man muss also diese Hinsichten, in denen etwas einerseits ein Fortschritt, andererseits ein Rückschritt sein kann, auseinanderhalten und ausbuchstabieren, um ein angemessen komplexes Bild zu erhalten. Fortschritte in der einen Hinsicht mögen dann zwar mit Rückschritten in der anderen einhergehen. Damit wird aber weder das Kriterium des Fortschritts obsolet noch der Fortschritt generell ambivalent.

Um die verschiedenen Hinsichten voneinander unterscheiden und gegeneinander abwägen zu können, braucht man allerdings Kriterien. Auch wenn verwinkelte mittelalterliche Straßenzüge ihren Charme haben, wird man für diesen Charme die durch feuchte Gemäuer beförderte Schwindsucht und die durch fehlende Abwassersysteme beförderten Seuchen nicht in Kauf nehmen wollen. Sicherlich geht die Massenproduktion mancher Waren mit einem Verlust an Qualität einher, dennoch mag man die Möglichkeit flächendeckender Versorgung der Bevölkerung mit Konsumartikeln gegenüber der Exklusivität handwerklicher Produktion bevorzugen. Manches wird dann in Ulrichs Sinne ambivalent bleiben. Wenn man das komplexe Feld sortiert und die Hinsichten differenziert, lässt sich aber in vielen Fällen auch feststellen, dass die Rückschritte oder die problematischen Nebenfolgen nicht unumstößlich an die Fortschritte gebunden sind. Will man weder auf die Waschmaschine noch auf nachbarschaftliche Sozialität verzichten, kann man die Geräte sozialisieren und Gemeinschaftswaschküchen einrichten; oder man kann die freigewordene Zeit anderweitig kommunikativ nutzen. Selbst wenn die Diversitätspolitik in der heute dominanten Form durch die Neoliberalisierung der Universitäten – das In-Konkurrenz-Setzen wissenschaftlicher Arbeitskraft durch immerwährende Antragsverfahren und Evaluationen – überhaupt erst eine Chance erhalten haben mag, ist es doch nicht die Diversitätspolitik, die die neoliberal aktivierende Universität hervorgebracht hat.[8] Ulrichs Behauptung, jeder Fortschritt sei zugleich ein Rückschritt, ist also falsch, wenn wir sie so verstehen, dass jede Veränderung *in derselben Hinsicht* einen Fortschritt wie einen Rückschritt darstellt.

Fortschritt in einem bestimmten Sinn

Ulrichs Schlussfolgerung allerdings, dass es Fortschritt nicht als solchen, sondern »immer nur in einem bestimmten Sinn« gibt, lässt sich zunächst schwer bestreiten. Warum sollte die Erfindung des Flugzeugs gegenüber der Postkutsche ein Fortschritt sein? Sie ist es »in einem bestimmten Sinne«, sofern sie nämlich die Beförderung von Menschen und Gütern beschleunigt. Die moderne Wohnung »mit Vacuum Cleaner« oder Waschmaschine ist ein Fortschritt, weil sie sich mit weniger Aufwand bewirtschaften lässt. Die »Kraftmaschine« ist gegenüber der Handarbeit ein Fortschritt, sofern sich mit ihr größere Stückzahlen in weniger Zeit herstellen lassen. Dass es Fortschritte, wie Ulrich sagt, immer nur in einem bestimmten Sinn gibt, bedeutet also offenbar, dass Fortschritte immer nur in einer bestehenden Zweck-Mittel-Relation kenntlich werden, innerhalb deren ein bestimmter Zweck, ein bestimmtes Ziel bereits gesetzt ist. Nur wenn es unser Ziel ist, die Rechnerleistung zu optimieren, ist die Entwicklung des Mikrochips ein Fortschritt; nur wenn es unser Ziel ist,

8 Vgl. zu solchen Vorwürfen gegen die Diversitätspolitik zuletzt spöttisch Ijoma Mangold, »Alles so schön keimfrei hier«, in: *Die Zeit*, 20.4.2023 ⟨https://www.zeit.de/2023/17/kunst-freiheit-moral-ideologie-identitaetspolitik⟩, letzter Zugriff 9.6.2023. Diese Politik sei in den Chefetagen der Großkonzerne und der großen staatlichen Institutionen zuhause. Selbst wenn es wichtig ist, an die gefährlichen Allianzen zu erinnern, die Nancy Fraser »progressive neoliberalism« genannt hat, ist es ebenso wichtig, an die emanzipatorischen Wurzeln dieser Bewegungen zu erinnern und daran, dass innerhalb dieser schon längst ein Reflexionsprozess existiert, der sich solchen affirmativen Tendenzen entgegenstellt.

Hausarbeit weniger aufwändig zu gestalten, ist die Erfindung des Staubsaugers oder der Waschmaschine ein Gewinn. Weil wir Infektionskrankheiten bekämpfen wollen, sind Antibiotika ein Fortschritt. Diese Erfindungen sind dann angemessene Mittel zur Realisierung des von uns affirmierten Zwecks. »Jeder Schritt ein Fortschritt«, wie Google behauptet.[9] Falls wir allerdings Gesundheit, Geschwindigkeit oder Bequemlichkeit nicht (mehr) schätzten und nicht auf deren Optimierung setzten, wären die genannten Entwicklungen gerade keine Fortschritte.

Dass es uns hinsichtlich dieser Beispiele – bei allen auch hier möglichen Ambivalenzen und unbeabsichtigten Nebenfolgen – offenbar so leichtfällt, Fortschritte zu identifizieren, liegt aber nicht etwa daran, dass diese so basale Lebensbereiche betreffen oder dass es sich um technische Fortschritte handelt, sondern daran, dass der *bestimmte Sinn* und der Zweck, auf den hin diese Entwicklungen ein Fortschritt sind, hier so klar zutage liegt und seine Sinnhaftigkeit so wenig kontrovers ist.

Das scheint bei sozialen und moralischen Fortschritten anders zu sein. Diese sind in allen Hinsichten kontrovers. Dabei gilt auch hier: Sofern sich Ziele definieren ließen und damit ein Bewertungsrahmen, auf den hin die einzelnen Entwicklungen als Fortschritt gelten könnten, wären auch soziale oder moralische Fortschritte einigermaßen leicht identifizierbar. Beschreibt man die größtmögliche Prosperität als das Ziel des sozialen Zusammenlebens, dann lassen sich die Fortschritte einer sozialen Ordnung daran bemessen, inwiefern es ihr gelungen ist, Prosperität zu befördern. Beschreibt man als das Ziel der sozialen Ordnung die Sicherung eines angemessen verteilten, qualitativ anspruchsvollen Lebensstandards, die Versorgung der Weltbevölkerung mit Nahrungsmitteln, Bildung und Lebenschancen, so lassen sich Standards zur Bemessung von Fortschritt gewinnen, auch wenn diese komplizierter sein müssen als das bloße Bruttosozial-

9 Bei der Bewerbung der eigenen Online-Kurse, vgl. Google Zukunftswerkstatt, ⟨https://learndigital.withgoogle.com/zukunftswerkstatt⟩, letzter Zugriff 23.3.2023.

produkt.[10] Wenn Diversität, Inklusion oder die Abschaffung von Diskriminierung das übergreifende Ziel des Zusammenlebens sind, dann ist die Einführung von Quoten oder Affirmative-Action-Programmen, die diese befördern und ermöglichen, ein Fortschritt. Wenn es unser Ziel ist, Herrschaft und Gewalt in allen Sphären des sozialen Lebens zu reduzieren, dann ist die Abschaffung »alle[r] Verhältnisse [...], in denen der Mensch ein erniedrigtes, ein geknechtetes, ein verlassenes, ein verächtliches Wesen ist«,[11] so vielfältig, komplex und radikal die dazu erforderlichen Veränderungen sein mögen, ein Schritt in die richtige Richtung. Es ist bei den sozialen Fortschritten – auch wenn die Wahl der richtigen Mittel zum angestrebten Ziel hier ungleich schwieriger und vor allem ungleich kontroverser sein mag – nicht anders als bei den technischen Fortschritten: Sobald wir ein Ziel identifizieren können, lassen sich die Fortschritte daran bemessen. Auch hier ist Fortschritt dann immer Fortschritt *in einem bestimmten Sinn*, und sofern sich Fortschritte auf das mit diesem Sinn gesetzte Ziel beziehen lassen, wäre die Bewertung einer Veränderung als Fortschritt nahezu trivial.

Fortschritt im Ganzen

Nicht trivial, in der Tat meist sogar heftig umstritten ist allerdings die Frage, wie man ein solches Ziel zu bestimmen hätte. Schon wenn es nicht mehr nur um die Effektivität, sondern um die Auswirkungen technologischer Entwicklungen auf die von ihnen beeinflussten Lebensformen geht, löst sich die Einigkeit ja – wie sich im *Mann ohne Eigenschaften* schon andeutet – häufig auf. Über die Frage, *ob* Waschmaschinen die Hausarbeit erleichtern, Computer die Daten-

10 Tatsächlich sind solche Maßstäbe in UN-Reporten gang und gäbe und haben hier ihren pragmatisch guten Sinn. Zur Frage der Messbarkeit von Lebensqualität siehe den Überblicksartikel: Stefan Gosepath, Rahel Jaeggi, Achim Vesper, »Lebensqualität«, in: Ralf Stoecker u. a. (Hg.), *Handbuch Angewandte Ethik*, Stuttgart 2011, S. 260-264.

11 Karl Marx, *Zur Kritik der Hegelschen Rechtsphilosophie*, in: *MEW*, Bd. 1, Berlin 1983, S. 378-391, hier S. 385.

verarbeitung effektiver und Eisenbahnen das Reisen schneller machen, mag man sich noch relativ leicht einigen können.[12] Tiefe Uneinigkeit jedoch besteht darüber, in welchem nicht mehr nur »bestimmten« Sinn es denn ein Fortschritt ist, Datenverarbeitung effektiver, Hausarbeit unaufwändiger, Informationen zugänglicher, Reisen schneller, Arbeit produktiver und das Wohnen bequemer zu machen. Ebendas ist es, was Ulrich meint, wenn er behauptet, es gebe Fortschritt »immer nur in einem bestimmten Sinn«, wohingegen er den übergreifenden Fortschritt, von dem aus sich dieser bestimmte Sinn einordnen und bestimmen ließe, für nicht bestimmbar hält.

Der »Mann ohne Eigenschaften« befindet sich hier in Übereinstimmung mit einer ganzen Reihe von zeitgenössischen Autor:innen und berührt damit eine Spielart aus jenem großen Spektrum von Positionen, die man relativistisch nennen kann (aber angesichts des manchmal polemischen Charakters der Diskussion nicht unbedingt so nennen muss). Fortschritt, so diese Autor:innen, gibt es in Bezug auf dieses und jenes Problem und immer nur innerhalb eines bestimmten, gesetzten (praktischen und normativen) Kontexts, nicht aber in einem übergreifenden oder globalen, diesen Kontext überschreitenden Sinn.[13] Es gibt, anders gesagt, lokale oder sektoriale Fortschritte (im Plural), aber keinen universellen Fortschritt (im Singular). Wie auch Ulrich im weiteren Verlauf der Diskussion in Diotimas

12 Natürlich können nicht nur die *Ziele* des Fortschritts, sondern auch die *Mittel* zu ihrer Erreichung strittig sein. Macht die Waschmaschine die Hausarbeit wirklich leichter oder führt sie nur zu höheren Erwartungen an die Sauberkeit der Wäsche? Sind Antibiotika wirklich geeignete Allroundmittel zur Behandlung von Entzündungen, sieht man sich die problematischen Nebenwirkungen an? Das sind im Einzelfall schwierige Fragen. Allerdings steht mit ihnen der übergreifende Zweck, der generelle *Sinn dieses Sinns*, nicht infrage.

13 Vgl. dazu zum Beispiel Amy Allen, die (in *Das Ende des Fortschritts. Zur Dekolonisierung der normativen Grundlagen der kritischen Theorie*, Frankfurt/M., New York 2019) von der Existenz lokaler Fortschritte bei gleichzeitiger metaethischer Unbestimmbarkeit des Fortschritts als solchem ausgeht. Aber auch Philip Kitcher bestimmt (in *The Ethical Project*, Cambridge, London 2011) Fortschritte »lokal« und nicht »global«, obwohl sein Ansatz meiner Auffassung nach Ressourcen für Letzteres hätte.

Salon betont: »Es gibt Fortschritt immer nur in einem bestimmten Sinn. Und da unser Leben *im Ganzen keinen Sinn* hat, hat es *im Ganzen* auch keinen Fortschritt.«[14]

Eine solche Relativierung des Anspruchs des Fortschrittskriteriums klingt auf den ersten Blick vielversprechend und einleuchtend, zumal sie einer realen und kaum abzuweisenden Verlegenheit entspringt: Sie trägt dem Umstand der ungeheuren historischen wie lokalen, also synchron und diachron auffindbaren Pluralität sozialer und ethischer Kontexte Rechnung. Diese führt dazu, dass der für eine übergreifende, den lokalen (und damit bestimmten) Kontext transzendierende Bestimmung des Fortschritts benötigte Rahmen schwer zu definieren ist und dass eine Einigung, die sich nicht dem Verdacht des Ethnozentrismus und der falschen, ideologisch-parochialen Universalisierung aussetzte, angesichts der Vielfalt möglicher normativer Orientierungen und gewachsener Traditionen nicht leicht zu erzielen sein wird. Nicht nur im »wirklichen Leben«, auch in der Philosophie herrscht tiefgreifende Uneinigkeit darüber, welche Ziele wir vor anderen auszeichnen sollen und wie *wir* in der Lage sein sollten, das zu tun, ohne dabei an eine partikulare Position gebunden zu bleiben.[15]

Auf den zweiten Blick allerdings stellt sich diese durch den Rückzug auf in diesem Sinne lokale Fortschritte erzielte Lösung, die ja eine Deflationierung der Fortschrittsbehauptung darstellt, als allzu begrenzt und in mancher Hinsicht trivial dar. Der bestimmte oder lokale Fortschritt ist nur ein solcher in Bezug auf ein gesetztes, aber nicht weiter begründbares Ziel, und dieses Ziel kann als Fortschritt nur gelten in einem wiederum bestimmten und dadurch begrenzten

14 Musil, *Der Mann ohne Eigenschaften*, S. 496.

15 Die in Kap. 1 beschriebene Normativistin muss das nicht stören, sie beharrt gegen den ethischen Relativismus auf der Grundlegung in einem normativen Ziel. Aber ich hatte ja dort eigens dafür argumentiert, Fortschritt – egal welche metaethischen Positionen man hinsichtlich der Relativismusfrage vertritt – eben nicht als Zulaufen auf ein bereits bekanntes normatives Ziel zu verstehen. Auch deshalb ist mir der Ausweg in einen einfachen und substanziellen Universalismus verstellt.

Bezugsrahmen oder Kontext, der selbst als unhinterfragbar gegeben hingenommen wird.[16]

Ist nicht die Bestimmung von Fortschritt »in einem bestimmten Sinn«, wie Ulrich sie im *Mann ohne Eigenschaften* präsentiert, wiederum auf eine Rahmung angewiesen, die diese bestimmten, lokalen Fortschritte auf ein übergreifendes Ziel bezieht, damit die jeweiligen Veränderungen in einem tragfähigen Sinn als Fortschritt gelten können? Hier befinden wir uns in einem infiniten Regress, der sich nur dezisionistisch stoppen lässt. Rorty etwa bettet die Bestimmung des Fortschritts in ein entschiedenes Bekenntnis zur sozialliberalen Weltordnung ein, macht dabei aber sehr deutlich, dass es sich eben um dies handelt: ein *Bekenntnis.*

Das Problem ist: Damit werden die Behauptung und die Analyse von Fortschritten letztlich trivial beziehungsweise redundant. Um Fortschritt handelt es sich, weil wir in einem bestimmten Kontext gelernt haben, es für Fortschritt zu halten. Die Emanzipation von Sklav:innen, Arbeiter:innen, Frauen, Queers und Transpersonen wäre dann ein Fortschritt jeweils nur in einem bestimmten Bezugsrahmen. Kurz: Es ist Fortschritt, weil wir es für Fortschritt halten. Nun lässt sich die Strategie der Deflationierung und Beschränkung der Rede vom Fortschritt auf lokale oder sektoriale Fortschritte mit diesem Hinweis nicht direkt widerlegen – ihr Ertrag wird allerdings

16 Eine solche Deflationierung mit Amy Allen als einen »metanormativen Kontextualismus« zu bezeichnen, der sich mit dem entschiedenen Einstehen für die entsprechenden Normen (etwa dass das Ende der *chattel slavery* oder die Befreiung der Frauen gut sei) vertrage, scheint mir in der Sache nicht wirklich weiterzuhelfen. Jeder plausible Relativismus vertritt ja bereits die Position, dass Normen relativ zu einem (partikularen) Kontext gelten, nicht jedoch, dass es gar keine Geltungsgrundlage gebe. Gerade wenn man das Anliegen teilt, einerseits nicht in bodenlose Beliebigkeit zu verfallen und andererseits, wie Allen betont, »offen« für die Fallibilität der eigenen epistemologischen und normativen Grundannahmen zu sein, bleiben hier aus meiner Sicht (zu) viele Fragen offen, die sich in der Traditionslinie der Kritischen Theorie vielleicht entschiedener klären ließen, wenn man deren sozialtheoretische Grundlegung und die immanent-kritische Methode nicht gänzlich dem Eurozentrismus zuschriebe. Vgl. Allen, *Das Ende des Fortschritts*, S. 270-282.

fragwürdig. Wir müssen nur an die gerade (seit Herbst 2022) virulente Revolution der iranischen Frauen, der »Jin, Jiyan, Azadî«-Bewegung, und an weitere allgegenwärtige Konflikte denken, um uns hier eine etwas belastbarere und aussagekräftigere Position zu wünschen. Die deflationäre Position ist in dieser Hinsicht sowohl philosophisch als auch politisch begrenzt. Philosophisch verweist sie uns allzu schnell in den Bereich dessen, wofür keine Gründe mehr gesucht werden können, den Bereich, in dem »der Spaten sich biegt«; politisch lässt sie uns nicht nur zahnlos zurück; sie beraubt uns auch der analytisch-explanatorischen Dimension der hier denkbaren kritischen Auseinandersetzung, eben weil sie über die Genese der Normen nichts zu sagen vermag und über die Geltung des Kontextes selbst – also des Bewertungsrahmens innerhalb dessen etwas normativ als Fortschritt gelten soll – nichts sagen will.

Sollte man Ulrichs Überlegungen vielleicht einfach umkehren? Kann es überhaupt Fortschritte in einem lokalen Sinn geben, wenn es keine Fortschritte »im Ganzen«, also in einem kontextübergreifenden, globalen Sinn gibt? Woher käme der Richtungssinn, wenn der Sinn des Sinns unbestimmt bleiben muss? Fast möchte man sagen: Wenn sich Fortschritte »im Ganzen« nicht bestimmen lassen, dann auch nicht die Fortschritte in einem bestimmten Sinn. Der Sinn des Sinns, also die Hinsicht, in der der »bestimmte Sinn« der einzelnen fortschrittlichen Entwicklungen in einem übergreifenden Kontext sinnvoll bleibt, ließe sich dann aus der Bewertung einzelner Fortschritte nicht ausblenden, eben weil ein Kontext immer wieder auf den nächsten, die nächstgrößere Rahmung verweist. Wenn es Fortschritt nur in einem bestimmten (gesetzten, lokal begrenzten) Sinn geben soll, dann setzt man das Bestimmende, das, woraus sich der bestimmte Sinn bestimmt, als unhintergehbar gegeben voraus. Wenn aber die lediglich lokale Bewertung des Fortschritts den Bewertungsrahmen selbst als selbstverständlich voraussetzt, bleibt sie von diesem normativen Rahmen und den mit ihm gesetzten Bewertungsstandards abhängig oder diesen gegenüber parasitär. Um bei den oben genannten Beispielen zu bleiben: Effizienz als Maßstab für den Sinn technischer Fortschritte ist dann ebenso gesetzt wie die Vorstellungen von Wohlergehen, Freiheit, Autonomie oder Gleichheit, sofern diese den Rahmen für die Bewertung sozialer und moralischer Fortschritte abgeben. Diese stellen sich dann aber lediglich als ein »fact of life«[17] dar. Sie entsprechen dem Selbstverständnis, das »wir« – eine bestimmte Epoche, eine bestimmte Gesellschaft, eine bestimmte Wertegemeinschaft oder Tradition – nun einmal herausgebildet haben und hinter das wir, unserem eigenen Selbstverständnis nach, nicht schadlos zurückgehen können. Aus meiner Sicht ist diese Betrachtungsweise unzureichend, nicht zuletzt weil hier stets die Unterstellung eines homogenen Wir mitschwingt, die angesichts der realen gesellschaftlichen Konflikte unplausibel ist.

Wir stünden dann vor einem Problem: Einerseits lässt sich ein substanzielles übergreifendes Ziel der Fortschrittsentwicklung (oder gar der Menschheitsentwicklung) nicht ohne Weiteres bestimmen; andererseits lässt sich ohne dieses auch von lokalen oder sektorialen Fortschritten nicht anders als auf redundante beziehungsweise abhängige und triviale Weise sprechen.

5.2 Teil der Lösung: Fortschritt als Vollzugsform

Aber vielleicht ist hier, wie so häufig, schon die Fragestellung falsch gerahmt und wir stehen deshalb vor einer falschen Alternative. Vielleicht lässt sich die Frage nach dem »Sinn im Ganzen« nicht nur nicht beantworten, sondern ist auf diese Weise auch gar nicht sinnvoll gestellt. Aus dem Umstand, dass sich lokale Fortschritte, Fortschritte »in einem bestimmten Sinn«, also inhaltlich-substanziell, bestimmen lassen, wird ja von Ulrich (und anderen) offenbar gefolgert, dass sich der Fortschritt im Ganzen, der Fortschritt in einem übergreifenden, sozusagen globalen Sinn, ebenfalls *substanziell* be-

17 Ich spiele hier auf Joseph Raz' Deutung des Werts der Autonomie in westlichen Gesellschaften an, vgl. ders., *The Morality of Freedom*, Oxford 1986, S. 394.

stimmen lassen können müsste. Und wenn das nicht geht – und die Schwierigkeiten mit einer solchen Bestimmung hatte ich oben bereits dargelegt –, bleibt als Konsequenz nur der relativistische Zug: dass man ihn *gar nicht* bestimmen kann. Mein Ausweg aus dieser Sackgasse wird nun sein, dass man den »übergreifenden Sinn« gerade nicht substanziell, nicht inhaltlich, sondern nur prozessual, nur als einen Prozess und bezogen auf dessen Form denken und bewerten kann.

Kehren wir, um diesen Gedanken zu erläutern, noch einmal auf Ulrichs Ausführungen zurück: »Es gibt Fortschritt immer nur in einem bestimmten Sinn. Und da unser Leben *im Ganzen keinen Sinn* hat, hat es *im Ganzen* auch keinen Fortschritt.«[18] Die Rede vom Fortschritt »im Ganzen«, also in einem mehr als nur lokal bestimmten Sinne, ist demnach abhängig von der Zugänglichkeit eines Sinns des Lebens »im Ganzen«. Aber was würde es bedeuten, wenn das Leben im Ganzen *einen Sinn hätte*? Wenn das Leben »einen Sinn im Ganzen« hätte, so verstehe ich Ulrichs Rede von »Sinn«, dann wäre es auf etwas, auf ein bestimmtes und definierbares Ziel hin ausgerichtet. Das Leben hätte dann einen Inhalt, nämlich die Erreichung dieses Ziels. Und Fortschritt wäre bestimmbar von diesem Ziel her, als seine schrittweise Verwirklichung. Ein solches Ziel »im Ganzen« aber, hier ist Ulrich zuzustimmen, hat »das Leben« nicht, weder das persönliche noch das gesellschaftliche. Nun können wir erkennen, inwiefern die obige Alternative falsch ist: Der gesuchte Rahmen, der Sinn, der den einzelnen Veränderungen eine übergreifende Bedeutung geben kann, fehlt nicht zufällig und wird sich auch dann nicht finden, wenn wir nur lange genug danach suchen. Er *muss* fehlen.

Es ist instruktiv, die hier angedeutete Position mit einer Einsicht Sigmund Freuds zu entschlüsseln. Auch Freud vermutet, dass die Frage nach dem Sinn des Lebens nicht nur faktisch ungelöst, sondern auch aus in der Sache liegenden Gründen prinzipiell unlösbar ist, wenn er schreibt: »Die Frage nach dem Zweck des menschlichen Lebens ist ungezählte Male gestellt worden; sie hat noch nie eine be-

18 Musil, *Der Mann ohne Eigenschaften*, S. 496.

friedigende Antwort gefunden, läßt eine solche vielleicht überhaupt nicht zu.«[19] Warum lässt sie sie nicht zu? Man könnte sagen, es handle sich hier um einen Kategorienfehler. So wie sie »ungezählte Male gestellt worden« ist, suggeriert die Frage nach dem Sinn des Lebens, man könne diesen in objektivierender Einstellung bestimmen, als etwas, das außerhalb des Lebensvollzugs selbst liegt und diesen anleitet. Aber diese Einstellung ist, Freud zufolge, verfehlt. Und so wird bereits die Frage nach dem Sinn des Lebens zu einem Indikator für ein Problem, ja eine Pathologie: »Im Moment, da man nach dem Sinn und Wert des Lebens fragt, ist man krank, denn beides gibt es ja in objektiver Weise nicht [...].«[20] Wer derart nach dem Sinn des Lebens fragt, ist »krank«, weil er einer verdinglichten und falsch objektivierenden Vorstellung des Lebenssinns anhängt. Sinn, wo es ihn gibt, ergibt nur der praktische Lebensvollzug als solcher. Er ergibt sich von innen, im Vollzug des Lebens selbst, und auf eine Weise, in der sich die Frage selbst auflöst. Sobald man nach dem Sinn des Lebens fragt, ist er schon verschwunden; das Aufkommen der Frage ist bereits ein Symptom für Unglück und Depression.

Ich kann dieser These hier nicht weiter nachgehen, lasse mich aber von Freuds Überlegungen dazu inspirieren, auch das Bild, in dem wir hinsichtlich des Fortschritts befangen sein könnten, zu hinterfragen. So wie bereits die Frage nach dem Sinn des Lebens aus Freuds Sicht problematisch – und letztendlich gegenstandslos – ist, könnte sich ja auch die Idee der Bestimmung eines übergreifenden Sinns des menschlich-gesellschaftlichen Lebens, der zum Maßstab für einen ebenfalls übergreifenden Fortschritt würde, als gegenstandslos erweisen. Das wäre keine schlechte Nachricht, und zwar nicht nur deshalb, weil faktisch umstritten ist, was ein solches Ziel überhaupt sein könnte, sondern auch, weil die Vorstellung eines übergreifenden Sinns dazu verleitet, die einzelnen Instanzen des so-

19 Sigmund Freud, »Das Unbehagen in der Kultur«, in: ders., *Gesamtausgabe*, Bd. 19: *1928-1933*, Gießen 2021, S. 61-134, hier S. 73.

20 Sigmund Freud, »An Marie Bonaparte. Grinzing, 13. August 1937«, in: ders., *Briefe 1873-1939*, Frankfurt/M. 1960, S. 428-432, hier S. 429.

zialen Lebens auf unangemessene Weise als bloße Mittel zur Erreichung eines Ziels aufzufassen, das (von wem und wie auch immer) klar bestimmt und daher scheinbar objektiv gesetzt ist; und vor allem: das von außen an sie herangetragen wird. Eine solche Vorstellung wäre per se schon verquer. Man kann Vokabeln lernen, um eine Sprache sprechen zu können, oder ein Torwarttraining absolvieren mit dem Ziel, beim Fußballspielen das Tor besser zu hüten. Aber das persönliche und gesellschaftliche Leben kann nicht in diesem Sinne ein Mittel zu einem Zweck sein. Es ist immer schon das Spiel selbst.

Meine These ist deshalb: So wie »unser Leben im Ganzen keinen Sinn« hat, haben Gesellschaften als solche kein Ziel. Sie lösen Probleme. Es ist nicht nur praktisch schwer durchführbar, ein substanzielles übergreifendes Ziel sozialen Fortschritts zu bestimmen. Es ist auch unnötig. Wenn, wie in Kapitel 4 gezeigt, Lebensformen als Problemlösungsinstanzen zu verstehen sind, dann bezeichnet das, ganz wie in Kapitel 1 beschrieben, primär eine Bewegung *weg von*, nicht *hin zu.*[21] Diese Bewegung ist motiviert und getrieben von Problemen, die beim Vollzug der die jeweilige Lebensform ausmachenden Praktiken, beim Erhalt und bei der Erweiterung der sie ausmachenden Institutionen zutage treten.

Aus dieser Auffassung erwächst dann auch eine Lösung für das oben diskutierte Problem. Die Kriterien für fortschrittliche oder regressive Dynamiken ergeben sich nicht aus der substanziellen Bestimmung des Fortschritts auf ein Ziel hin, sondern im Vollzug selbst, aus der progressiven oder regressiven Vollzugsform der infrage stehenden Veränderungen.

Das Aufräumen mit dem alten Sinn

Woran aber erkennen wir, ob ein Vollzug in diesem Sinne angemessen ist, ob er progressiv oder regressiv ist? Hier kommt das Moment

21 Siehe oben, Kap. 1.2, sowie Kitcher, *The Ethical Project*, und ders., *Moral Progress*, New York, Oxford 2021.

der Anreicherung ins Spiel, das ich im nächsten Abschnitt genauer betrachten werde. In Vorbereitung darauf ist es nützlich, sich mit einer weiteren These zu beschäftigen, die Musil seinem »Mann ohne Eigenschaften« in den Mund legt:

> Ulrich hatte das Gespräch gelähmt, aber nicht die Angriffslust. Er fuhr ruhig fort: »Aber man kann auch das Umgekehrte sagen: Wenn unser Leben *Fortschritte im einzelnen* hat, hat es *Sinn im einzelnen*. Wenn es aber einmal einen Sinn gehabt hat, zum Beispiel den Göttern Menschen zu opfern oder Hexen zu verbrennen oder das Haar zu pudern, dann bleibt das doch ein sinnvolles Lebensgefühl, auch wenn hygienischere Sitten und Humanität Fortschritte sind. Der Fehler ist, daß der Fortschritt *immer mit dem alten Sinn aufräumen* will.«[22]

Ulrichs Behauptung, dass der Fehler des bisherigen Fortschrittsverständnisses (als eines Verständnisses, das zur Unlösbarkeit des Fortschrittsproblems führt) es gewesen sei, »immer mit dem alten Sinn aufzuräumen«, also jeweils den Sinn eines neuen Zeitalters an die Stelle des alten setzen zu wollen, legt auf den ersten Blick eine relativistisch-historistische Position nahe. Der Sinn, aber auch das Recht einer sozialen Praxis wären dann nur aus ihrer Zeit, aus ihrem jeweiligen Kontext heraus zu verstehen und zu bewerten. Hat das Pudern von Haaren als Praxis der Körperpflege und Modeerscheinung vergangener Zeiten zu ebendiesen Zeiten und in ebendiesem Kontext einen nachvollziehbaren Sinn, so lässt sich mit diesem nicht aus der Position nachfolgender Praktiken heraus »aufräumen«. Sie lassen sich, folgt man Ulrich, also nicht von einer externen, diesem Kontext enthobenen Warte aus kritisieren, weil sie bezogen auf diesen bestimmten Kontext nicht nur erst verstehbar werden, sondern auch gerechtfertigt sind.

Das mag uns nun, wenn es um das Pudern von Haaren geht, egal sein. Allerdings zählt Ulrich irritierenderweise zu den mit einem »sinnvollen Lebensgefühl« verbundenen Praktiken vergangener Zei-

22 Musil, *Der Mann ohne Eigenschaften*, S. 496f. (meine Hervorh., R.J.)

ten auch die (sogenannte) Hexenverbrennung[23] und das Menschenopfer. Man könnte seine These also durchaus als kruden moralischen Relativismus auffassen. Es ist allerdings ein Unterschied, ob man eine soziale Praxis oder eine gesellschaftliche Ordnung aus ihrem historischen und sozialen Kontext heraus *verstehen* oder ob man sie mit Verweis auf diesen Kontext *rechtfertigen* möchte. Dass etwas ein »sinnvolles Lebensgefühl« ist, bedeutet nicht, dass es normativ angemessen ist.

Ich interpretiere Ulrichs Hinweise deshalb nicht als moralischen Relativismus. Aus meiner Sicht ist sein Plädoyer, nicht »immer mit dem alten Sinn auf[zu]räumen«, vor allem ein Angriff auf lineare und normativistische Fortschrittsverständnisse. Wenn der Fortschritt, so lautet meine Interpretation seiner Bemerkung, mit dem alten Leben, den alten Lebensweisen und Bedingungen, dem »alten Sinn« nicht einfach »aufräumen« sollte, dann nicht deshalb, weil das Alte gegenüber dem Neuen immer noch gültig wäre; und auch nicht deshalb, weil dieser Sinn sich einfachhin relativistisch jeglicher Bewertung außerhalb des mit ihm gegebenen Kontexts entzieht. Nicht »mit dem alten Sinn aufräumen« sollte man vielmehr, weil es sich bei der überwundenen Lebensweise nicht einfach um einen bloßen Irrtum handelt, den man widerlegen und *ad acta* legen kann, und auch nicht um eine bloße normative Verfehlung. Das alte Leben, die alten Sitten, der alte Sinn ist aus der Perspektive des Fortschritts nicht einfach nur falsch. Das Pudern der Haare wird nicht (für damals) falsch, weil wir es heute für unhygienisch und ästhetisch unzeitgemäß halten. In ästhetischer Hinsicht kann es ohnehin nicht falsch, sondern allenfalls überholt sein; und als Praxis der Körperpflege kann es nicht damals bereits falsch gewesen sein. Es war eben eine verfügbare Weise, den Geruch zu bekämpfen und überschüssiges Fett aufzusaugen, die jedoch aus heutiger Sicht nicht mehr passt und durch andere Praktiken abgelöst worden ist.

Diese Einschätzung ist allerdings nicht umstandslos auf die ande-

23 Vgl. Sylvia Federici, *Caliban und die Hexe. Frauen, der Körper und die ursprüngliche Akkumulation*, Wien, Berlin 2017.

ren Beispiele – Hexenverbrennung und Menschenopfer – übertragbar. Was bei diesen falsch und unangemessen ist, sind nicht ästhetische Vorlieben oder Praktiken, die sich durch die Fortentwicklung wissenschaftlich-technischer Fähigkeiten oder praktischer Alltagsroutinen erübrigt haben. Aber auch der Hexenverbrennung und dem Menschenopfer, daran muss sich die These erweisen, kommt man mit der Einschätzung »falsch« nicht einfach bei. Ohne Zweifel sind diese Praktiken falsch, und sie sind auch grausam. Aber sie sind eben mehr als das. Die moralische Verdammung allein missversteht die Art der Unangemessenheit dieser Praktiken. Die hier zu früh beziehungsweise blank (oder dekontextualisiert) ansetzende normative Beurteilung lähmt in dieser Hinsicht das Verständnis des Phänomens, genauer: der Bedingung einer normativen Bewertung und somit auch einer fundierten Analyse, Kritik und Lösung des Problems.

Die von Ulrich in *Der Mann ohne Eigenschaften* eingeforderte Behutsamkeit gegenüber dem »alten Sinn« muss nämlich nicht bedeuten, dass alles zu seiner Zeit schon seinen Sinn gehabt haben wird und damit der Bewertung entzogen ist. Ganz im Gegenteil: Es hat seinen Sinn gehabt und wird gerade anhand dieses spezifischen Sinns kritisierbar. Dass das kontextsensible Verstehen und Analysieren aber geradezu eine Voraussetzung für eine treffsichere Form der Kritik ist und dass Verstehen und Verzeihen beziehungsweise Legitimieren hier nicht in eins fallen, lässt sich gerade am brutalen Beispiel der sogenannten Hexenverfolgung gut darlegen. Sozialhistorisch-genealogischen Untersuchungen, wie sie beispielsweise Silvia Federici unternommen hat, ist es gelungen, die soziale Relevanz und hintergründige herrschaftstechnische Bedeutung der Verfolgung weiser Frauen und die vielfältigen und wirkmächtigen gesellschaftlichen Folgen der Auslöschung weiblicher Wissens- und Praxisbestände herauszuarbeiten.[24] Den »Sinn« und den Kontext der entsprechenden

24 »Die Hexenverfolgung war in jeder Hinsicht – sozial, ökonomisch, kulturell, politisch – ein Wendepunkt im Leben der Frauen; [...]. Denn die Hexenverfolgung zerstörte eine ganze Welt von weiblichen Praktiken, kollektiven Ver-

Praxis zu verstehen, bedeutet dann also, sie nicht mehr lediglich als sowohl grausamen als auch in seiner Grausamkeit lächerlichen Effekt des Aberglaubens innerhalb einer ohnehin von atemberaubender Grausamkeit geprägten mittelalterlichen Sozialordnung aufzufassen, sondern die dieser Praxis eigene (Herrschafts-)Rationalität und Funktion zu verstehen – und ebendeshalb fundamental kritisieren zu können.[25] Während das »Aufräumen mit dem alten Sinn« die untergegangene Praxis normativ fundamental, aber auch in mancher Hinsicht folgenlos kritisieren und verdammen kann, adressiert eine solche kritische Analyse mit dem Sinn dieser Praxis das ganze Bezugssystem, also die Lebensform, der die verdammenswerte Praxis entspringt.[26] Pointiert gesagt, kritisiert man dann nicht nur die grausamen Morde, sondern auch den Aberglauben, und man kritisiert diesen nicht nur als Aberglauben (oder eine Form von Unwissenheit), sondern als Herrschaftstechnik.[27] »Falsch« sind nicht alleine die brutale Verfolgung und die brutalen Morde an den als Hexen markierten Frauen (die in ihrem Kontext insofern »sinnvoll« sind, als sie kohärent und verständlich sind). »Falsch« ist der gesamte Kon-

hältnissen und Wissenssystemen, die im vorkapitalistischen Europa Grundlage der Macht der Frauen und Vorbedingung weiblichen Widerstands im Kampf gegen den Feudalismus gewesen war.« Federici, *Caliban und die Hexe*, S. 130-131.

25 In einem ähnlichen Sinn monierte bereits Friedrich Engels: »Es ist sehr wohlfeil, über Sklaverei und dergleichen in allgemeinen Redensarten loszuziehen und einen hohen sittlichen Zorn über dergleichen Schändlichkeiten auszugießen ... Wir erfahren damit aber kein Wort darüber, wie diese Einrichtungen entstanden sind, warum sie bestanden und welche Rolle sie in der Geschichte gespielt haben.« Friedrich Engels, *Anti-Dühring*, in: *MEW*, Bd. 20, Berlin 1962, S. 168.

26 Siehe hierzu oben, Kap. 3, sowie Jaeggi, *Kritik von Lebensformen*, S. 9-17 und S. 18-61.

27 Um es in Begriffen der eingeführten Debatte um Formen der Kritik auszuführen: Das blanke »Aufräumen mit dem alten Sinn« steht in diesem Sinne für eine unverbundene und unhistorische *externe* Kritik, die analytisch-kritische Haltung für den Ansatz einer *immanenten* Kritik. Siehe dazu ebd., Kap. 4, sowie Rahel Jaeggi, »Was ist Ideologiekritik?«, in: dies., Tilo Wesche (Hg.), *Was ist Kritik?*, Frankfurt/M. 2009, S. 266-295.

text, das Paradigma, die Lebensform selbst, in deren Zusammenhang diese Praktiken stehen und zu verstehen sind. Hier zeigt sich, dass der Modus der Widerlegung nicht derjenige ist, in dem Komplexe von Praktiken und Überzeugungen überwunden werden. Betrifft Fortschritt, wie wir gesehen haben, Lebensformen und damit das Geflecht oder Ensemble, in dem diese Praktiken stehen, so kann man vor deren Bewertung nicht Halt machen; einfachhin widerlegbar sind sie, darin Paradigmen gleich, allerdings nicht; und auch nicht rein durch Widerlegung überwindbar.

5.3 Fortschritt als Anreicherungsprozess

Dass der Fortschritt, wenn man an seiner Bestimmbarkeit festhalten will, nicht im Sinne einer blanken normativen Widerlegung des alten Sinns, der vorhergehenden Praktiken und Lebensformen verstanden werden sollte, als eine Widerlegung, die sich eines unhistorischen Kriteriums bedient, bringt den historischen Prozess, in dem diese Praktiken sich entwickeln, gegebenenfalls erodieren, obsolet werden und einander ablösen, als einen normativ gehaltvollen Prozess ins Spiel. Sollte es nämlich im von mir vorgeschlagenen Sinne so etwas wie einen fortschrittlichen Wandel geben, so bestünde dieser weder in der Behebung von bloßen normativen Irrtümern noch in einem einfachen Wechsel der Perspektive von einem »bestimmten Sinn« zum anderen – beides wäre ja kein Fortschreiten. Vielmehr bestünde ein solcher Wandel darin, die Unvollständigkeiten, Defizite, Einseitigkeiten, Erfahrungsblockaden und Widersprüche einer existierenden sozialen Formation zu beheben.

Damit sind wir beim Kern meiner Konzeption angelangt, die aus der Dynamik des Wandels selbst Anhaltspunkte für dessen Qualifikation als progressiv oder regressiv gewinnen möchte. Fortschrittlicher Wandel, so verstanden als einer, der nicht nur »mit dem alten Sinn aufräumt«, sondern ihn progressiv überwindet, ist ein *Anreicherungsprozess.* Ein solcher ähnelt der Bewegung, die Hegels *Phänomenologie des Geistes* beschreibt. Wenn sich hier, im Vollzug dessen, was

Hegel als einen Erfahrungsprozess beschreibt, dem Bewusstsein der Gegenstand und mit diesem das Verständnis, das das Bewusstsein von sich selbst hat, ändert, dann ist das keine unverbundene abrupte Änderung des Gegenstands und auch nicht dessen plane Widerlegung; es ist ein erweitertes Situations- und Selbstverständnis sowie die Auflösung von Selbsttäuschungen und Einseitigkeit, das diesen Erfahrungsprozess anleitet. Die Situation wird gewissermaßen neu definiert und überwunden mit Bezug auf eine umfassendere Situation, in die sie eingebettet ist, oder mit Bezug auf die Defizite der vorherigen Beschreibung. Das Neue, der Fortschritt, die fortgeschrittene Situation, ist dann das Resultat einer praktisch durchlaufenen Metareflexion[28] über das vorher Dagewesene und seine Verarbeitung. Fortschritt wäre dann nicht einfach nur das Bessere, sondern es wäre das reflexiv Umfassendere, bestünde also erfahrungsseitig in einer Zunahme an Komplexität, während Regression den Verlust an Komplexität und das Unterschreiten eines gesetzten Reflexivitätsniveaus bedeuten würde. Den Prozess der Anreicherung darf man sich also nicht linear vorstellen: Er ist vermittelt über Krisen und Krisenbewältigung. Die von Hegel beschriebenen Erfahrungsformen (die man getrost auch als Praxisformationen verstehen darf) gehen an ihren Erfahrungen zugrunde, wenn sie sich nicht transformieren. Man darf sich Anreicherung aber auch nicht quantitativ vorstellen, wie das Füllen eines Glases (wie manche befürchten[29]). Anreicherungsprozesse in diesem – durchaus als dialektisch zu bezeichnenden – Sinn beinhalten immer eine qualitative Veränderung (um im Bild zu bleiben: sowohl des Inhalts als auch des Glases selbst). Der so verstandene Prozess der Anreicherung von Erfahrung, die Erfahrungsgeschichte, die hier in Erscheinung tritt, lässt sich auch mit Dewey

28 Diese Idee des Fortschritts als sich anreichernder Metareflexion findet sich der Sache nach auch in Alasdair MacIntyres Überlegungen zur Rationalität von Traditionen. Vgl. dazu meine Auseinandersetzung mit MacIntyre in: *Kritik von Lebensformen*, S. 321-341.

29 Daniel Loick, mündl. Mitteilung. Vgl. dazu Daniel Loick, *Die Überlegenheit der Unterlegenen. Eine Theorie der Gegengemeinschaften*, Berlin 2024 (i. Vorb.).

beschreiben: aus Krisensituationen wird Reflexivität erzeugt, die neue Handlungsoptionen eröffnet.[30] In Umkehrung eines Motivs von Walter Benjamin – in seinen Überlegungen über den Verlust der Möglichkeit, Erfahrungen zu machen – könnte man behaupten, dass hier Erfahrungen gemacht werden, die das Machen von Erfahrungen begünstigen.[31] Die pragmatistisch informierte Formel für den Fortschritt lautet dann: Fortschritt ist die Zunahme an Erfahrung, ein Wachstum im Sinne einer Zunahme an kriseninduzierter Reflexivität. Auch der Begriff des Wachstums, wie er bei Dewey für den Fortschritt einsteht,[32] bezeichnet dann eben gerade nicht nur eine *quantitative Zunahme* von Wissen und Erfahrung, sondern auch eine *qualitative Verdichtung*. Und auch das Wachstum passiert, selbst wenn das leicht missverstanden werden kann, nicht von selbst, sondern vermittelt über reflexiv zu bewältigende Krisen. (Oder eben: über Problemlösungsprozesse zweiter Ordnung, wie in Kapitel 4 ausgeführt.)

Problemlösungen sind dann nicht einfach gelungen, wenn das, was dysfunktional war, wieder funktioniert. Wenn es sich so verhielte, dann könnten auch regressive Problemlösungen funktionieren, zumindest auf den ersten Blick. Gelingende Problemlösung vollzieht sich aber nicht lediglich als Neuadjustierung und Reintegration von bedeutungslos oder krisenhaft gewordenen Praktiken in ein irgendwie funktionierendes Praxisensemble. Wo wir sie als gelingend bezeichnen können, geschieht diese Neuadjustierung vielmehr als Transformation im Modus des Lernens aus denjenigen Krisen, die neue Erfahrungen erzwingen und aus denen sich neue Erforder-

30 So beschreibt es Tanja Bogusz, die auf äußerst instruktive Weise mit Bezug auf Dewey einen solchen Erfahrungsbegriff ausarbeitet. Vgl. Tanja Bogusz, *Experimentalismus und Soziologie. Von der Krisen- zur Erfahrungswissenschaft*, Frankfurt/M., New York 2018, S. 59-75.

31 Ich spiele hier auf Benjamins Analyse der Erfahrungsarmut an, vgl. Walter Benjamin, »Der Erzähler« sowie »Erfahrung und Armut«, beide in: ders., *Gesammelte Schriften*, Bd. II: *Aufsätze, Essays, Vorträge*, Frankfurt/M. 1977, S. 438-465 bzw. S. 213-219.

32 John Dewey, »Progress«, in: *International Journal of Ethics* 26:3 (1916), S. 311-322.

nisse ergeben. Manche dieser Transformationen sind kontinuierlich, andere können nicht geschehen ohne radikalen oder revolutionären Wandel. Anreicherung, Wachstum, gelingender Erfahrungsprozess sind also die prozeduralen Chiffren für das, was sich hinter der Idee des Fortschritts verbirgt.

Betrachten wir in der von mir vorgeschlagenen pragmatistisch-praxisphilosophischen Perspektive die Dynamik des Fortschritts als einen von Blockierungen und Verwerfungen bedrohten historisch-gesellschaftlichen Erfahrungsprozess – und damit als eine krisenhafte Dynamik von *Problemlösungsversuchen* –, so ergibt sich daraus die Möglichkeit der Bewertung qua Bewertung des Wandels als Wandel selbst. Eine soziale Veränderung ist ein *Wandel zum Besseren, weil und sofern* sie ein gelungener Problemlösungsprozess ist. Sie ist nicht deshalb fortschrittlich, weil sie sich einer bestimmten (gesetzten, erkennbaren) Problemlösung oder dem Guten annähert. Dass es *besser* wird (falls das geschieht), liegt nicht daran, dass wir uns einem bereits gesetzten und normativ ausgewiesenen Ziel nähern, sondern an der *Art des Fortschreitens selbst.* Es ist dieser *Prozess*, nicht erst sein *Resultat*, der uns philosophisch weiterhilft. Fortschritt wird damit sozusagen *freistehend* aufgefasst – und zu einem Bewegungsprinzip.

Eine prozessuale Deflationierung des Fortschritts

Behauptet Ulrich also, dass unser Leben »im Ganzen keinen Sinn« hat, und steht damit die Bestimmbarkeit des Fortschritts zur Debatte, so stellt sich jetzt heraus, dass es zur substanziellen Bestimmung von Zielen des Fortschritts (im globalen wie im lokalen Sinn) eine prozessuale Alternative gibt. Gemäß des in Kapitel 1 entwickelten Vorrangs des Fortschritts ist »Fortschritt« dann nicht das Problem, sondern die Lösung, mit der wir in das oben skizzierte metaethische Dilemma gar nicht erst geraten. Wie auch immer nämlich die Chancen und Möglichkeiten beschaffen sein mögen, in Bezug auf substanzielle Zielbestimmungen des menschlichen Lebens oder der menschlichen Gesellschaften mindestens philosophisch zu einer Einigung zu kommen: Eine solche Diskussion verfehlt unser spezifisches Thema und den spezifischen Gehalt des Fortschrittsbegriffs. Und sie verfehlt auch sein Potenzial. Wenn wir nämlich die Frage nach dem Fortschritt, wie hier diskutiert, nicht derivativ entweder zu einer deontologischen oder zu einer teleologischen Bestimmung von Fortschritt verstehen wollen, dann muss anders gefragt werden. Mit meinem Vorschlag wird der Begriff des Fortschritts also auf eine spezifische Weise deflationiert: nicht, indem er partikular auf einen bestimmten Kontext beschränkt wird, sondern, indem er auf die übergreifende *Form* im Sinne der Bewegungsdynamik des Geschehens bezogen, also die Qualität des oben beschriebenen Erfahrungsprozesses zum Kriterium gemacht wird. Diese gewissermaßen formale Lösung und die mit ihr angezeigte Problemlösungsorientierung ist weder »global« noch »lokal«; sie betrifft weder die Weltgeschichte im Ganzen noch nur einzelne ihrer Teile.

Auch wenn das Leben »im Ganzen keinen Sinn« hat und ein Ziel der Menschheitsentwicklung sich nicht bestimmen lässt, können wir zwischen sinnvollen und weniger sinnvollen, zwischen angemessenen und unangemessenen Verlaufsformen der Entwicklung, die historisch-soziale Lebensformen nehmen, unterscheiden. Es geht nun nicht mehr um Kriterien für das Ziel des Fortschritts, sondern um Kriterien für die Angemessenheit oder Unangemessenheit einer Entwicklung, die sich entweder in der Bewältigung der eine Lebensform betreffenden und sie ausmachenden Probleme und Krisen anreichert – oder eben nicht.

Erfahrungsblockaden und Problemlösungen

Diese Kriterien für das Gelingen eines (sich anreichernden) Erfahrungsprozesses lassen sich aus seinem Gegenteil, aus den Hemmnissen und Blockaden dieses Prozesses identifizieren, die ich als Erfahrungsblockaden bezeichne. Problemlösung vollzieht sich nicht von selbst und nicht ohne Hindernisse. Sie kann behindert sein durch Herrschaftsverhältnisse und anfällig sein für systematische und strukturell induzierte Lernblockaden und Verwerfungen. Es gibt dann gute und schlechte, blockierte und offene und somit progressive und regressive Problemlösungsdynamiken, wie sie uns in Kapitel 6 beschäftigen werden.

In dieser Hinsicht zeigt sich die Abwesenheit von Erfahrungsblockaden, also der systematischen Blockierung schon der Problemwahrnehmung, als negatives, aber belastbares Kriterium zur Beurteilung gelungener Problemlösungsprozesse. Umgekehrt ist die Ermöglichung weiterer Erfahrungen und die Offenheit gegenüber neu entstehenden Problemen und Anforderungen ein positiv gefasstes Kriterium für einen rationalen und angemessenen Problemlösungsprozess. Bessere Lösungen können von schlechteren unterschieden werden, ohne dass der entsprechende Fortschritt auf metaphysische Weise oder teleologisch gefasst werden müsste.[33] Auf diese Weise lässt sich – wie oben angedeutet können wir ein solches Konzept sowohl in Deweys Pragmatismus als auch in einer Hegel'schen Version bestimmter Negation finden – die Gelingensfrage von der substanziellen Bestimmung des Inhalts des guten Lebens ablösen und an die interne Konstitution der Prozesse richten, in denen Erfahrungen in einem anspruchsvollen Sinn verarbeitet, Probleme gelöst und Krisen überwunden werden.

Nicht der geringste Vorteil einer solchen Auffassung ist, dass sie sich *plural* fassen lässt. Es gibt dann mehrere Versionen und Mög-

33 Hier gibt es im pragmatistischen Lager natürlich Differenzen: Hilary Putnam versteht Deweys Ansatz so, dass dieser eine Bewertung des Fortschritts ohne Beschränkung auf lokale Gültigkeit ermögliche – und das auch (und gerade) ohne metaphysische Grundlage oder Letztbegründung: »Dewey glaubt (wie wir alle es tun, wenn wir nicht gerade den Skeptiker spielen), dass es bessere und schlechtere Lösungen für menschliche Zwangslagen gibt – für das, was er ›problematische Situationen‹ nennt.« Hilary Putnam, »A Reconsideration of Deweyan Democracy«, in: Robert B. Talisse, Scott F. Aikin (Hg.), *The Pragmatism Reader. From Peirce through the Present*, Princeton, Oxford 2011, S. 338. Richard Rortys Dewey-Interpretation dagegen weist genau in die entgegengesetzte Richtung: Für Rorty begnügt sich eine pragmatistisch orientierte Bewertung kultureller Unterschiede und historischer Entwicklungen auf ein lokales und kontingentes Narrativ. Vgl. Richard Rorty, »Rationalität und kulturelle Verschiedenheit«, in: ders., *Wahrheit und Fortschritt*, Frankfurt/M. 2000, S. 269-290, hier S. 276.

lichkeiten des gelingenden Fortschreitens und viele destruktive Varianten der Regression. Und das Fortschreiten bemisst sich immer relativ zu je unterschiedlichen Kontexten – den Problemlösungsgeschichten, innerhalb deren sich die jeweilige Dynamik abspielt –, ohne dass uns dabei die Möglichkeit verloren ginge, diese Geschichten als mehr oder weniger rational, mehr oder weniger regressiv zu bewerten.

Tatsächlich hat sich damit die Frage nach dem *Kriterium* für den Fortschritt zu der Frage, ob diese Bewegung *in ihrer Dynamik progressiv* oder eben *regressiv* ist, verschoben. Die Kurzformel, die sich für den Fortschritt jetzt anbietet, lautet: Fortschritt ist, was Teil eines fortschreitend sich anreichernden Problemlösungsprozesses ist, der – negativ bestimmt – nicht von Blockaden und Regressionsmomenten behindert ist. Fortschritt ist also ein *sich anreichernder Erfahrungsprozess*, in dem Sinne, dass hier Erfahrungen gemacht und widerstreitende Erfahrungen nicht systematisch blockiert werden. Eine Typologie solcher Erfahrungsblockaden und Regressionsmomente – von ideologischen Verzerrungen und hermeneutischen »Lücken«[34] bis hin zu Erfahrungsarmut, Entfremdung und kollektiven Handlungsblockaden – muss dann die normativen Kriterien liefern, die in meinem Ansatz an die Stelle einer positiven Beschreibung des *Ziels* fortschreitender Entwicklung treten.

Fortschritt als Abwesenheit von Regression

Das ist nun ein im Kern *negativistisches Vorgehen.* Aus dem nichtteleologischen Charakter der Orientierung an der Dynamik des Fortschritts selbst ergibt sich die formale Metakategorie der *Nichtregression.* Damit bin ich aber an einem Punkt angelangt, den bereits Adorno in seinem kurzen Text über den Fortschritt angedeutet hat. Was Fortschritt ist, lässt sich, will man der Dialektik des Fortschritts

34 Ich spiele hier auf das Konzept der hermeneutischen Lücke (*hermeneutical lacuna*) an, das Miranda Fricker entwickelt hat in: *Epistemic Injustice. Power and the Ethics of Knowing*, Oxford, New York 2007, S. 150-161.

gerecht werden, eigentlich nur vom Begriff des *Rückschritts* oder der *Regression* her verstehen:

> Denkbar [ist] ein Zustand, in dem die Kategorie [des Fortschritts] ihren Sinn verliert, und der doch nicht jener der universalen Regression ist, die heute mit dem Fortschritt sich verbündet. Dann verwandelte sich der Fortschritt in den *Widerstand gegen die immerwährende Gefahr des Rückfalls.* Fortschritt ist dieser Widerstand auf allen Stufen, nicht das sich Überlassen an den Stufengang.[35]

Fortschritt ist dann also weder – deterministisch gefasst – eine gleichsam automatische Entwicklung, noch ist er darauf angewiesen, das Ende des »Stufengangs« und damit eine bereits bestimmte Vorstellung der qualitativen Einzelheiten einer »vernünftigen Einrichtung der Gesamtgesellschaft als Menschheit«[36] auszuweisen. Der Widerstand gegen die regressiven Instanzen gewinnt seine Bestimmtheit und Richtung aus der fortschreitenden und konkreten Bestimmung ebendieser Instanzen der Regression.

Als Gegensätze erhellen die Begriffe »Fortschritt« und »Regression« dann die Komplexität des historischen Prozesses, den wir zu verstehen suchen. Wenn Fortschritt nicht nur eine lineare Annäherung an einen gesetzten, positiv bewerteten Zustand ist, sondern ein Anreicherungsprozess, dann ist Regression nicht nur ein linearer Rückschritt, sondern ein Rückfall hinter eine schon erreichte Position, die sich als *Verlernen* im Sinne einer systematischen Erfahrungsblockade verstehen lässt. Während Habermas sagt, dass man nicht *nicht lernen* kann, wäre Regression der Preis des Nichtlernens. Ist also Fortschritt das fortschreitend sich anreichernde Lösen von Problemen, so sind fortschrittliche soziale Bewegungen und Trans-

35 Theodor W. Adorno, »Fortschritt«, in: ders., *Gesammelte Schriften*, Bd. 10: *Kulturkritik und Gesellschaft II*, Frankfurt/M. 1977, S. 617-638, hier S. 638 (meine Hervorh., R.J.).

36 Ebd., S. 618.

formationen solche, die angemessen auf Widersprüche und Krisen reagieren, ohne dass hierbei ein Endpunkt absehbar wäre oder sein müsste. Prozesse sozialen Wandels finden demzufolge eine progressive im Gegensatz zu einer regressiven Lösung genau dann, wenn sich die neue Formation dialektisch-pragmatistisch als rationales Antwortgeschehen auf die bestehende Krise (oder die bestehende Problemstellung) deuten lässt.[37] Umgekehrt kann man, wie ich im nächsten Kapitel ausführen werde, von Regression dort sprechen, wo Krisen nicht – oder eben regressiv – bewältigt werden.

5.4 Exkurs: Dialektik des Fortschritts

Fortschritt kennt Rückschläge. Das räumen selbst die engagiertesten Verteidiger:innen des Fortschritts ein. Aber diese Rückschläge, der Umstand, dass etwas Erreichtes ganz oder partiell, zeitweise oder für längere Zeit wieder verloren gehen kann, sind als solche noch kein großes Problem für die Idee des Fortschritts. Das Problem einer »Dialektik des Fortschritts« ist hingegen grundsätzlicher und auf den ersten Blick dazu geeignet, die Vorstellung einer fortschrittlichen Entwicklung überhaupt infrage zu stellen.

Versteht man die Fortschrittsentwicklung als eine *lineare*, so legt man, wie ich in Kapitel 1 dargelegt habe, das Bild eines Weges zugrunde. Diesen abzuschreiten und auf diesem voranzukommen, bedeutet Fortschritt; die Umkehr, das Zurückschreiten, bedeutet Rückschritt. Mit anderen Worten: Solange man nicht vom Weg abkommt, sondern ihm folgt, wird es immer besser; und da, wo es wieder schlechter wird, vollzieht sich das als Rücknahme dieser Verbesserungen, als ein Weg, der hinter bereits Erreichtes zurückführt. Selbst das Eintreten von unerwarteten und unerwünschten Nebenfolgen des Fortschritts lässt sich in diese Vorstellung noch integrieren –

37 Den Ausdruck »rationales Antwortgeschehen« verdanke ich Robert Ziegelmann, *Bestimmende Negation. Utopie und Utopiekritik in Kritischer Theorie*, Berlin 2023 (Diss., unpubl.).

als Seitenpfade, die man nicht hätte gehen sollen und von denen aus man auf den Hauptweg zurückkehren kann.

Das ist aber in manchen Hinsichten eine unterkomplexe Vorstellung. Der Keim zu manchem Rückschritt liegt nämlich im Fortschritt selbst. Die Quintessenz einer solchen Dialektik des Fortschritts ist, dass wir es nicht nur mit Rückschritten, Ambivalenzen, unerwarteten Nebenfolgen oder widersinnigen Aneignungen einer zunächst als fortschrittlich sich darstellenden Entwicklung zu tun haben, sondern mit dem mindestens ambivalenten, schlimmstenfalls aber widersprüchlichen Charakter der Entwicklung selbst.

Fortschritt als qualitative Erweiterung von Möglichkeiten

In welchem Sinne zum Beispiel ist der Übergang von der feudalen zur kapitalistischen Arbeitsorganisation ein Fortschritt? Friedrich Engels' bahnbrechende Sozialstudie *Die Lage der arbeitenden Klasse in England*[38] und Upton Sinclairs *The Jungle*[39] liefern uns eindrückliche Beschreibungen der Lebens- und Arbeitsverhältnisse, denen die frühindustrielle Arbeiterklasse beziehungsweise die Einwanderer, die in den 1920er Jahren in Chicagos Fleischindustrie schufteten, unterworfen waren. Sie stehen an Elend, Hoffnungslosigkeit, gesundheitlicher wie sozialer Verwahrlosung und himmelschreiender Ausbeutung den Verhältnissen unter Bedingungen feudaler oder unfreier Arbeit in vielen Hinsichten nicht nach. Nicht ohne Grund hat Jack London Sinclairs Roman als »›Onkel Toms Hütte‹ der Lohnsklaverei«[40] bezeichnet und hat Marx die frühkapitalistischen Arbeits-

38 Friedrich Engels, *Die Lage der arbeitenden Klasse in England*, in: *MEW*, Bd. 2, Berlin 1985, S. 225-506.

39 Upton Sinclair, *The Jungle* [1906], Minneapolis 2016.

40 Siehe Mel Gussow, »Theater: Improvisation On Sinclair's ›Jungle‹«, in: *The New York Times*, 10.12.1983, online unter ⟨http://www.nytimes.com/1983/12/10/theater/theater-improvisation-on-sinclair-s-jungle.html⟩, letzter Zugriff 14.3.2023. Sinclair hat *Onkel Toms Hütte* offenbar als Roman der abolutionistischen Bewegung gelesen und die mittlerweile stark in die Kritik geratenen Momente des Romans ignoriert, die die passive Rolle der geschilderten Personen betreffen.

verhältnisse als »weiße Sklaverei«[41] gebrandmarkt. Vergleicht man die realen Lebensverhältnisse zwischen frühindustrieller Ausbeutung und feudaler Knechtschaft anhand der von Ökonom:innen und Philosoph:innen mit quantitativen Indikatoren gemessenen »materiellen Lebensqualität«, so werden diese Verhältnisse in den beiden Gesellschaftsformationen fallweise ein bisschen besser oder ein bisschen schlechter gewesen sein. Aber auch wenn sich hinsichtlich des materiellen Elends durch den Übergang von der unfreien zur – mit Marx – doppelt freien[42] Arbeit nicht in jedem Fall etwas geändert hat und sich die Herrschaftsverhältnisse und Abhängigkeiten lediglich von persönlichen zu sachlich vermittelten Verhältnissen transformiert haben sollten,[43] lässt sich behaupten (und Marx jedenfalls hat es behauptet), dass die Ablösung der unfreien durch die »freie« Arbeit ein Fortschritt sei.[44]

Nun gibt es verschiedene Weisen, für diese These zu argumentieren: Weit verbreitet ist die Unterscheidung verschiedener Dimensionen und Hinsichten des Fortschritts. Demnach wäre die »Lage der arbeitenden Klassen« in einer Hinsicht – derjenigen der rechtlich-formalen Gleichstellung – besser geworden, in der anderen – derjenigen der Versorgung mit materiellen Gütern – nicht unbedingt oder auch (noch) nicht. Der Fortschritt beträfe dann zwar (und zunächst) nur die rechtliche Form, wäre aber trotzdem ein klarer Fortschritt. Marx aber vertritt eine andere These, wenn er die Lohnarbeit als »ein Mittel zivilisierter und raffinierter Exploita-

41 Karl Marx, »Wahlen – Trübe Finanzlage – Die Herzogin von Sutherland und die Sklaverei«, in: *MEW*, Bd. 8, Berlin 1972, S. 499-505, hier S. 500.

42 Vgl. Karl Marx, *Das Kapital. Kritik der politischen Ökonomie. Erster Band*, in: *MEW*, Bd. 23, Berlin 1974, S. 183.

43 Ernst zu nehmen ist hier die Erfahrung der *black reconstruction*, dass nämlich die politische Emanzipation alleine nicht ausreicht und dass sich die Verhältnisse der Sklaverei unter dem Deckmantel der Lohnarbeit in mancher Hinsicht neu hergestellt haben. Vgl. W. E. B. Du Bois, *Black Reconstruction in America. 1860-1880*, New York 1992.

44 Vgl. dazu Karl Marx, *Das Kapital. Kritik der politischen Ökonomie. Dritter Band*, in: *MEW*, Bd. 25, Berlin 1969, S. 826-828.

tion«[45] auffasst und nichtdestotrotz davon ausgeht, dass sie gegenüber der Sklaverei ein Fortschritt sei. Er will nämlich darauf hinaus, dass durch die Ersetzung der einen, der persönlichen und direkten Form von Ausbeutung durch eine andere, die indirekt und unpersönlicher ist, sowie durch den Reichtum der materiellen Produktion überhaupt erst die Bedingungen dafür geschaffen worden sind, die Ausbeutungsverhältnisse in sowohl rechtlicher als auch materieller Hinsicht auf progressiv-emanzipatorische Weise zu überwinden. Der rechtlich-formale Wandel von unfreier Arbeit zu freier Lohnarbeit ist dann insofern ein Wandel zum Besseren, als er zusammen mit der Entwicklung der Produktivkräfte die *Potenziale für die Erreichung des Besseren* freisetzt. Diese Sichtweise unterscheidet sich signifikant von der Annahme, die sich im Rechtlichen ausdrückende Veränderung sei selbst schon der Fortschritt oder gar ein Fortschritt, dessen »normativer Überschuss« dann die Verbesserung der materialen Lebensverhältnisse schon nach sich ziehen würde. Die Pointe ist, dass Marx hier nicht zwei Hinsichten unterscheidet – in der einen ist Fortschritt zu verzeichnen, in der anderen (noch) nicht –, sondern beide Seiten in ein Verhältnis setzt, das geeignet ist, die »fortschrittliche« Dynamik anzutreiben.

> Es ist eine der zivilisatorischen Seiten des Kapitals, daß es diese Mehrarbeit [der Lohnarbeiter] in einer Weise und unter Bedingungen erzwingt, die der Entwicklung der Produktivkräfte, der gesellschaftlichen Verhältnisse und der Schöpfung der Elemente für eine höhere Neubildung vorteilhafter sind als unter den früheren Formen der Sklaverei, Leibeigenschaft usw. Es führt so einerseits eine Stufe herbei, wo der Zwang und die Monopolisierung der gesellschaftlichen Entwicklung (einschließlich ihrer materiellen und intellektuellen Vorteile) durch einen Teil der Gesellschaft auf Kosten des anderen wegfällt; andererseits schafft sie die materiellen Mittel und den Keim zu Verhältnissen, die in einer höheren Form der Gesellschaft erlauben, diese Mehrarbeit zu verbinden

45 Marx, *Das Kapital. Erster Band*, S. 386. Vgl. auch ders., *Grundrisse der Kritik der politischen Ökonomie*, in: *MEW*, Bd. 42, Berlin 1983, S. 492.

mit einer größeren Beschränkung der der materiellen Arbeit überhaupt gewidmeten Zeit.[46]

Man muss die These von der »zivilisatorischen Seite des Kapitals« selbstverständlich nicht teilen und man kann ihr die Beschönigung des Leids vorwerfen – und in einiger Hinsicht hat die reale Geschichte diese Auffassung auch widerlegt. (So liefern die jüngsten Untersuchungen über die gewaltförmige Akkumulation und die Gewaltgeschichte des Kapitalismus gerade hinsichtlich der Verflechtung mit der Sklaverei hier Gründe zur Skepsis.[47]) Was mich hier interessiert, ist die Argumentationsführung, an der sichtbar wird, dass Fortschritt nicht immer das Erreichen des Guten, ja nicht einmal immer das Erreichen des Besseren in einem quantifizierbaren Sinn bedeutet. Fortschritt bedeutet vielmehr: Es wurde ein Schritt getan in Richtung der Entfaltung der Potenziale einer gegebenen Situation,[48] der Entfaltung von Bedingungen, die einen Emanzipationsprozess ermöglichen. Gegeben ist damit ein weiterer Hinweis darauf, was un-

46 Marx, *Das Kapital. Dritter Band*, S. 827.

47 Sven Beckert, *Empire of Cotton. A Global History*, New York 2015, weiter aber auch Andreas Eckert, »Keine Moderne ohne verschleppte Sklaven«, in: *Frankfurter Allgemeine Zeitung*, 6.4.2023, online unter ⟨https://www.faz.net/aktuell/feuilleton/buecher/rezensionen/sachbuch/afrika-und-der-westen-keine-moderne-ohne-verschleppte-sklaven-18788483.html⟩, letzter Zugriff 5.5.2023.

48 So lässt sich auch dem eingangs bereits erwähnten Verdacht begegnen, dass Fortschrittskonzeptionen es erschweren, die nach der Überwindung einer bestimmten Form real weiterexistierenden Formen von Herrschaft zu sehen und zu thematisieren, so zum Beispiel die faktische Weiterexistenz von Sklaverei und unfreier Arbeit in Formen moderner Sklaverei oder im US-amerikanischen Gefängnissystem. Das mag durchaus eine Gefahr der optimistisch-liberalen Fortschrittskonzeption sein. Die Perspektive einer kritischen Konzeption dagegen, wie ich sie hier mit Marx andeute, soll es gerade ermöglichen, das Spezifische der alten und das Neue der modernen Sklaverei zu verstehen. Das ist weniger eine normative Frage; zur Debatte steht nicht, ob die eine Form der Sklaverei schlimmer ist als die andere. Und die Perspektive soll explizit die moderne Sklaverei nicht als Überbleibsel oder bloße Abweichung vom »liberalen Skript« verstehen. Vielmehr sind es die je besonde-

ter einem Anreicherungsprozess im Rahmen einer Dialektik des Fortschritts zu verstehen ist.

Emanzipation der Frauen

Ein gutes Beispiel für eine deutlich kompliziertere Dialektik (oder sogar für ihre Grenzen) bieten die schwer bestreitbaren Veränderungen der sozialen Position, der Lebensverhältnisse und der Rechte von Frauen, die sich im Verlauf der letzten 200 Jahre zugetragen haben. Eine gängige Vorstellung zeichnet die Entwicklung von der Feudalgesellschaft bis heute als Emanzipationsgeschichte. Auf die Emanzipation des Bürgertums folgte die Emanzipation der abhängig arbeitenden Klassen, die in der bürgerlichen Gesellschaft der Moderne nach zähen Kämpfen zu politischer Gleichberechtigung, sozialen Rechten und mindestens partieller materieller Absicherung geführt hat. Beginnend im 19. Jahrhundert und fortgesetzt im 20. Jahrhundert löste sich dann, wenn auch schleppend, allmählich auch die abhängige Stellung der Frauen auf. Nach dem Kampf um die bürgerlichen Rechte und dem daran anschließenden Kampf um die rechtliche Gleichstellung der Arbeiter, so lässt sich dieser Plot erzählen, etablierten sich mit der Frauenbewegung Kämpfe um die gleichen Rechte für Frauen auf der Bühne des sozialen Konfliktfelds. Mit einiger Verspätung, aber durchaus derselben Logik der Gleichheitsidee folgend und vom selben Sog der bürgerlichen Emanzipation mitgerissen, erlangten Frauen also, dieser Vorstellung zufolge, schrittweise die rechtlich-formale und, mit bis heute andauernder Verzöge-

ren Möglichkeiten ihrer Überwindung, die sich voneinander unterscheiden, je nachdem, in welchem historischen und sozialen Kontext die entsprechenden Praktiken stehen. Während es in der liberalen Perspektive verwunderlich erscheinen mag, dass es unter Bedingungen politisch-rechtlicher Freiheit an Sklaverei erinnernde Ausbeutung gibt und entsprechend die moderne Sklaverei als normativ hochproblematisches, aber eben auch unzeitgemäßes Überbleibsel erscheint, ist meine Position darauf angelegt, die unterschiedlichen Funktionen und Funktionsweisen der alten und der neuen Sklaverei zu analysieren, um ihre Überwindung zu ermöglichen. Für Diskussionen zu diesem Punkt danke ich insbesondere Robin Celikates.

rung, die materiale Gleichberechtigung. Bei allen Rückschlägen seien die Erfolge dieser Auseinandersetzung gerade in den letzten Jahrzehnten unverkennbar.

Dieses Bild einer fortschreitend sich verwirklichenden Emanzipation ist nun zwar verführerisch, aber zu simpel. Nicht nur waren mit der bürgerlichen Emanzipation nicht alle Formen der Diskriminierung überwunden. Viel schwerer wiegt, dass der Abbau der einen Art von Diskriminierung – der Abbau der feudal-hierarchischen Standesgesellschaft und ihrer Arbeits- und Lebensformen – neue und andere Diskriminierungsmuster hervorgebracht hat, von denen Frauen besonders betroffen waren. Frauen wären dann, so lässt es sich zuspitzen, im bürgerlichen Emanzipationsgeschehen nicht nur *noch nicht* als Gleiche behandelt; sie werden vielmehr auf neue Art zu Ungleichen gemacht.

In groben Zügen lässt sich ein Gegenplot zur Fortschritts- und Erfolgsgeschichte der Emanzipation folgendermaßen erzählen: Genau in dem Moment, so eine gut belegte Einsicht aus der Erforschung der Geschlechtergeschichte,[49] in dem die ständischen Differenzierungen fallen und die politisch-rechtliche Gleichheit sich als normatives Ideal durchgesetzt hat, werden geschlechtlich und biologistisch konnotierte Unterschiede wichtiger und für das kollektive wie individuelle Selbstverständnis virulent. Undine Eberlein fasst es prägnant zusammen:

> In der vielfach hierarchisierten und heterogenen vormodernen Gesellschaft war […] die Natur »der Frau« offenbar kein besonders dringliches Problem: eingebunden in die ständischen Lebensweisen war ihre »Besonderheit« nur ein Aspekt einer nach Gottes Willen vielfach gegliederten Welt.[50]

49 Vgl. zum Beispiel Gisela Bock, *Frauen in der europäischen Geschichte. Vom Mittelalter bis zur Gegenwart*, München 2000, und Karin Hausen, *Geschlechtergeschichte als Gesellschaftsgeschichte*, Göttingen 2013.

50 Undine Eberlein, *Einzigartigkeit. Das romantische Individualitätskonzept der Moderne*, Frankfurt/M., New York 2000, S. 352.

Während die vormoderne Welt also durch eine Vielfalt von Ungleichheitsachsen bestimmt war, wird die Geschlechterdifferenz erst in der aufklärerischen Moderne zu einer öffentlich anerkannten und für die Zuteilung sozialer Positionen bestimmenden Differenz.

Interessant ist dabei, wie sich im Zuge dieser Veränderung das Interpretations- und Legitimationsmuster, dem die Geschlechterverhältnisse unterliegen, verschiebt. Mit Aufklärung und bürgerlicher Emanzipation wird die bis dahin vorherrschende »Defizienzthese«, der zufolge Frauen eine unzulängliche Version der Spezies Mensch sind, durch eine auf einem Dualismus aufbauende »Komplementaritätsthese« abgelöst.[51] Diese besagt, dass Männer und Frauen von Natur aus verschieden sind und einander in dieser Verschiedenheit ergänzen. Diese These wird fortan die Lebensverhältnisse von Männern wie von Frauen grundlegend bestimmen. Frauen sind jetzt nicht mehr nur halbe, irgendwie defiziente Männer, sondern das komplementär Andere des Mannes, das gefühlsbetont-fürsorgliche Wesen, das (wo ökonomisch möglich) seinen Platz ausschließlich in der Sphäre des Privaten hat.

Das von einer komplementären Dualität der Geschlechter ausgehende Deutungsschema ist historisch betrachtet also noch gar nicht allzu lange in Kraft; keineswegs ist es von Haus aus mit traditionellen oder vormodernen Lebensformen verknüpft. Die vorgeblich natürliche Ordnung ist nicht etwa die alte, sie wird zu einer neuen Legitimationsideologie von Ungleichheiten im Geschlechterverhältnis:

> Trotz vielfältiger rechtlicher und sozialer Verbesserungen wurde damit »das Weibliche« zu einer Kategorie, die einen andauernden Ausschluß der Frauen aus dem Gleichheitsversprechen der Aufklä-

51 Vgl. zu dualen vs. defizitären Deutungen auch Thomas Laqueur, *Auf den Leib geschrieben. Die Inszenierung der Geschlechter von der Antike bis Freud*, Frankfurt/M., New York 1992. Zum Prozess der Verlagerung der Geschlechterdifferenz in die Natur vgl. Claudia Honegger, *Die Ordnung der Geschlechter. Die Wissenschaft vom Menschen und das Weib, 1750-1850*, Frankfurt/M. 1991.

rung begründete und rechtfertigte. Zwar wurden durch die Zuschreibung komplementärer, einander ergänzender Eigenschaften an die Geschlechter nun den Frauen eigene Qualitäten zugesprochen und nicht eine bloße »Defizienz« konstatiert, doch wurde zugleich durch deren meist strikt dichotome Zuordnung eine Partizipation an den »männlichen« Sphären und insbesondere der Politik oft rigider unterbunden als noch in der vormodernen ständischen Gesellschaft.[52]

An der Stellung der Frauen in der Arbeitswelt wird diese Entwicklung plastisch. Waren Frauen in mittelalterlichen Verhältnissen sowohl in der Landwirtschaft als auch in den Handwerksbetrieben anerkannter Teil des öffentlichen Arbeits- und Lebensprozesses, so ist die Erfindung der Hausarbeit und die damit einhergehende Abdrängung der Frauen aus der öffentlichen Welt in die des Privaten eine moderne Entwicklung. Wie Barbara Duden und Gisela Bock in ihrer bahnbrechenden Studie zur Entstehung von Hausarbeit darlegen,[53] waren Frauen unter Bedingungen einer »Ökonomie des ganzen Hauses«, das heißt einer kleinbäuerlichen oder kleinhandwerklichen Ökonomie auf der Grundlage eines Haushalts, zu dem auch die Lehrlinge und Gesellen gehörten, mit ihrer Arbeit sichtbarer Teil der gesamten Haushaltsökonomie. In den Schatten ist die weibliche Arbeit also erst durch die veränderte Ökonomie der bürgerlichen Gesellschaft geraten, durch die spezifisch bürgerlich-kapitalistische Form der Arbeitsteilung, in der die Arbeit typischerweise nicht mehr integrativ, also in Haus und Hof oder im Handwerksbetrieb, verrichtet wird, sondern in voneinander getrennten Sphären. Die damit verbundenen Zuschreibungen und Spaltungen schreiben sich dann als ideologisch-kulturelles Ideal selbst noch in diejenigen (pro-

52 Eberlein, *Einzigartigkeit*, S. 352.

53 Gisela Bock, Barbara Duden, »Arbeit aus Liebe – Liebe als Arbeit. Zur Entstehung der Hausarbeit im Kapitalismus«, in: *Frauen und Wissenschaft. Beiträge zur Berliner Sommeruniversität für Frauen. Juli 1976*, Berlin 1977, S. 118-199.

letarischen) Klassenlagen ein, die eine tatsächliche Trennung gar nicht erlauben. Entsprechend ist die von der Frauenbewegung seit den 1970er Jahren problematisierte »Schattenarbeit« der Frauen also gerade kein Überrest vormoderner Unterdrückung, sondern Produkt der modernen bürgerlichen Welt.[54] Die Emanzipation der Frauen hat sich also keineswegs Hand in Hand mit der Emanzipation der Gesellschaft zur bürgerlichen vollzogen, ja, in bestimmten Hinsichten ist sogar das Gegenteil der Fall, sofern wir es mit einer genuin neuen Form des Ausschlusses zu tun haben, die in ihrer Spezifität ein Produkt oder sogar die Kehrseite von Aufklärung und bürgerlicher Emanzipation selbst ist. Als im Prinzip lineare Aufwärts- oder Vorwärtsbewegung mit gelegentlichen Rückschritten, Seitenpfaden und Verspätungen ist diese Entwicklung also nicht zu verstehen.

Wenn nun aber »[d]ie vermeintlich traditionelle Vorstellung eines strikten Geschlechterdualismus [...] in vieler Hinsicht erst eine ›Errungenschaft‹ der Epoche der Aufklärung« ist,[55] und wenn diese erst neue Herrschaftsverhältnisse und Ausschlüsse hervorbringt und zementiert, hätte es unter Verhältnissen der bürgerlichen Emanzipation hinsichtlich der Geschlechterverhältnisse *weder einen Fortschritt noch einen Rückschritt* gegeben. Weder besser noch schlechter, sondern primär *anders* wäre die Lage der Frauen im Zeitalter der bürgerlich-industriellen Doppelrevolution geworden. Ausbeutung und Herrschaft sind nicht abgeschafft, sondern haben eine neue Form angenommen. Weder gibt es hier einen emanzipativen Fortschritt

54 Als »Schattenarbeit« wird in einigen feministischen Diskursen der Umstand bezeichnet, dass in unseren Gesellschaften die (Haus-)Arbeit der Frauen im Schatten der vorrangig männlich konnotierten Lohnarbeit steht, da sie unbezahlt, öffentlich wenig anerkannt und prekär ist und zudem lediglich als ein Faktor der Reproduktion der männlichen Arbeitskraft ohne eigenen Status und ohne sozialrechtliche Absicherung gilt. Ivan Illich hat diesen Begriff geprägt, der dann in der feministischen Diskussion umgewendet und aufgenommen worden ist. Vgl. Ivan Illich, »Schattenarbeit oder vernakuläre Tätigkeiten. Zur Kolonisierung des informellen Sektors«, in: *Technologie und Politik. Das Magazin zur Wachstumskrise* 15 (1980), S. 48-63.

55 Eberlein, *Einzigartigkeit*, S. 352.

noch hat man einfach kehrtgemacht und ist auf dem einen Fortschrittsweg ein paar Schritte zurückgegangen. Auch die Vorstellung, es handele sich eben um zwei voneinander getrennte Wege und auf dem einen sei es vorangegangen, auf dem anderen hingegen noch nicht, beschreibt die Situation nicht adäquat. Es ist vielmehr so, dass der Fortschritt *als seine andere Seite* einen Deutungs- und Bezugsrahmen hervorgebracht hat, der die gesellschaftliche Position der Frau als Unterlegene auf eine neue Weise interpretiert und ideologisch fixiert. Der gesellschaftliche Fortschritt des Abbaus feudaler Hierarchien hat das selbst erzeugt, und zwar *systematisch*.

Ambivalenz oder Kehrseite?

Gibt es also in diesem Fall nur bloße Veränderungen, die es zu analysieren gilt, in Bezug auf die sich aber kein Fortschritt beziehungsweise weder Fortschritt noch Rückschritt ausmachen lässt? Meine Antwort – die insgesamt »nein« lautet – umfasst mehrere Schritte.

Klarerweise sind *beide*, die vormoderne These von der Defizienz der Frau gegenüber dem Mann wie die moderne einer Komplementarität zwischen den Geschlechtern, der Lebenssituation und den Lebenschancen von Frauen nicht zuträglich. (Über das quantitative Ausmaß der mit diesen Interpretationen einhergehenden Unterdrückung mag man sich streiten, aber das ist ein sinnloser Streit.)

Ernst nehmen aber muss man, dass die nun einsetzenden Formen von männlicher Herrschaft und Ausbeutung eine *neue und andere Form* haben als die feudalen. Die bürgerliche Herrschaft über die Frau ist eine andere als die vorbürgerliche. Und genau das ist entscheidend. Es sind je verschiedene Formen von Herrschaft, die auf je verschiedenen Rahmenbedingungen und Anschlusspraktiken beruhen und je verschiedene Möglichkeiten der Überwindung freisetzen. Das muss man insbesondere gegenüber vereinfachten Interpretationen hervorheben, die die Situation vor allem an der Feststellung messen, dass es sich, normativ verurteilungswürdig, immer wieder um Herrschaft handelt.

Wenn man nun in diesem Geschehen einen Anreicherungsprozess erkennen möchte, so muss man das oben angeklungene Motiv der *Kehrseite* ernst nehmen. Das heißt konkret: die Ideologie des Geschlechterdualismus systematisch auf das Aufkommen der bürgerlichen Idee der Gleichheit beziehen. Die Naturalisierung der Geschlechtsunterschiede wäre dann eine Reaktion auf die naturrechtliche Idee der Gleichheit. Als solche ist sie eine bestimmte Antwort auf eine bestimmte Konstellation, die allerdings einhergeht mit einer folgenreichen Abspaltung und Vereinseitigung.

Erstens scheint das Konzept naturrechtlicher Gleichheit es zu erfordern, dass es auch so etwas wie von Natur aus bestehende Ungleichheit gibt, wenn Geschlecht in einer bürgerlich-egalitären Ordnung kein sozialer Status mehr sein kann. Die neue Form des herrschaftsförmigen Ausschlusses von Frauen als komplementär Anderen wäre die Kehrseite der neuen, jedenfalls formalen Gleichheit der Männer. *Zweitens* braucht die »kalt« und mechanistisch wirkende neue ökonomische Sozialordnung die von den Frauen als Komplementärgeschöpfen hergestellte Intimität als ihr »warmes« Gegenbild. Oder, in Anlehnung an Hegels Antigone-Interpretation: Die bürgerlich-männliche Welt, ihre Lebens- und Wirtschaftsform, hat ebendas aus sich ausgeschlossen und als ihr Anderes gesetzt, was für sie konstitutiv ist.

Der neue Dualismus der Geschlechter ist also ein Herrschaftsmodell, das sich in die neuen (materiellen) Bedingungen einpasst und von diesen systematisch erzeugt wird. Die neuen Formen sind nicht einfach neu und anders, sondern ihrerseits Reaktionen auf sich verändernde Bedingungen – eine Lösung für sich stellende Probleme, wobei Lösung und Problem hier (wie stets) eng miteinander verbunden sind.[56]

Um aus einer solchen Erzählung einen normativ-historischen Richtungssinn zu gewinnen, ist es erforderlich, die Ordnung der feu-

56 Warum die neue ökonomische Ordnung auf die Idee der Gleichheit angewiesen ist und umgekehrt diese durch jene plausibel geworden ist, ist eine andere Geschichte, die (in die eine Richtung) Marx und (in die andere Richtung) Sewell erzählen.

dalen Differenzierung und die der bürgerlichen Gleichheit in ein gemeinsames Bezugssystem zu bringen. Dazu ist es wiederum nötig, die neu gesetzte materiale Konstellation als eine zu verstehen, die sich aus den Widersprüchen und Krisen derjenigen sozialen Formationen entwickelt hat, aus denen sie hervorgegangen ist. Die naheliegende Art, weiteren Fortschritt einzufordern, und auch die Strategie, die die späteren Emanzipationsbewegungen faktisch eingeschlagen haben, ist schließlich, sich auf die volle moderne Gleichheit zu beziehen und dabei ein solidarisches Verständnis und entsprechend solidarische Praktiken der Komplementarität aufzurufen. Analog zu Marx' These von den Potenzialen zur Erreichung des Besseren kann man sich dann fragen, inwiefern der Ausgangspunkt der naturrechtlichen Gleichheit hierfür bessere Bedingungen bietet als die von diesem abgelöste Vorstellung der nach Gottes Willen gegliederten Welt.

Während eine strenge Logik und Dialektik der Geschichte nun die Vorstellung nahelegen würden, dass die Komplementaritätsversion der männlichen Herrschaft eine notwendige Stufe auf dem Weg zu wirklicher Gleichheit ist, man also gar nicht von der vormodernen Situation auf direktem Weg zur wirklich inklusiven Situation hätte gehen können, führt das von mir favorisierte deflationierte Verständnis einer pragmatistisch-dialektischen Logik von Anreicherungsprozessen zu den in der Geschichte verborgenen, aber verpassten Möglichkeiten, die – wären sie ergriffen worden – eine Veränderung zum Besseren bedeutet hätten. Mit den Tendenzen in Richtung der Inklusion von Frauen als Bürgerinnen und dem von Claire Lacombe gegründeten Jakobinerinnen-Club, der 1793 aufgelöst wurde, bietet die Geschichte der Französischen Revolution Beispiele für solche Möglichkeiten.

6
Verrat am Möglichen: Zur Anatomie der Regression

> Die Suche nach der verlorenen Zeit findet nicht einfach heim, sondern verliert jegliche Konsistenz; willkürliche Bewahrung des Überholten gefährdet, was sie bewahren will, und verstockt sich mit schlechtem Gewissen gegen das Neue. *Theodor W. Adorno*[1]

> Es ist eine Flucht vor der Wirklichkeit, die man da beobachten kann, aber sie ist eben weit verbreitet in einer Zeit, in der sich viele von der Wirklichkeit fast unsittlich bedrängt fühlen. *Georg Diez*[2]

Fortschritt, das war das Resultat der letzten Kapitel, ist ein sich anreichernder Erfahrungsprozess. Negativ gefasst ist Fortschritt die Abwesenheit von Regression. Was aber ist Regression? Mein Vorschlag lautet, Regression als Erfahrungsblockade zu verstehen und damit als defizienten Modus der Krisenbewältigung und Problemlösung. Wenn fortschrittlich diejenigen sozialen Transformationsprozesse sind, die sich als angemessene Reaktion auf Widersprüche und Krisen verstehen lassen, so kann man umgekehrt von Regression dort sprechen, wo Krisen nicht oder eben regressiv bewältigt werden. Genauso wenig wie Fortschritt in meinem Sinne

1 Theodor W. Adorno, *Philosophie der neuen Musik*, in: ders., *Gesammelte Schriften*, Bd. 12, Frankfurt/M. 1975, S. 16.

2 Georg Diez, »Ablenkungsmanöver. Wenn Gedichte zu ›Fake News‹ werden«, in: *Spiegel Online*, 4.2.2018, ⟨http://www.spiegel.de/kultur/gesellschaft/ablenkungsmanoever-wenn-gedichte-zu-fake-news-werden-kolumne-a-1190973.html⟩, letzter Zugriff 23.3.2018.

auf ein Ziel angewiesen ist, ist Regression dann der Rückfall hinter ein bereits bestimmtes, gesetztes Ziel.

Aber was genau bedeutet »regressive Krisenbewältigung«? Wie der Fortschrittsbegriff, so hat der Begriff der Regression vielfältige Implikationen, die sich nicht von selbst verstehen und die nicht leicht zu verteidigen sind.[3]

In diesem Kapitel werde ich zunächst kurz auf das Regressionsverständnis der Psychoanalyse eingehen (6.1), um im nächsten Schritt der Spezifik des Regressionsbegriffs anhand einer Abgrenzung von Nachbarkonzepten nahezukommen (6.2). Danach möchte ich den kritischen Gehalt des Regressionstheorems anhand von Adornos Analyse von Faschismus und Nationalismus als Regression herausarbeiten (6.3). Anschließend wende ich mich zwei Problemen des Regressionsbegriffs zu (6.4): Muss die Regressionsdiagnose notwendig von einem substanziellen Modell gelingender Entwicklung ausgehen? Und ist die Haltung der Regressionskritiker:in gegenüber den von ihr Kritisierten eine paternalistische? Schließlich werte ich meine Ergebnisse im Sinne eines Verständnisses von Regression als einem defizienten Modus von Krisenbewältigung und Erfahrungsblockade aus (6.5).

3 Wie bereits im Vorwort bemerkt, ist die derzeit häufige Bezugnahme auf »Regression« auch vom methodischen Standpunkt aus bemerkenswert, denn die Verwendung dieses in der Psychoanalyse häufig verwendeten (wenn auch ihr nicht exklusiv zugehörigen) Begriffs evoziert eine Durchdringung von Gesellschaftsanalyse mit sozialpsychologischen Fragestellungen. Das erinnert an das klassische Projekt der Kritischen Theorie Frankfurter Provenienz, wobei es sich um einen Aspekt der Traditionslinie handelt, der in den letzten Jahrzehnten nicht gerade im Zentrum der Aufmerksamkeit gestanden hat, zurzeit jedoch erneut an Virulenz gewinnt. Dazu passt auch, dass der Begriff der autoritären Persönlichkeit und die Studien zum autoritären Charakter eine kleine Renaissance zu erleben scheinen. Den Weg dazu geebnet hat Peter Gordon, »The Authoritarian Personality Revisited: Reading Adorno in the Age of Trump«, in: *b20. An Online Journal*, 15.6.2016, ⟨https://www.boundary.org/2016/06/peter-gordon-the-authoritarian-personality-revisited-reading-adorno-in-the-age-of-trump/⟩, letzter Zugriff 23.3.2023.

6.1 Regression in der Psychoanalyse

Der Begriff der Regression hat, so lässt sich diagnostizieren, ein ausgeprägtes *öffentliches*, aber ein schwach konturiertes *philosophisches* Leben.[4] So stark seine Konjunktur im zeitdiagnostischen Diskurs ist, so vage ist sein Gebrauch[5] und so selten wird dabei auf das Konzept der Regression und seine Implikationen eigens reflektiert. Nun sind aber die zeitdiagnostisch manchmal unter dem Titel »Regression« versammelten Phänomene nicht *per se* Regressionsphänomene, egal wie bedrohlich, unerfreulich oder falsch sie sein mögen. Schließlich könnte man sie auch als bloße Verschiebung von Hegemonien, als rückständige Bewahrungstendenz oder als einen verheerenden Zusammenbruch der liberaldemokratischen Ordnung interpretieren, ohne dabei einen avancierten Regressionsbegriff zu bemühen. Die erwähnten Tendenzen erfahren durch den Begriff der Regression eine spezifische Interpretation, deren analytische Werkzeuge erst präzisiert werden müssen und deren Produktivität sich dann zu erweisen hat. Regression ist, wie Fortschritt, ein Interpretationsschema und ein Narrativ.

Für eine erste Annäherung an die sozialphilosophische Regressionsanalyse ist es hilfreich, sich dem Bedeutungskern des Regressionsbegriffs in jenem Kontext zuzuwenden, in dem er seine bis heu-

4 Einen vergleichbaren Kontrast zwischen einem ausgeprägten öffentlichen Leben einerseits und einem schwach konturierten philosophischen Leben andererseits spricht R. Jay Wallace dem Begriff des Ressentiments zu. Vgl. ders., »Ressentiment, Value, and Self-Vindication. Making Sense of Nietzsche's Slave Revolt«, in: Brian Leiter, Neil Sinhababu (Hg.), *Nietzsche and Morality*, Oxford, New York 2007, S. 110-137.

5 Svenja Ahlhaus und Peter Niesen meinen, dass die Regressionsanalyse häufig nur einen diffusen Gesamteindruck artikuliere und als übergreifende Diagnose auf ein Verständnis sozialer Pathologien verweise. Siehe Svenja Ahlhaus, Peter Niesen, »Regressionen des Mitgliedschaftsrechts. Für einen Kosmopolitismus von innen«, in: Paul Sörensen, Ulf Bohmann (Hg.), *Kritische Theorie der Politik*, Berlin 2019, S. 608-631.

te prägende Bedeutung erhielt: in der Psychoanalyse. Selbst wenn man keine unmittelbare Analogie zwischen individualpsychischen und sozialen Phänomenen vornehmen möchte – Gesellschaften sind schließlich nicht einfach ein erweitertes Subjekt, kein Großsubjekt –, lassen sich die in der Theorietradition der Psychoanalyse verhandelten Strukturmomente individueller Regression als Heuristik zum Verständnis sozialer Regression nutzen.

Regression bezeichnet, psychoanalytisch betrachtet, »einen Vorgang, in dem ein Individuum oder eine Gruppe ein schon erreichtes psychisches Struktur- oder Funktionsniveau verlässt und zu einem lebensgeschichtlich früheren und/oder niedriger strukturierten Niveau des Denkens, Fühlens oder Handelns zurückkehrt« und damit die Rückkehr einer Patient:in zu früheren, kindlichen »und insofern primitiveren Erlebnis- und Verarbeitungsweisen«.[6] Individuelle Regressionsprozesse werden ausgelöst und motiviert durch ungelöste Konflikte, Krisen oder lebensgeschichtliche Probleme, manchmal auch durch traumatische Erfahrungen, die das Ich von einer Bewusstwerdung abhalten, um seine Stabilität sicherzustellen. Regression steht hier also für die Unfähigkeit zu anderen, angemesseneren Modi der Konfliktbearbeitung und ist damit einer der Mechanismen, die die eigene Lebensgeschichte unzugänglich machen,[7] somit Autonomie blockieren und nötigen Transformationen im Weg stehen. Bedeutet für die psychosoziale Entwicklung *Progression* das Erreichen einer komplexer strukturierten, »erwachseneren« Funktionsweise samt fortschreitender Konfliktbewältigung auf dem Niveau der sich stellenden Konflikte und der lebensgeschichtlich erreichten Konfliktbewältigungskompetenz, so ist *Regression* ein Unterschreiten ebendieses Niveaus.

6 Jürgen Körner, »Regression – Progression«, in: Wolfgang Mertens, Bruno Waldvogel (Hg.), *Handbuch psychoanalytischer Grundbegriffe*, Stuttgart 2008, S. 633-639.

7 Vgl. Sigmund Freud, »Erinnern, Wiederholen und Durcharbeiten«, in: ders., *Gesammelte Werke*, Bd. X: *Werke aus den Jahren 1913-1917*, London 1949, S. 126-136.

Nun hat der Begriff der Regression in der Psychoanalyse keineswegs die ausschließlich pejorative Bedeutung, die ihm im Zusammenhang zeitdiagnostischer Überlegungen zukommt. Nicht nur gibt es durchaus liebenswerte, willkommene und harmlose »Regression[en] im Dienste des Ich«,[8] partielle Regressionen in Freundschaften oder Liebesbeziehungen und im Bereich der Kunst oder temporärer Entgrenzungs- und Rauscherfahrungen aller Art. Darüber hinaus werden in der psychoanalytischen Therapie Momente der Regression in den Dienst des therapeutischen Prozesses gestellt; Regression ist, folgt man dem Psychoanalytiker Michael Bálint, ein »wichtiger Bündnispartner in der Therapie«.[9] Es gibt also gewissermaßen pathologische und nichtpathologische Formen der Regression. Ob diese problematisch oder unproblematisch (weil zum Beispiel entlastend) sind, kommt auf die Funktion an, die sie im entsprechenden Zusammenhang haben. Als »Sicherheitsventil für gestaute Gefühlsregungen und Triebwünsche« und »periodische Entlastungsmöglichkeiten«[10] fungieren in diesem Sinne eine ganze Reihe

8 Vgl. Ernst Kris, »Zur Psychologie der Karikatur«, in: *Imago* 20:4 (1934), S. 450-466, hier S. 454.

9 Vgl. Michael Bálint, *Therapeutische Aspekte der Regression. Eine Theorie der Grundstörung*, Stuttgart 1970, S. 180. Ähnlich schreibt auch Hans Loewald über den therapeutischen Einsatz der Regression: »Die Analyse wird demnach als ein Eingriff verstanden, der die Ich-Entwicklung in Bewegung bringen soll, sei es von einem Punkt relativen Stillstands aus oder aber um das zu fördern, was wir als eine gesündere Richtung oder weitere Ausdehnung dieser Entwicklung ansehen. Dies wird durch die Förderung und Nutzung der (kontrollierten) Regression erreicht.« Hans Loewald, *Psychoanalyse. Aufsätze aus den Jahren 1951-1979*, Stuttgart 1986, S. 212. Diese Hinweise verdanke ich Marvin Ester.

10 So beschreibt es Michael Bálint sehr anschaulich für den Jahrmarkt: »Die üblichen Eßwaren, wie sie auf Jahrmärkten verkauft werden, müssen im allgemeinen zwei Merkmale aufweisen – sie müssen sehr süß und sehr billig sein. Oft sind die hier angebotenen Süßigkeiten charakteristisch für Jahrmärkte und werden kaum je anderswo oder bei andern Gelegenheiten verkauft; es gibt aber auch Ausnahmen von dieser Regel. Die nächste Gruppe umschließt die aggressiven Spiele, wie Schießen auf ein Ziel, Erproben der rohen Kraft sowie auch rein destruktive wie ›Häusliches-Glück-Zerstören‹,

von sozial durchaus anerkannten Vergnügungen, die, lokal und temporär auf Ausnahmezustände begrenzt, das normale soziale Funktionieren befördern, ebenso wie die Regression als Bündnispartner der Therapie im Dienste des Heilungsprozesses steht.

Problematisch wird Regression dagegen dort, wo weder diese doppelte Begrenztheit und Einhegung (auf bestimmte Zeiten und/oder bestimmte Orte) noch die »listige« Funktion einer Arbeit im Dienste der nichtregressiven Normalität zu erkennen ist. Bei der Regression im pejorativen Sinn handelt es sich nicht um die unschuldige Wiederaufnahme einer früheren Verhaltensweise oder eine unschuldige temporäre Entgrenzung, sondern um eine problematische, weil in bestimmter Hinsicht unangemessene Reaktion auf ein bewusstes oder unbewusstes, schlimmstenfalls verdrängtes Problem. Die Problematik der Regression liegt, so gesehen, im Preis, den das Annehmen regressiver Verhaltensmuster und Verarbeitungsmechanismen hat: in der Vermeidung eines Konflikts oder einer Krise und der Verweigerung des in einer Krisensituation geforderten Lern- und Adjustierungsprozesses.

Fragt man sich nun, was an dieser Entwicklungsdynamik und am Verharren in einem vorherigen Zustand und Differenzierungsmodus *falsch* ist, so ist die Antwort: Mit einer solchen Reaktionsweise und der damit einhergehenden Realitätsvermeidung wird die Krisen- und Problembewältigung sowie das Ausbalancieren von Konflikten verhindert. Regression in diesem Sinne ist problematisch, in-

wo billiges Porzellan mit Bällen zertrümmert wird. Die Psychodynamik dieser beiden Gruppen von Vergnügungen kann bis zu einem gewissen Grade durch die uns bisher zur Verfügung stehende Terminologie beschrieben werden. Beide bieten Gelegenheit zur Regression, indem sie Trieben von recht primitivem Niveau Befriedigung verschaffen: die erste Gruppe den oralen, die zweite den destruktiven oder aggressiven Trieben. Von diesem Gesichtspunkt aus betrachtet, ist der Jahrmarkt ein Sicherheitsventil für gestaute Gefühlsregungen und Triebwünsche, die bei zivilisierten und wohlerzogenen Erwachsenen unbefriedigt bleiben müssen und denen damit auf einem primitiven Niveau innerhalb sicherer Grenzen periodische Entlastungsmöglichkeiten geboten werden.« Michael Bálint, *Angstlust und Regression. Beitrag zur psychologischen Typenlehre*, Reinbek bei Hamburg 1972, S. 18.

sofern sie Ersatzhandlungen befördert, die das Scheitern oder das Gefühl der Machtlosigkeit zu verdrängen helfen. Kurz: Regression ist die Verstetigung von Prozessen des Scheiterns, die die Ressourcen zur Lösung vernichten, und damit letztlich eine künstliche epistemische Blockade und Beschränkung praktischer Autonomie – ein in sich widersprüchlicher, sich selbst unterlaufender Prozess.

Regression ist nicht ein beliebiger Schritt zurück. Wenn Regression die Rückkehr einer Patientin zu früheren, sozusagen kindlicheren Erfahrungs- und Verarbeitungsweisen bedeutet, dann ist der frühere Zustand, zu dem sie zurückkehrt, natürlich nicht die ursprüngliche Erfahrungsweise eines Kindes. Regression macht sie nicht (wieder) zu einem Kind, sondern zu jemandem, der sich, veranlasst durch ein Unvermögen oder die Überforderung durch eine aktuelle Situation oder Konfrontation, kindliche Reaktionen und Verhaltensweisen wieder aneignet und dabei auf kindliche Konflikte zurückgeworfen wird, die gewissermaßen die Hintergrundfolie für das Erleben der realen gegenwärtigen Konflikte bilden. Auch psychoanalytisch betrachtet findet Regression also »nicht einfach heim«[11] (wie Adorno es in Bezug auf die Regression in der Musik bemerkt), weil sie einen Weg zurück zu einem Ort sucht, den es nicht mehr gibt und den man nur um einen hohen psychischen Preis als ein Heim, eine Zuflucht, imaginieren und aufsuchen kann.

6.2 Nostalgie, Regression, Rückschritt

Was unterscheidet nun im sozialen Feld die Regression von einem schlicht konservativen Wertschätzen des Bewährten? Indem ich im Folgenden den Begriff der Regression von vergleichbaren Konzepten der Rückwärtsgewandtheit und des Rückgangs abgrenze – also regressive Modi von anderen Weisen des Zurück unterscheide –, will ich die innere Grammatik, die Anatomie der Regression im So-

11 Adorno, *Philosophie der Neuen Musik*, S. 16.

zialen herausarbeiten und die Übertragungsmöglichkeiten des Begriffs sondieren.

Nostalgie und Regression

Regressiver Wandel ist mehr und etwas anderes als der Rückgriff auf Vergangenes, die Zurückwendung zu früheren Verhältnissen, alten Bräuchen, Vorstellungen, Praktiken oder Institutionen. Das konservative Bewahrenwollen oder das nostalgische Festhalten an Überliefertem, die Orientierung am Vergangenen, ist eine Haltung, die an sich völlig unproblematisch und harmlos ist. Mehr noch: Es gibt Fälle, in denen ein partieller Rückgang, etwa dass wir Dinge *wieder* so tun, wie sie früher getan worden sind, und zu Praktiken zurückkehren, die bereits verschwunden waren, sogar als Fortschritt zu werten ist. Wenn alte Tomaten- oder Apfelsorten rekultiviert werden und in der Slow-Food-Bewegung der Siegeszug industriell prozessierter Lebensmittel zurückgedrängt wird, ist das nicht unbedingt ein Ausdruck von Regression. Und wenn in der zeitgenössischen Grundschulerziehung mit der Einführung des jahrgangsübergreifenden Unterrichts an die Praxis früherer Dorfschulen angeknüpft wird, so ist das zwar ein Zurück-zu, aber sicherlich kein regressives. Diese Fälle sind nicht nur unproblematisch, sie lassen sich sogar als Lernprozess deuten. Der Rückgriff auf Vergangenes ist hier ja offensichtlich das Resultat einer Reflexion auf neue Erfahrungen, auf eine neu eingetretene Situation oder auf die Nebenfolgen der »moderneren« oder fortgeschritteneren Praxis. Hier kann die Einsicht gedeihen, dass es ökologisch wie kulinarisch sinnvoller ist, den Geschmacksreichtum der aus dem Großmarktangebot verschwundenen alten Sorten erneut zu kultivieren, statt sich auf tropische Früchte zu verlassen, deren lange Transportwege ökologisch bedenklich sind. Oder es setzt sich die Einsicht durch, dass Kinder ihren je eigenen Lernrhythmus haben und manchmal am besten von anderen Kindern lernen, eine Erfahrung, der im jahrgangsübergreifenden Unterricht Rechnung getragen wird. Nicht wiedereingeführt hat man dagegen aus guten Gründen die körperliche Züchtigung und das sture Aufsagen bloß auswendig gelernter (aber dadurch nicht automatisch begriffener) Lerninhalte.[12]

Wenn solche Rückgriffe auf Hergebrachtes also nicht als solche das Gegenteil von Fortschritt und sicherlich kein Moment von Regression sind, so liegt das daran, dass sie aus der Reflexion auf vergangene Erfahrungen oder aus dem reflektierten Umgang mit den Gegebenheiten resultieren. Ebendas ist es, was einen Erfahrungs- und Lernprozess ausmacht. Mancher Rückgriff auf Hergebrachtes ist dann also ein Beispiel für den (eher seltenen) aufgeklärten Fortschritt, der in der Lage ist, Folgen und Nebenwirkungen bestimmter Prozesse zu reflektieren, diese Reflexion zu integrieren und Veränderungsdynamiken im Lichte der mit ihnen gemachten Erfahrungen zu justieren. Die nichtregressive Anknüpfung an das Alte gelingt hier nur durch die gleichzeitige Aneignung des Neuen und sie geschieht aus der reflektierten Perspektive der Bewältigung alter Probleme und des Gewahrseins neuer Möglichkeiten.

Allerdings gibt es natürlich – und diese Fälle sind für den Versuch, der Spezifik des Regressionsbegriffs auf die Spur zu kommen, instruktiv – auch regressive Formen einer Orientierung an Vergangenem. Dem Rückgriff auf die »guten alten Dinge« etwa, wie er im Katalog des Manufactum-Versandhauses so wortreich zelebriert wird,[13] kann man durchaus regressive Züge attestieren, sofern sich der hier aufgerufenen Nostalgie – die Begeisterung noch für alte Lichtschalter und die haptische Qualität alter Telefonhörer und Wählscheiben – ideologische Funktionen unterstellen lassen. Das eigentliche

12 Selbstverständlich ist das Zurückgehen auf das Mehrgenerationenprinzip, wenn es positiv wirken soll, nur durch moderne Lehrmaterialien und veränderte pädagogische Prinzipien und Techniken möglich.

13 Bekanntlich ist der Gründer des Versandhauses, das mit der Qualität der »guten Dinge« wirbt, mit rechtsradikalen Institutionen vernetzt. Thomas Hoof, bis 2008 Inhaber von Manufactum, leitet den rechtsradikalen Verlag Manuscriptum, zu dessen Autoren u. a. Björn Höcke, Frank Böckelmann und Akif Pirinçci gehören. Vgl. dazu u. a. »Akif Pirinçci. Manufactum distanziert sich wegen Pirinçci-Buch von Firmengründer«, in: *Zeit Online*, 8. 4. 2014, ⟨https://www.zeit.de/kultur/literatur/2014-04/manufactum-akif-pirincci-verlag-manuscriptum-distanzierung⟩, letzter Zugriff 26. 9. 2023.

regressive Moment liegt aber auch hier weniger im Rückgriff auf nachgemachte alte Gerätschaften an sich, sondern in der Kompensationsfunktion, die die Beschwörung echter handwerklicher Qualität, Konkretion und Sinnlichkeit im Zeitalter industrieller Massenproduktion hat.

Ein ähnliches Muster von regressiver Kompensation und Verdrängung ist es, das den deutschen Heimatfilm mit seinen idyllischen Bergwelten und den fröhlich-anständigen Burschen und Madln, ein im Deutschland der 1950er Jahre überaus erfolgreiches Filmgenre, zu einem guten Beispiel für die Funktionsweise kollektiver Regression macht.[14] Auf den ersten Blick eher albern als anrüchig, werden diese Filme problematisch aufgrund ihrer gesellschaftlichen Funktion. Entscheidend sind auch hier die Kompensationsfunktion, die Auslassungen und der mit diesen einhergehende offenkundige Realitätsverlust. Dabei kommt es weniger darauf an, was der Heimatfilm in seiner Sehnsucht nach einer intakten und beschaulichen Welt *zeigt*, sondern was er damit *nicht zeigt*: die Trümmerhaufen, die Opfer, das Elend und den Umstand, dass die Eltern und

14 Vgl. zum Genre des Heimatfilms: »Die 1950er Jahre in Westdeutschland: Die Städte zeigen noch deutlich die Spuren des Krieges, die Familien sind zerrüttet und ein neues Filmgenre erlebt eine Erfolgsgeschichte: Heimatfilme lassen die Menschen zu Tausenden in die Kinos strömen. In den Jahren nach 1945 hat sich kaum ein Deutscher in seinem Umfeld heimisch gefühlt. Unzählige Tote, zerstörte Städte, Schuldgefühle – die Sehnsucht nach einer intakten Welt, nach einer beschaulichen Heimat war groß. Genau diese präsentierte der Heimatfilm. Und für die Dauer einer Filmvorführung konnten die Menschen in diese Filmwelt eintauchen.« Ulrike Vosberg, »Der Deutsche Heimatfilm«, in: *planet-wissen.de*, 2015, ⟨https://web.archive.org/web/20170503131216/http://www.planet-wissen.de/kultur/brauchtum/heimat/pwiederdeutscheheimatfilm.html⟩, letzter Zugriff 14.4.2023. Auch der ewige Weihnachtsklassiker *Die Feuerzangenbowle* (entstanden 1944!) und die nachkriegsdeutsche Verehrung Heinz Rühmanns ist ein gutes Beispiel: Das Kaiserreich als liebenswert verschroben statt als autoritäre Vorstufe des Faschismus darzustellen, ist schon ein bedenklicher Vorgang. Vgl. zu Rühmann den hervorragenden Aufsatz von Helma Sanders-Brahms: »Ein kleiner Mann«, in: dies., *Das Dunkle zwischen den Bildern. Essays, Porträts, Kritiken*, Frankfurt/M. 1992, S. 68-77.

Großeltern jener fröhlichen Menschen gerade noch Synagogen zerstört und Transporte in Konzentrations- und Vernichtungslager organisiert haben. Entscheidend sind also die Erfahrungen, die diese Filme *nicht* verhandeln und damit verdecken; regressiv ist das mit ihnen einhergehende Versprechen der Normalisierung in einer Zeit, die von Normalität eigentlich weit entfernt war, der Versuch, mit der Darstellung jener sozialen Idylle vergessen zu machen, dass die politischen und moralischen Grundorientierungen einer ganzen Epoche zerstäubt waren. Von ähnlich regressiven Phänomenen der Derealisierung berichtet Hannah Arendt auf ihrer ersten nach dem Zweiten Weltkrieg unternommenen Reise nach Deutschland: »Inmitten der Ruinen schreiben die Deutschen einander Ansichtskarten von Kirchen und Marktplätzen, den öffentlichen Gebäuden und Brücken, die es gar nicht mehr gibt.«[15]

Die im als Motto zu diesem Kapitel zitierte Bemerkung Adornos liefert Anhaltspunkte für den Wirkmechanismus der Regression: »Willkürliche Bewahrung des Überholten gefährdet, was sie bewahren will, und verstockt sich mit schlechtem Gewissen gegen das Neue.« Daraus lässt sich ein Kriterium für den regressiven im Gegensatz zum unproblematischen Rückgriff auf das Hergebrachte gewinnen: Das Problem liegt nicht im rückwärtsgewandten Erhaltenwollen an sich. Es beginnt dort, wo dieses sich vor dem Neuen »verstockt« oder wo es dazu eingesetzt wird, vor der Realität die Augen zu verschließen und die Momente der Realität, die offenkundig nicht aushaltbar sind, die nicht konfrontiert werden können, zu kompensieren.

15 Hannah Arendt, *Besuch in Deutschland*, Berlin 1993, S. 24. – Die Grenze zwischen Nostalgie und Regression ist manchmal nicht leicht zu ziehen. So lässt sich zum Beispiel die Frage, ob der Wiederaufbau des Berliner Stadtschlosses eine harmlose Rekonstruktion des Stadtbilds, ein gefährlicher Ausdruck reaktionärer Tendenzen im Sinne des Versuchs, die durch den Nationalsozialismus und den Zweiten Weltkrieg verursachten Veränderungen der Stadt wegzuretuschieren, oder schlicht das Symptom der Erschöpfung der städtebaulichen Moderne ist, kontrovers diskutieren.

Ist also der Rückgriff auf vergangene Praktiken nicht notwendigerweise regressiv, so kann das zwanghafte Festhalten an Hergebrachtem als Regression bezeichnet werden, wenn es als inkonsistente und willkürliche Reaktion auf krisenhafte oder als Krise empfundene soziale Veränderungen, ja als aggressive die Realität dieser Veränderungen verdrängende Reaktion erscheinen muss. Indikator dafür ist die Zwanghaftigkeit und die manchmal verblüffende Heftigkeit der Reaktion auf sozialen Wandel, wie man sie an der global verbreiteten hasserfüllten Reaktion mancher Milieus auf die Veränderungen von Familienformen und geschlechtlichen Existenzweisen beobachten kann. Als Regression identifizieren lässt sich diese Reaktion dann nicht allein durch den Inhalt der hier vertretenen Position, sondern anhand der *Funktionen*, die sie im sozialen Geschehen einnimmt: Kompensation und/oder Verdrängung einer unlösbaren Spannung zwischen erkannten Problemen und der gesellschaftlich verstellten Möglichkeit, angemessen auf sie zu reagieren.

Nicht jeder Rückschritt ist regressiv

Wir haben gesehen, dass nicht jedes Festhalten am Hergebrachten bereits ein Rückschritt ist. Darüber hinaus ist aber auch nicht jeder Rückschritt gleichbedeutend mit Regression. Eine Gesellschaft kann hinter erreichte (moralische oder soziale) Errungenschaften zurückfallen oder diese rückgängig machen, ohne dass dies in dem spezifischen Sinn, auf den ich hier hinauswill, regressiv wäre. An einigen offensichtlichen Fällen von gesellschaftlichem Rückschritt lässt sich das verdeutlichen. Nehmen wir an, die öffentliche Krankenversicherung oder die »Ehe für alle« würden (wieder) abgeschafft oder das Asylrecht in Deutschland (ein weiteres Mal) drastisch beschränkt.[16] Damit verändert sich etwas. Rechte, Praktiken und Institutionen, die viele von uns schätzen, für unhintergehbar oder für eine wichtige

16 Eines weiteres aktuelles Beispiel ist die Abtreibungsentscheidung des US-amerikanischen Supreme Court.

Errungenschaft halten, wären dann nicht mehr verfügbar. Eine einmal eingeschlagene Richtung der Veränderung kann nicht umfassend verwirklicht oder weiterentwickelt werden. Das wäre zweifelsohne eine schmerzliche und folgenreiche Veränderung der sozialen Infrastruktur, eine dramatische Beschränkung von Lebensmöglichkeiten für viele, so dass man diesen Vorgang mit guten Gründen als Rückschritt betrachten kann. Aber nicht jede Form des sozialen Rückschritts verläuft nach dem Muster sozialer Regression – selbst dann nicht, wenn der Rückschritt sich womöglich zu umfassenderen Prozessen politischer Restauration auswächst.[17]

Rückschritte nämlich können sich innerhalb von sozialen Transformationsdynamiken und Emanzipationsprozessen jederzeit zutragen. Sie sind sogar eher wahrscheinlich als unwahrscheinlich. Soziale Fortschritte stehen häufig vor Hindernissen; sie werden blockiert, lassen sich nicht durchsetzen, sind mit unerwarteten Schwierigkeiten konfrontiert. Die Widerstände aller Art sind dann größer als gedacht, die praktische Umsetzung stößt auf Probleme, die den Fortschritt vorerst verunmöglichen, es gibt Gegner einer Reform oder Innovation, die die Oberhand gewinnen. Das sind missliche Entwicklungen, die zu temporären und lokalen, länger- oder mittelfristigen Rückschlägen führen, ohne dass damit die Möglichkeit vergeben wäre, die Fortschritte in einem erneuten Anlauf doch noch auf Dauer durchzusetzen. Was Donald Trump abgeschafft hat, könnte Joe Biden – im Prinzip – wieder durchsetzen. Ist der Mietendeckel in Berlin zwar vorerst gescheitert, so ist ein neuer Versuch zu seiner Durchsetzung jedenfalls prinzipiell nicht ausgeschlossen. Und viele der historisch bekannten Phasen der Restauration wurden abgelöst durch erneute Reformprozesse. Diese Rückschritte stehen also, und das ist der entscheidende Unterschied zur Regression, lediglich vor *äußeren Hindernissen*.

17 Zum Begriff der Restauration vgl. Carl Ludwig von Haller, *Restauration der Staats-Wissenschaft oder Theorie des natürlich-geselligen Zustands, der Chimäre des künstlich-bürgerlichen entgegengesetzt*, Aalen 1964 (= Nachdruck der 2. Auflage, Winterthur 1834).

Regressionsphänomene dagegen sind *immanent verursacht*, sie sind Ausdruck interner Krisendynamiken und einer intern angelegten (Fehl-)Entwicklung. Deutet man, um eines meiner Eingangsbeispiele wieder aufzugreifen, die Erosion des europäischen Sozialstaatsmodells als Symptom einer *regressiven Moderne*, wie Oliver Nachtwey es tut,[18] dann meint das nicht nur, dass hier Rückschritte hinter einen Teil der sozialstaatlichen Errungenschaften (wie zum Beispiel das Versprechen von sozialem Aufstieg durch Bildungsegalität) zu verzeichnen sind, sondern man beansprucht mit der Diagnose der Regression darüber hinaus, das Problem im Inneren der sozialen Formation lokalisieren zu können. Man behauptet dann zum Beispiel, dass die sozialstaatliche Moderne nötige reflexive Fortentwicklungen verweigert hat, etwa weil kein angemessener institutioneller Rahmen für den Umgang mit den nichtintendierten Nebenfolgen des sozialstaatlichen Modells gefunden wurde, so dass die sozialstaatliche Moderne nicht in der Lage war, entscheidende Antagonismen auszubalancieren und die systematische Beschränktheit der gegebenen sozialen Sicherungssysteme, darunter die Orientierung am Normalarbeits- und Normalfamilienmodell, seine problematischen Normalisierungs- und Disziplinierungseffekte sowie die nationale Beschränktheit des Modells, reflexiv zu bearbeiten.[19]

Aus all diesen Momenten, die ich hier nur illustrativ anspiele, resultieren intern in der Gesellschaft angelegte Krisentendenzen, deren Bearbeitung zumindest stockt. Regressiv ist diese (sozialstaatliche) Moderne dann aber nicht schon, weil sie ihre Probleme nicht (schneller) löst; als regressiv kann man sie bezeichnen, wenn man zeigen kann, dass sie sich aus systematischen und hausgemachten Gründen diesen Krisentendenzen nicht stellt oder stellen kann, der Zugang zu ihnen systematisch blockiert ist.[20] Ebenso wäre die poli-

18 Vgl. Oliver Nachtwey, *Die Abstiegsgesellschaft. Über das Aufbegehren in der regressiven Moderne*, Berlin 2016.

19 Zur Theorie und Kritik des Sozialstaats siehe Stephan Lessenich, *Theorien des Sozialstaats zur Einführung*, Hamburg 2012.

20 Ich kann das an dieser Stelle nur skizzenhaft andeuten, da es mir lediglich um die Illustration der Strukturmomente von Regression geht. Zu einer er-

tische Tendenz zum Autoritarismus genau dann eine Regression und nicht nur ein Rückschritt, wenn sich zeigen ließe, dass diese Entwicklung die liberale Demokratie nicht von außen trifft, sondern mit ihren immanenten Defiziten erläutert werden muss, also eine selbsterzeugte Krise darstellt und eine Reaktion auf strukturell bestehende Defizite, das heißt ein Problem zweiter Ordnung ebendieser Demokratien ist.

6.3 Faschismus und Nationalismus als Regression

Am eindringlichsten lässt sich die Struktur sozialer Regression (und das Interpretament des Regressionsbegriffs) anhand der Faschismusanalyse der frühen Frankfurter Schule illustrieren. Faschismus wird von den damit befassten Autoren als Regression, aber dezidiert nicht als bloßer Rückfall in vormoderne Zustände aufgefasst. Benjamins Diktum, dass das »Staunen darüber, daß die Dinge, die wir erleben, im zwanzigsten Jahrhundert ›noch‹ möglich sind [...], *kein* philosophisches« sei,[21] könnte als Motto über den Überlegungen auch der *Dialektik der Aufklärung* von Horkheimer und Adorno stehen. Der Rückfall in die »Barbarei« ist,[22] als Regression verstanden, nicht etwa ein bloßer Rückgang hinter die Moderne, ein Zurückdrehen der Zeit. Faschismus ist, im Gegenteil, ein spezifisch modernes Phänomen: »Der Faschismus ist als Rebellion gegen die Zivilisation nicht

hellenden Intervention siehe zum Beispiel Emma Dowling, Silke van Dyk, »Rückkehr des Hauptwiderspruchs? Anmerkungen zur aktuellen Debatte um den Erfolg der Neuen Rechten und das Versagen der ›Identitätspolitik‹«, in: *PROKLA* 47:3 (2007), S. 411-420.

21 Walter Benjamin, »Über den Begriff der Geschichte«, in: ders., *Gesammelte Schriften*, Bd. I: *Abhandlungen*, Frankfurt/M. 1980, S. 692-704, hier S. 697 (These VIII).

22 Adorno und Horkheimer bezeichnen es als Intention ihres Buches, verstehen zu wollen, »warum die Menschheit, anstatt in einen wahrhaft menschlichen Zustand einzutreten, in eine neue Art von Barbarei versinkt«. Max Horkheimer, Theodor W. Adorno, *Dialektik der Aufklärung. Philosophische Fragmente*, Frankfurt/M. [23]2017, S. 1.

einfach eine Wiederholung des Archaischen, sondern dessen Wiedererzeugung in der Zivilisation durch die Zivilisation selbst.«[23]

Das gilt, folgt man Adorno und Horkheimers Regressionsanalyse, nicht nur, weil der deutsche Nationalsozialismus die Massenvernichtung von Menschen im industriellen Maßstab betrieben und mit modernsten logistischen Mitteln organisiert hat, sondern weil er das Resultat einer fehlgeleiteten Dynamik und der ungelösten Spannungsverhältnisse und Widersprüche der kapitalistischen Moderne selbst ist. Die »neue Art von Barbarei«[24] transportiert also nicht einen früheren Typus der Gesellschaftsorganisation – das Archaische, die Barbarei – in eine andere Zeit. Hier wird nicht etwa das Rad zurückgedreht, sondern es bewegt sich vorwärts, allerdings im Modus einer fehlgeleiteten Konfliktbearbeitung. Die »Barbarei« ist damit für diese Autoren nicht etwa eine anthropologische Invariante, die immer wieder als ahistorische Naturgewalt hervorbricht.[25] Sie hat vielmehr selbst eine Geschichte und ist Resultat eines historisch-sozialen Prozesses. Die faschistische Barbarei der Moderne ist ein neues, historisch gewordenes, eben *modernes* Phänomen, in dem geschichtliche Erfahrungen aufbewahrt sind und wirken – aber eben: auf eine regressive Weise. Am Beispiel des Nationalsozialismus wird das sehr deutlich: Dieser steuert gerade nicht nur zurück auf bäuerliche oder vormoderne Wirtschafts- und Lebensweisen – das könnte man ja auch auf eine nichtregressive Weise tun. Stattdessen forciert er die industriell-militärische Entwicklung und propagiert gleichzeitig Blut-und-Boden-Ideologien. Er reagiert also auf die Desintegrationstendenzen moderner industrieller Gesellschaften nicht etwa mit der dringend nötigen Transformation in moderne Solidaritäten, sondern mit ideologischer Vergemeinschaftungsromantik und auto-

23 Theodor W. Adorno, »Die Freudsche Theorie und die Struktur der faschistischen Propaganda«, in: ders., *Kritik. Kleine Schriften zur Gesellschaft*, Frankfurt/M. 1971, S. 34-66, hier S. 41f.

24 Horkheimer/Adorno, *Dialektik der Aufklärung*, S. 1.

25 Vgl. Claus Offe, »Moderne Barbarei. Der Naturzustand im Kleinformat«, in: ders., *Institution, Normen, Bürgertugenden*, Wiesbaden 2019, S. 77-103.

ritärer Vergemeinschaftungspolitik. Der destabilisierenden Erfahrung der industrialisierten Moderne, der entfremdenden Entzweiung und dem Sinnverlust durch neue Beziehungslosigkeiten wird eine konkretistische, durch Abstammung, Tradition und das Völkische scheinbar verbürgte Sicherheit entgegengesetzt. Das aber ist, folgt man Adornos Gedanken weiter, ein inadäquater Mechanismus der Krisenbewältigung und eine unangemessene Weise der Verarbeitung von Erfahrung. Mit den bekannten Konsequenzen.

Die Regression aufs Völkische

Diese regressiven Muster der Verleugnung von Erfahrung lassen sich in Adornos kritischer Analyse des Nationalismus weiterverfolgen. Wenn er diesen in seiner Vorlesung *Zur Lehre von der Geschichte und von der Freiheit* als eine defiziente soziale Reaktions- und Erfahrungsweise versteht,[26] so deshalb, weil der Nationalismus sich den Anforderungen der Realität, die mit dem realen Kosmopolitismus der bürgerlich-kapitalistischen Ökonomie einhergehen, regressiv versperrt. Ausgangspunkt von Adornos Analyse ist die gleichzeitig progressive wie regressive Funktion des Nationalstaats. Als immer schon politische Stiftung sei die Entstehung von Nationalstaaten eine künstliche Gründung, die auf der Auflösung der vorherigen verwandtschaftlich strukturierten Sippenverbände beruht. Die Nation ist damit, so betont Adorno, nicht *gegeben*, naturwüchsig oder urwüchsig entstanden, sondern (politisch) *gemacht*. Nationen sind, wie in der rezenten Diskussion prominent von Benedict Anderson vertreten, »imagined communities«.[27] So gesehen ist die Entstehung der Nationalstaaten aus Adornos Sicht zunächst ein emanzipatorischer Fortschritt gegen-

26 Vgl. Theodor W. Adorno, *Zur Lehre von der Geschichte und von der Freiheit*, Frankfurt/M. 2006, S. 156-158.

27 Damit ist gemeint: Die sich zur Nation Konstituierenden werden zu Mitgliedern einer Nation gemacht, indem sie durch den Bezug auf gemeinsame Sprache, Literatur, Bräuche, Traditionen etc. als solche vergemeinschaftet werden. Siehe Benedict Anderson, *Imagined Communities. Reflections on the Origin and Spread of Nationalism*, London, New York 2006.

über den naturwüchsig-familiären, durch Blutsbande gestifteten Vergemeinschaftungen.[28] Paradoxerweise werde aber im Nationalismus genau dieser künstliche politische Charakter der Nation geleugnet und auf ihrer natürlichen Gegebenheit umso mehr insistiert, als ihr die Grundlage fehlt:

> Eben deshalb, weil die Nation nicht Natur ist, muß sie unablässig sich selber verkünden, daß sie so etwas wie Naturnähe, Unmittelbarkeit, Volksgemeinschaft und alles das eben doch sei.[29]

Symptom für den regressiven Charakter der Nation ist die Verbissenheit, mit der die Kontingenz dieser Setzung, das Nichtnatürliche an ihr, geleugnet und verdeckt werden muss. Dem entspricht die Beobachtung, dass »der Fetischismus des Nationenbegriffs besonders weit geht, besonders extrem dort ist, wo die Bildung der Nation mißlang«.[30] Aus diesem Fetischismus wird – nicht nur in seiner schrecklichsten Form – Gewalt und Aggression.

Inwiefern zeigt sich hier die regressive Struktur, an der ich interessiert bin? Die Verleugnung und die resultierende Erfahrungsblockade haben zwei Dimensionen. Zum einen bedeutet die Naturalisierung eine Verleugnung des Gemachtseins, die Flucht in die Unverantwortlichkeit, in die imaginierte Natur, die Betonung des völkisch unverfügbar Gewachsenen und Gegebenen gegenüber der

28 Emanzipativ ist das weiterhin, dem Prinzip nach, weil damit das Volk gegenüber dem Adel als Souverän gesetzt wird, auch wenn hiermit schon problematische Ein- und Ausschlüsse einhergehen. Um naheliegenden Einwänden an dieser Stelle zuvorzukommen: Adorno spricht hier von einem bestimmten Entwicklungsstrang der europäischen Geschichte. Damit ist die normative Setzung eines Gangs der Weltgeschichte zur Staatlichkeit und zum Nationalstaat (als deren sei es auch nur vorübergehender Erscheinungsform) noch nicht zwingend verbunden.

29 Adorno, *Zur Lehre von der Geschichte und von der Freiheit*, S. 156.

30 Ebd., S. 162. Adorno teilt diese Einsicht mit Helmuth Plessner, siehe ders., *Die verspätete Nation. Über die politische Verführbarkeit bürgerlichen Geistes*, Frankfurt/M. [5]1994.

Verantwortung für das gesellschaftlich Gemachte. Es handelt sich also um einen Kategorienfehler hinsichtlich des Status der infrage stehenden Entität, für dessen Aufrechterhaltung, gerade weil er durch reale soziale Erfahrungen eines Besseren belehrt und konterkariert wird, viel verleugnende Kraft aufgewendet werden muss. Zum anderen zeigt sich die Regression als Verleugnung der historisch realen, das heißt der faktischen Überholtheit des Nationenmodells. Als regressiv einzustufen ist hier der Umstand, dass an einem völkisch gedachten Nationalstaat und damit auch an einem Souveränitätsmodell festgehalten wird, das angesichts der objektiven transnationalen Verflechtung längst untergraben ist. Etwas, das zu einem bestimmten historischen Zeitpunkt eine (sogar emanzipative) Funktion – und entsprechende Problemlösungskapazitäten – hatte, hat diese mittlerweile verloren.[31] Das Festhalten aber an dem hergebrachten Verständnis und dem hergebrachten Institutionengefüge behindert regressiv die Konfrontation mit dieser Realität und den weiteren Prozess der Bearbeitung von Problemen.

Man kann den Nationalismus, den Adorno im Blick hatte, in beiden Hinsichten also als einen Realitätsverlust, als die systematische Leugnung von Erfahrung bewerten, aufgrund deren das bereits erreichte Problemlösungsniveau und die bereits erreichten Problemlösungskompetenzen (hier: die Auflösung der Sippenverbände) unterlaufen und die anstehenden Probleme (die Aufgabe demokratischer Selbstbestimmung angesichts des Souveränitätsverlusts der Nationalstaaten und der globalen Verflechtung der Ökonomie) nicht gestellt

31 Die Idee eines Verlustes der realen Basis für den Nationalismus vertritt Adorno auch hier: »Die charakteristische Gestalt absurder Meinung heute ist der Nationalismus. Mit neuer Virulenz steckt er die gesamte Welt an, in einer Phase, in der er zugleich durch den Stand der technischen Produktivkräfte, die potentielle Bestimmung der Erde als eines Planeten, zumindest in den nicht unterentwickelten Ländern, seine reale Basis verloren hat und gänzlich zu der Ideologie geworden ist, die er freilich immer auch schon war.« Theodor W. Adorno, »Meinung Wahn Gesellschaft«, in: ders., *Bemerkungen zu* ›The Authoritarian Personality‹ *und weitere Texte*, hg. von Eva-Maria Ziege, Berlin 2019, S. 109-131, hier S. 126.

oder angemessen adressiert werden können.[32] Adorno beschreibt dies – erstaunlich aktuell – vor dem Hintergrund der faktischen historischen Entwicklung:

> [H]eute ist nicht mehr, wie man es einmal lehrte, das sogenannte Kosmopolitische das Abstraktere gegenüber den nationellen einzelnen Gesellschaften, sondern es ist das Realere – so wie in der Tat die Konvergenz ungezählter Lebensformen [...] auf diese Konvergenz der tragenden Lebensprozesse, nämlich eben die Vormacht der industriellen Produktion hindeutet.[33]

Daraus ergibt sich folgende Aufgabe:

> Es käme also heute nicht mehr darauf an, die Konkretion der menschlichen Beziehungen in der vergänglichen und selbst lange trügerischen Gestalt der Nationen zu konservieren, sondern diese Konkretion des menschlichen Miteinanderlebens auf einer höheren Stufe neu zu gewinnen.[34]

Um es auf meine Terminologie von Problemstellung und defizienter Problemlösung zu beziehen: Die Problemstellung ergibt sich nicht als normative Forderung (des Kosmopolitismus) allein, sondern aus der faktischen Konvergenz der Lebensverhältnisse. Der Erfahrungs- und Lernprozess, auf den es ankäme und der der Situation gegenüber angemessen wäre, der aber durch das regressive Festhalten an der Nation und gar durch die Regression zum völkischen Na-

32 Man kann die hier beschriebene Dynamik auch auf die gegenwärtige Realität migrantischer bzw. postmigrantischer Gesellschaften, globaler Fluchtbewegungen und der völkischen Reaktion darauf beziehen. Weist Adorno auf den Kosmopolitismus hin, der sich faktisch historisch-gesellschaftlich entwickelt hat und auf der realen Verflechtung der Lebensverhältnisse beruht, so sind die Vorstellungen von Mauern, Grenzen, dem Bewahren des Eigenen gegenüber dem Fremden und das damit einhergehende Ausspielen der sogenannten kosmopolitischen Eliten gegen das lokal Gebundene in ganz ähnlicher Hinsicht wie der von Adorno gemeinten nicht angemessen.

33 Ebd., S. 163.

34 Ebd.

tionalismus behindert wird, bestünde dann darin, diese neue »Konkretion des menschlichen Miteinanderlebens« auf einer »höheren Stufe« – heute würden wir es ein »solidarisches Miteinander« oder sogar eine »Gemeinschaft der Ungewählten«[35] nennen – zu verwirklichen.

Regression als abwehrende Renaturalisierung

Die Parallelen der von Adorno analysierten Situation zu unserer heutigen sind kaum zu übersehen: Während die Rechte der liberalen Linken (mit nicht selten antisemitischem Unterton) ihre Ortlosigkeit vorwirft (die *somewheres* und die *anywheres*[36]), sind der Ort, an dem sie festhält, die Heimat, die sie beschwört, längst illusionär geworden.[37] Auch scheint dasselbe Muster von Regression als Krisenabwehr und Erfahrungsblockade im Feld der Auseinandersetzung um die sogenannten kulturellen Liberalisierungsbewegungen und in dem Widerstand, auf den diese im autoritär-rechtspopulistischen Lager treffen, wirksam zu sein, wenn hier gegen die gegenwärtigen Transformationen von Geschlechterverhältnissen und familiärer Organisation demonstrativ an traditionellen Familienstrukturen festgehalten und eine Renaturalisierung der Geschlechterverhältnisse forciert wird. Propagandistisch wird das Schreckgespenst der Auflösung der Familie und der Orientierungslosigkeit angesichts vervielfältigter und entessenzialisierter Identitätsmodelle und Lebensmöglichkeiten beschworen.[38] Vielleicht in manchen Fällen ein harmloser

35 Sabine Hark, *Gemeinschaft der Ungewählten. Umrisse eines politischen Ethos der Kohabitation*, Berlin 2021.

36 Vgl. David Goodhart, *The Road to Somewhere. Die populistische Revolte und die Zukunft der Gesellschaft*, München 2020.

37 Für eine diese Beobachtung bekräftigende qualitative Studie über die Trump-Wähler:innen in den USA vgl. Arlie Russell Hochschild, *Fremd in ihrem Land*, Frankfurt/M., New York 2017.

38 Die Mobilisierung gegen die sogenannte Gender-Ideologie ist dabei interessanterweise global, sie reicht von der deutschen AfD über US-amerikanische Gouverneure bis zu den brasilianischen Evangelikalen oder der im Umfeld Putins betriebenen Propaganda, in der Verwestlichung mit Verweichlichung

Konservatismus, wird dieser doch aggressiv und regressiv, je mehr er die Realitäten einer sich wandelnden Gesellschaft verleugnet. Dass es die »gute alte Familie« und die tradierte Ordnung der Geschlechter, sobald dieser einmal der Anschein ihrer Natürlichkeit genommen ist, nicht mehr als die *Default*-Position geben wird, ist offensichtlich. Sobald das traditionelle Familienmodell nicht mehr als das selbstverständliche gilt, sondern lediglich als eine Option unter mehreren, hat sich die Familie bereits unhintergehbar verändert. Der Umstand, dass in diesen Kontexten aggressive Reaktionen bis hin zum Vernichtungswillen gegenüber anderen Lebensweisen geäußert und zum politischen Programm gemacht werden, kann nur als ressentimenthafte Regression gelesen werden.[39] Was sich hier fraglos abzeichnet, ist eine (regressive) Sehnsucht nach naturalisierten Gewissheiten, dem Zurück zu einer Situation unstrittiger Zuordnungen und Grenzen und die Angst vor Entgrenzung und Unsicherheit – eine »Furcht vor der Freiheit«.[40]

Aber auch die realitätsverleugnende Abwehr von als bedrohlich erfahrenen krisenhaften Veränderungen lässt sich mithilfe der mehrdimensional angelegten Interpretation sozialer Veränderungsdynamiken, die ich in Kapitel 3 und 4 skizziert habe, genauer beschreiben. Die Veränderung der Familienstruktur und der Geschlechterverhältnisse ist ja tatsächlich alles andere als trivial, sowohl in ökonomischer als auch in sozialer und kultureller Hinsicht. Es verändert sich ein ganzes Gefüge sozialer Praktiken und Institutionen, ein ganzer Komplex von Selbstverständnissen und Auffassun-

und Entmännlichung gleichgesetzt wird. Siehe z. B. Niklas Franzen, »Bolsonaros deutsche Freundin«, in: *taz.de*, 2.12.2022, ⟨https://taz.de/AfD-Abgeordnete-und-Brasiliens-Rechte/!5895617/⟩, letzter Zugriff 5.5.2023.

39 Zur kleinteiligeren Analyse von Ressentiment als Fall von Regression siehe meinen Aufsatz: »Modes of Regression: The Case of Ressentiment«, in: *Critical Times* 1 (2023), S. 501-537.

40 So der Titel eines Buches von Erich Fromm: *Furcht vor der Freiheit*, München 1983 (das engl. Original erschien 1941). Vgl. zu den Auseinandersetzungen über Geschlecht und Familie die Beiträge in: Sabine Hark, Paula-Irene Villa (Hg.), *Anti-Genderismus. Sexualität und Geschlecht als Schauplätze aktueller politischer Auseinandersetzungen*, Bielefeld 2015.

gen, der tief in die Sozialisation (oder moderner: die Subjektivierung) der Individuen hineinreicht. Betroffen sind nicht nur Ideen, sondern ein umfangreiches Geflecht sozialer Praktiken mit vielfältigen Auswirkungen auf die (normative) Reproduktion der betroffenen Gesellschaften. Macht man sich klar, auf wie vielen verschiedenen Faktoren diese Veränderungen beruhen, so ist es offensichtlich, dass weder der von autoritären, neo- und protofaschistischen Kreisen so genannte »Genderwahnsinn« noch die Protagonist:innen pluraler und nicht mehr heteronormativ angelegter Familienformen diese Veränderung hervorgebracht oder durchgesetzt haben können. Verändert haben sich eben nicht nur die Einstellungen und das Wollen von Individuen und sozialen Gruppen, sondern auch die sozio-strukturellen Voraussetzungen, unter denen sie ihr Leben leben. Es ist der tiefgreifende Wandel der Arbeitsorganisation und anderer Aspekte unserer Lebensweise, der Wandel der technischen Ausgangsbedingungen wie auch der medialen Kommunikationsverhältnisse, die diesen Wandel ermöglicht, erfordert, befördert oder wenigstens plausibel gemacht haben. Aktive und passive Momente gehen hier also (wie oben dargelegt) Hand in Hand.

Hieraus ergibt sich dann der Einsatzpunkt für eine Regressionsanalyse. Regressiv ist die sich auf die Protagonist:innen der progressiven oder emanzipativen Bewegungen richtende hasserfüllte Reaktion, weil sie der komplexen Tiefendimension des Geschehens nicht gerecht wird. Regressiv ist die inadäquate Reaktion auf einen sozialen Wandel und auf soziale Krisendynamiken, weil man der Problematik mit der Zuschreibung von Verantwortung an die inkriminierten Gruppen nicht angemessen begegnen können wird. Wenn Fortschritt »Wandel im Wandel« ist, dann ist Regression »regressiver Wandel im Wandel«: eine unzureichende Reaktion auf den Wandel, welche die adäquate Konfrontation mit und die realitätsgerechte Gestaltung von realen Veränderungsprozessen verhindert.

6.4 Probleme des Regressionsbegriffs

Regression, so habe ich vorgeschlagen, ist eine durch nichtbewältigte Krisen- oder Problemlagen ausgelöste Erfahrungsblockade, die sich durch den Versuch, auf frühere Entwicklungsstufen zurückzugehen,[41] bemerkbar macht. Nun könnte man einwenden, dass mit dem Rückgriff auf das psychoanalytische Deutungsmuster zwei Probleme des Fortschrittsbegriffs gewissermaßen zurückkehren: das Problem der Entwicklungslogik und das Problem des Paternalismus.

Entwicklungslogik

Zunächst zum Problem der Entwicklungslogik. Regression, als Rückfall hinter ein erreichtes Komplexitätsniveau verstanden, scheint an ein Stufenmodell von Entwicklung gebunden, wie es jedenfalls in der Übertragung auf soziale und historische Phänomene problematisch ist. Und klar: Auch mit dem zuvor entfalteten Regressionsbegriff wird offenbar eine aufeinander aufbauende Folge von Geschehnissen unterstellt. Die Rede von Akkumulation (Anreicherung) und Deakkumulation (Abreicherung) suggeriert, dass soziale Erfahrungen aufeinander reagieren oder aus- und aufeinander folgen, entweder auf eine produktive, selbstbereichernde oder auf eine nichtproduktive, gar zerstörerische Weise.

Wenn allerdings Regression analog zu meinem prozessualen Fortschrittsbegriff verstanden werden kann, dann ist mit ihm weder gesetzt, dass ein solcher Prozess ein definitives Ende oder Ziel haben kann und muss, noch, dass er sich nach einem teleologischen Muster entfaltet, in dem der Keim zum entfalteten Prozess bereits im Ausgangspunkt der Entwicklung enthalten ist. Die Transformationsdynamik, die ich hier zugrunde gelegt habe, resultiert nämlich daraus, dass jede soziale Ordnung Probleme löst und dabei in Krisen geraten kann, auf die sie in der einen oder anderen Weise reagiert;

41 Vgl. Körner, »Regression – Progression«.

dass Regression nicht ein beliebiger Rückgang ist, erklärt sich daraus, dass wir es hier mit Verhältnissen zu tun haben, die ihre jetzige Gestalt deshalb angenommen haben, weil sie auseinander hervorgegangen sind und in diesem Aufeinanderfolgen oder Auseinanderhervorgehen auf die spezifischen Defizite der vorherigen Situation reagieren, wenn auch unangemessen. Es handelt sich also um eine Abfolge von Erosionen und Transformationen sozialer Institutionen und Praktiken. »Regression« lässt sich dementsprechend analog zu »Fortschritt« als ein prozessuales Konzept auffassen, mit dem man Defizite oder Verwerfungen innerhalb solcher krisenhafter Problemlösungsdynamiken identifizieren kann.

Zur Verteidigung eines solchen formalen und nichtteleologischen Anreicherungsprozesses ist der Rückgriff auf die Psychoanalyse noch einmal informativ. Muss es zur Einschätzung der Angemessenheit oder Unangemessenheit eines solchen Entwicklungsprozesses ein (von der psychoanalytischen Theorie generell und der jeweiligen Therapeut:in individuell) inhaltlich präzise definiertes Entwicklungsziel geben? Das sind innerhalb der psychoanalytischen Theoriebildung umstrittene Fragen, die ich hier nicht erschöpfend diskutieren kann und für meinen Zweck auch nicht muss. Allerdings lässt sich mithilfe eines psychoanalytisch motivierten Verständnisses der Vorschlag eines zwar dialektischen, aber nicht teleologisch verstandenen Erfahrungs- und Lernprozesses stützen, den ich in Kapitel 4 und 5 skizziert habe.

Wir können hier direkt an Freud anknüpfen. Mit ihm kann man das Ziel der psychoanalytischen Kur, übersetzt in die entsprechenden philosophischen Debatten, nämlich so verstehen, dass es hier um Freiheit (oder Emanzipation) und nicht um Glück oder das Erreichen eines bestimmten, inhaltlich beschreibbaren Zustands geht. Die Psychoanalyse ist, sehr verkürzt und plakativ gesagt, an der Beseitigung von Handlungshemmnissen und zwanghaften Verwerfungen und Fixierungen, an der Wiederherstellung des Zugangs zu den eigenen Empfindungen und den No-go-Areas der eigenen Lebensgeschichte interessiert.[42] Angesichts der für die Psychoanalyse

42 So hat Jürgen Habermas die psychoanalytische Kur verstanden, ist dafür

grundlegenden Einsicht, dass wir nicht »Herr [im] eigenen Haus«,[43] sondern in unserem Handeln und unseren Orientierungen von unbewussten Impulsen und Mechanismen beeinflusst sind, die nicht unserer rationalen Kontrolle unterliegen, geht es darum, wenn auch nicht unumschränkt autonom und selbsttransparent, so doch handlungsfähig zu werden. Und es geht darum, den Zugang zu sich und den eigenen Wünschen und Impulsen nicht zu versperren. Das zu erreichende Ziel, die psychische Gesundheit, lässt sich dann, ganz ähnlich wie in meinem prozessualen Fortschrittskonzept, nicht mehr substanziell als positiv ausgemalter psychischer Zustand umschreiben, dafür aber formal als eine Form des Selbst- und Weltbezugs, die von einer basalen Selbstzugänglichkeit und der Möglichkeit der identifikatorischen Bezugnahme auf die anderen und das andere (die soziale und objektive Welt) geprägt ist. Vergleichbares scheint Freud im Sinn gehabt zu haben, als er die Arbeits- und Liebesfähigkeit zum Ziel der Therapie erklärte und zu dem, was unter psychischer Gesundheit zu verstehen sei. Es geht dann, anders gesagt, um die Fähigkeit, aber auch um den Willen und die Motivation, sich seine Umwelt anzueignen, Objekte libidinös zu besetzen, sich zu diesen in Beziehung zu setzen und sich (damit) in einem auf andere und anderes bezogenen Verhältnis als selbstmächtig oder handlungsfähig, als Quelle eines aktiven, aber auch resonanten (wie Hartmut Rosa es sagen würde), also rezeptiv-offenen Weltbezugs zu erleben.

Für meine These ist an der Formulierung von der Arbeits- und Liebesfähigkeit vor allem interessant, dass es auch hier um eine Vollzugsweise geht, eine Weise, sich auf sich und die eigenen Tätigkeiten,

aber auch heftig kritisiert worden. Vgl. Jürgen Habermas, *Erkenntnis und Interesse*, Frankfurt/M. 1990, Kap. 10.

43 »[Die] beiden Aufklärungen, daß das Triebleben der Sexualität in uns nicht voll zu bändigen ist, und daß die seelischen Vorgänge an sich unbewußt sind und nur durch eine unvollständige und unzuverlässige Wahrnehmung dem Ich zugänglich und ihm unterworfen werden, kommen der Behauptung gleich, daß *das Ich nicht Herr sei in seinem eigenen Haus.*« Sigmund Freud, »Eine Schwierigkeit der Psychoanalyse«, in: ders., *Gesammelte Werke*, Bd. XII: *Werke aus den Jahren 1917-1920*, Frankfurt/M. 1966, S. 3-12.

Fähigkeiten und Wünsche zu beziehen. *Arbeiten-und-lieben-Können* ist kein substanzielles Ziel, sondern ein Modus des Lebensvollzugs, in dem wir uns auf unsere eigenen Tätigkeiten, auf die objektive wie die soziale Welt sinnvoll und identifizierend beziehen, diese als Teil eines gestaltbaren und prinzipiell zugänglichen eigenen Erfahrungsraums verstehen und dabei Unverfügbarkeiten wie auch die grundsätzliche menschliche Abhängigkeit austarieren können. Damit ist im Kern eine grundlegende Fähigkeit zu (relationaler) Autonomie[44] oder Selbstbestimmung in wechselseitiger Bezogenheit bezeichnet. Sie muss nicht notwendigerweise mit einem glücklichen oder gar geglückten Leben einhergehen. Ein solches Entwicklungsziel lässt sich – wie gesagt – nicht mittels konkreter inhaltlicher Qualitäten spezifizieren, sondern nur als Modus des Welt- und Selbstverhältnisses fassen, der eine bestimmte Weise des Austarierens und Gewahrwerdens von Krisen oder Konflikten, von Verlust und Trennungserfahrungen, von Spannungen und Ambiguitäten beinhaltet. Dem Welt- und Selbstzugang im Modus prinzipieller (wenn auch moderater) Handlungsfähigkeit stehen Modi regressiver Vermeidung und somit der Unzugänglichkeit[45] von Welt und Selbst gegenüber. Fortschritt im Blick auf die so verstandene Reife oder psychische Gesundheit wäre dann auch hier nicht die Annäherung an ein substanzielles Entwicklungsziel, sondern eine Abwesenheit von Regression, die ganz verschiedene Formen annehmen kann. Und umgekehrt ist Regression nicht der Abfall von einem Entwicklungsziel, sondern das Verfehlen eines Modus der Welt- und Selbsterfahrung.

44 Freud denkt Autonomie also (wie schon Hegel) ganz im Sinne der rezenten Diskussion über »relationale Autonomie« als etwas, das nicht unter Absehung von, sondern in der bedeutungsvollen Bezugnahme auf andere und anderes entsteht.

45 Zum Motiv einer solchen Unzugänglichkeit siehe die schon von mir vorgeschlagene Rekonstruktion des Entfremdungsmotivs in Rahel Jaeggi, *Entfremdung. Zur Aktualität eines sozialphilosophischen Problems*, Berlin 2016, Kap. 5.

Das zweite Problem schließt an das vorherige an. Es ist der paternalistische Zug, der mit dem Deutungsmuster der Regression einherzugehen scheint, sofern es eine gewisse Deutungshoheit über die Positionen der jeweiligen sozialen Akteure beansprucht. Das lässt sich am besten anhand der Gegenüberstellung zu dem völlig anders gearteten Deutungsmuster der Hegemonie erläutern. Was ergibt sich also, wenn man die Zunahme autoritärer Tendenzen und die zunehmende Feindschaft gegenüber Prozessen kultureller Liberalisierung, etwas grobschlächtig typologisiert, entweder *als Hegemoniegewinn* beziehungsweise Hegemonieverlust bestimmter sozialer Gruppen oder *als Regression* auffasst?

Dem Deutungsmuster der Hegemonie zufolge hätten faschistisch-autoritär-völkische Tendenzen eine Verschiebung der Deutungs- und Einflusssphären im hegemonialen Diskurs erreicht sowie eine Neubesetzung von Machtpositionen durchsetzen können; rassistische, misogyne oder homophobe Gruppen gewinnen an Einfluss zurück, den sie (fast schon) verloren hatten.[46] Die wahrzunehmenden Verschiebungen des Diskurses wie auch die tatsächlichen Rückschritte – der Zusammenbruch des ansatzweise Erreichten – wären entsprechend Resultat des Sieges der einen gesellschaftlichen Gruppe oder Interessenlage über die andere in einem Machtkampf. Die Regressionsanalyse dagegen nimmt eine übergreifende Perspektive ein. Nicht die Verschiebung hegemonialer Interessen und der Konflikt um Privilegien stehen im Vordergrund, sondern die diesen zugrunde liegende Krise. Sie sieht die Ursache jener Machtverschiebungen in einer Entwicklung, die die entsprechenden Konflikte umfasst und die hegemonialen Gewinne der hier hervortretenden Strömungen erst möglich macht. Anders gesagt: Das Regressionsnarrativ sieht Krisen und Dysfunktionalitäten, soziale Unvernunft

46 Vgl. zum reaktiven Charakter zeitgenössischer Misogynie Kate Manne, *Down Girl. Die Logik der Misogynie*, Berlin 2019.

und eine Form der Irrationalität am Werk, wo die Hegemonieanalyse Antagonismen erblickt.

Was steht dabei auf dem Spiel? Aus hegemonietheoretischer Sicht lässt sich argumentieren, dass die beschriebene Entwicklung gar keine generelle und alle betreffende Krise ist; sie ist ja nur für manche von Nachteil, vor allem für die von Rassismus, Sexismus, sozialer Ausgrenzung und Prekarität Betroffenen, für andere aber von Vorteil. Der Fortschritt der einen wäre dann der Rückschritt der anderen, womit sich eine Deutung der Ereignisse aus der Perspektive einer übergreifenden Instanz verbieten würde. Demgegenüber besagt die regressionstheoretische Position: Hier hat nicht einfach eine Gruppe die Oberhand gewonnen, die andere hingegen verloren. Es handelt sich nicht um ein Nullsummenspiel, sondern eine ganze Gesellschaft ist in einen pathologischen Zustand geraten oder gar strukturell so verfasst, dass sie auf zu machende Erfahrungen nicht mehr sinnvoll reagieren kann. Anders ausgedrückt: Mit dem Regressionsbegriff unterstellt man, es gebe eine in irgendeinem Sinne *gemeinsame Situation*, und nicht lediglich agonal verfasste unterschiedliche Interessenlagen. Der Paternalismusvorwurf gegen die Regressionsanalyse lautet entsprechend, dass hier pathologisiert wird, statt zu kämpfen; dass hier quasi therapeutisch Gründe gesucht werden, statt antagonistische Interessen anzuerkennen und auszufechten, und dass entsprechend die jeweils »andere Seite«, aber auch die Situation nicht hinreichend ernst genommen werde.

Allerdings wird das Regressionsnarrativ in seinen unterschiedlichen Anwendungsbereichen nicht leugnen, dass auch aus einem Krisengeschehen unterschiedlichen sozialen Gruppen höchst unterschiedlich verfasste Vor- und Nachteile erwachsen können. Auch diesem zufolge sitzen nicht alle in einem Boot. Oder jedenfalls sitzt man im Zweifelsfall auf unterschiedlichen Decks. Anders formuliert: Regression betrifft zwar den Kurs des gesamten Bootes, dieser hat aber für die unterschiedlichen Akteur:innen unterschiedliche Folgen. Auch innerhalb von Regressionsprozessen gibt es also Gewinner und Verlierer. Der Rassismus und der Rückgang auf völkische Ideologien nützt bestimmten gesellschaftlichen Gruppen in ihrem

Vorherrschafts- und Leitkulturanspruch; der »Anti-Genderismus« nützt den auf ihren Privilegien bestehenden Männern; die Deregulierung der sozialen Infrastruktur hat an den verschiedenen sozialen Standorten sehr unterschiedliche Auswirkungen. Natürlich ist das auch eine Frage von Machtverhältnissen.[47] Das bedeutet aber nicht, dass diese nicht auch *in einem regressiven Sinne falsch* sein könnten. Angesichts der offenkundigen und auch notwendigen Veränderungen der Familienstruktur wieder auf die »Biologie« zu setzen, angesichts der globalen wirtschaftlichen Verflechtungen und der daraus hervorgehenden Aufgabe der Gestaltung eines globalen Sozialstaats mit einem Nationalismus zu reagieren, der Probleme adressieren will, die man auf nationaler Ebene gar nicht mehr lösen kann, und angesichts der realen Bedrohungen gesellschaftlicher Solidaritäten imaginierte Werte gewachsener oder gar völkischer Gemeinschaften hochzuhalten, gelingt nur durch den Einsatz massiver Gewalt gegen andere, aber auch gegen sich selbst. Wenn nun all das aus der regressionstheoretischen Perspektive nicht nur ein Zug im Spiel gesellschaftlicher Machtverhältnisse und Konflikte ist, sondern ein Zeichen gesellschaftlicher Irrationalität, ebenjenes Typs von Irrationalität, den ich hier Regression nenne, dann leugnet diese Position weder Konflikt noch Gewalt. Vielmehr sondiert sie die Bedingungen für ihre Überwindung auf andere Weise.

6.5 Regression als unangemessene Krisenreaktion und fortschreitende Erfahrungsunfähigkeit

Aus dem bisher Gesagten lassen sich zusammenfassend einige Schlussfolgerungen für den Regressionsbegriff ziehen, wie er für die Analyse

47 Zur Frage des Verhältnisses von Machtkritik und meinem (in *Kritik von Lebensformen* entwickelten) Ansatz, der von gesellschaftlichen Problemlösungen und Erfahrungsprozessen ausgeht, siehe meine Entgegnung auf die Kritik Martin Saars in Rahel Jaeggi, »Macht, Problem, Kritik. Repliken auf Saar, Crary, Menke und Khurana«, in: Thomas Buchheim u. a. (Hg.), *Philosophisches Jahrbuch* 126 (2019), S. 321-350.

sozialer Verhältnisse bedeutsam werden kann. Zunächst: Regression ist nicht eine Position, sondern eine Reaktion. Sie ist keine inhaltliche positive Setzung, sondern eine Abwehr von als Zumutung und Überforderung erfahrenen sozialen Dynamiken. Ins Politische gewendet sind regressive Positionen nicht gleichzusetzen mit konservativen Positionen des Bewahrens.[48] Regression ist ein Zurück zu etwas oder ein Festhalten an etwas, wohin man (auf diese Weise) gar nicht zurückkehren kann und das sich nicht bewahren lässt. Regression reagiert auf eine Problemstellung mit Überforderung, auf eine Krise mit Verleugnung. Eine regressive ist eine unangemessene Verarbeitung von Problemlagen, ein Modus des Verlernens und der Blockade von Erfahrungen – eine Flucht vor der (inneren und äußeren) Wirklichkeit.

Regressive Rückschritte beruhen auf *internen, selbsterzeugten und systematischen Blockaden* einer Entwicklung, sie sind Ausdruck verhinderter Lern- oder Erfahrungsprozesse und einer defizienten Weise der Krisenbewältigung. Regression ist dann im Gegensatz zum Anreicherungsgeschehen eines gelingenden Erfahrungsprozesses eine Abreicherung und Verarmung. Beinhaltet ein gelingender Lernprozess immer auch ein Moment des *Lernens, wie man lernt,*[49] so kann man von regressiven Prozessen behaupten, dass hier *verlernt* wird, wie

48 Diesem Befund entspricht auch, dass sich mit Vertreter:innen des politischen Konservatismus sinnvoll über Ausmaß, Geschwindigkeit und die Notwendigkeit von Veränderungen streiten lässt, nicht aber mit Regressiv-Reaktionären. Siehe auch den Artikel von Mathias Greffrath, »Das Herz schlägt rechts. Wo bleiben die wahren Konservativen? Die mit intellektuellem Anspruch Pläne für eine lebenswerte Zukunft entwickeln?«, in: *taz online*, 23.2.2020, ⟨https://taz.de/Konservative-Heimatsehnsuechte/!5661469/⟩, letzter Zugriff 1.11.2020.

49 Vgl. John Dewey, *Democracy and Education. An Introduction to the Philosophy of Education*, New York 1930, S. 53-54: »In learning an action, instead of having it given readymade, one of necessity learns to vary its factors, to make varied combinations of them, according to change of circumstances. A possibility of continuing progress is opened up by the fact that in learning one act, methods are developed good for use in other situations. Still more important is the fact that the human being acquires a habit of learning. He learns to learn.«

man lernt. Die regressive Weise der Erfahrungsbearbeitung ist nicht nur in Bezug auf das gegenwärtige Phänomen oder die gegenwärtige Situation unangemessen; als Vermeidungsstrategie blockiert sie die Möglichkeit weiterer Erfahrung, auf die die Möglichkeit einer Veränderung angewiesen wäre.

Regression ist somit eine *Krise der Lösung von Krisen*, ein Phänomen zweiter Ordnung. Sie ist nicht das Unvermögen, eine Krise zu bewältigen oder ein Problem zu lösen. Regression setzt da ein, wo bereits die Mittel der Problemwahrnehmung und der Problemlösung systematisch destruiert und unzugänglich werden. Krisen werden dann nicht nur *nicht gelöst*, sie können auch nicht angemessen artikuliert, adressiert und – für die Dynamik gesellschaftlicher Veränderungsprozesse entscheidend – zu Konflikten gemacht werden, jedenfalls nicht auf angemessene Weise.

Von Regression zu sprechen, bedeutet folglich nicht, am *status quo ante*, am Zustand vor der Regression festhalten zu wollen. Während man bei einem einfachen Rückschlag danach streben mag, den vorherigen Zustand wiederherzustellen – also den Rückfall rückgängig zu machen –, wäre das in Bezug auf Phänomene der Regression offensichtlich irreführend und von vornherein vergebens, da die Gründe für Regression in ebenjenem vorherigen Zustand bereits angelegt sind. Nicht nur ist eine regressive Tendenz also nicht einfach ein Schritt zurück, sie lässt sich darüber hinaus auch nicht durch einen Schritt zurück hinter den Schritt zurück aufheben. Regression ist Teil eines umfassenderen Krisenszenarios, das an der Wurzel der fraglichen Krise thematisiert werden muss. Wenn wir also so etwas wie eine »demokratische Regression« zu verzeichnen haben,[50] dann kann die Gegenmaßnahme nicht darin bestehen, einfach zu der Demokratie zurückzukehren, wie sie vorher war. Anders als beim temporären Rückschlag kann die Reaktion auf einen Regressionsprozess nicht lediglich in einem beherzten *encore un effort* bestehen. Die Regression affiziert die Praxis und die Möglichkeit des erneuten Voran-

50 Armin Schäfer, Michael Zürn, *Die demokratische Regression. Die politischen Ursachen des autoritären Populismus*, Berlin 2021.

schreitens selbst. Daher bedarf es mehr als der Wiederaufnahme des vorangegangenen Projekts, um Regressionen zu überwinden, und deshalb muss die Reaktion auf eine regressive Entwicklung darin bestehen, die der Regression immanenten Gründe zu reflektieren und durchzuarbeiten.

Hinsichtlich der manchmal behaupteten »Unumkehrbarkeit des Fortschritts« lässt sich nun formulieren: *Empirisch* betrachtet ist Fortschritt klarerweise *nicht unumkehrbar*. So schön es wäre, wenn bestimmte soziale Errungenschaften sich als unhintergehbar herausstellten, so zweifelhaft ist es angesichts des schon von Hegel so genannten »Gemetzels« der Weltgeschichte, ob es in empirischer Hinsicht irgendwelche »Rückfallsperren« (Habermas) hinter einen erreichten Stand von Verbesserungen gibt. *Kriterial* betrachtet dagegen ist Fortschritt, so schon die Habermas'sche Argumentation, tatsächlich in mancher Hinsicht *nicht umkehrbar*. Wenn das weltgeschichtliche Chaos nicht einfach ein Backlash, sondern ein Symptom der Regression ist, dann gibt es tatsächlich so etwas wie eine Rückfallsperre – aber in einem ganz anderen (und weniger fortschrittsoptimistischen) Sinn. Hinter einen einmal erreichten Stand kann man zwar zurückgehen, aber eben *nicht folgenlos*. Wenn wir von einem Lern- und Erfahrungsprozess ausgehen, dann ist das regressive Verlernen oder die regressive Stagnation schlimmer als nicht gelernt zu haben. Die eigentliche Pointe von Habermas' Behauptung, dass wir »nicht nicht lernen können«,[51] besteht dann darin, dass Fortschritt, ein einmal erreichter Stand der Erfahrung, zwar umkehrbar ist, aber nur um einen sehr hohen Preis. Der *regressive* Rückfall hinter ein Erreichtes ist schlimmer als die Situation, wie sie vor dem Rückfall war beziehungsweise wie die Situation, zu der man angeblich zurückwill. Die Blut-und-Boden-Ideologie des NS ist schlimmer als der vormoderne, von Marx und Engels verunglimpfte »Idiotismus des Landlebens«,[52] die

51 Siehe Jürgen Habermas, *Legitimationskrisen des Spätkapitalismus*, Frankfurt/M. 1975, S. 28, und ders., *Zur Rekonstruktion des Historischen Materialismus*, Frankfurt/M. 1976, S. 155.

52 Karl Marx, Friedrich Engels, *Manifest der Kommunistischen Partei*, in: *MEW*, Bd. 4, Berlin 1977, S. 459-493, hier S. 466.

aggressive Gemeinschaftsbeschwörung der zeitgenössischen neuen völkischen Rechten schlimmer als die traditionsgeleitete Engstirnigkeit einer eingelebten Gruppe.

In genau diesem Sinne einer normativ-kriterialen Rückfallsperre geht die Geschichte, normativ erzählt, nicht nur manchmal voran und manchmal eben auch wieder zurück. Es wird nicht einfach nur immer wieder *anders*, ohne dass sich eine Richtung identifizieren ließe. Die Kosten der Regression lassen sich taxieren – und aus dieser Taxierung der Kosten des Regressionsprozesses, des Verlernens, des Nichtlernenkönnens, also des blockierten Problemlösungsprozesses, lässt sich umgekehrt erschließen, wie es besser gewesen wäre und hätte sein können.

Faschismus als Regression ist, so hatte ich die Deutung der frühen Frankfurter Schule aufgenommen, mehr als nur moralisch böse. Regression, so haben wir gesehen, ist eine Art von unangemessenem Bezug zur Wirklichkeit, das heißt zu den real auftretenden Krisen. Der entscheidende Impuls des Umgangs mit dem Regressionsbegriff ist somit, dass er den Raum für *explanatorische* und *analytische* Fragen öffnet. Die Diagnose von Regression verlangt danach, zu den Ursachen von Krisen und zu denjenigen systematischen und strukturellen Problemen vorzudringen, die Regressionen auslösen und motivieren. Kurzum: »Regression« ist wie »Fortschritt« nicht allein ein normativer Begriff; er bewegt sich nicht allein im Horizont der mit Kant gestellten »praktischen Frage«, was wir tun sollen. Vielmehr zielt er auf die sozialen und strukturellen Bedingungen, Bedingtheiten und Konsequenzen unseres Handelns. In diesem Sinne ist er ein so typisches wie unverzichtbares Werkzeug einer kritischen Theorie.

Die Regressiven sind, so Adorno, die »Verräter des Möglichen«.[53] Sie sind nicht lediglich diejenigen, die hinter einen bewährten Zu-

53 Theodor W. Adorno, »Über den Fetischcharakter in der Musik und die Regression des Hörens«, in: ders., *Gesammelte Schriften*, Bd. 14: *Dissonanzen. Einleitung in die Musiksoziologie*, Frankfurt/M. 1980, S. 14-50, hier S. 34. Man sieht hier sowie auch in dem Zitat, das diesem Kapitel als Motto vorangestellt ist, wie stark Adorno dem (geschichtsphilosophischen) Modell einer Entwicklung oder eines Anreicherungsprozesses trotz seiner expliziten Kri-

stand zurückfallen, sondern diejenigen, die die »mahnende Möglichkeit« des anderen »ausrotten« möchten, die also emanzipative Veränderung verhindern. Wo aber Fortschritt und Regression Modi des Wandels im Wandel sind, so geht es damit um die Alternative zwischen einer angemessenen und einer unangemessenen Adressierung der dem Bestehenden zugrunde liegenden Tendenzen, Widersprüche, Krisen und Konflikte. »Sozialismus oder Barbarei« – das war Rosa Luxemburgs sehr deutliche und leider auch nicht in jeder Hinsicht veraltete Übersetzung dieser Alternative.[54]

tik daran verbunden bleibt, und zwar auf negativistische Weise. Vgl. dazu Isette Schuhmacher, *Fortschritt nach Adorno*, Berlin 2017 (Masterarbeit, unpubl. Ms.). Siehe dazu jetzt auch Rahel Jaeggi, Isette Schuhmacher, »Adornos Negative Philosophy of History«, in: Martin Shuster, Henry Pickford (Hg.), *Oxford Handbook to Adorno*, Oxford (i. E.).

54 Vgl. Rosa Luxemburg, *Die Krise der Sozialdemokratie*, in: dies., *Gesammelte Werke*, Bd. 4, Berlin 1974, S. 49-165, hier S. 62. Wir wissen jetzt, dass Rosa Luxemburg in erschreckendem Ausmaß recht hatte mit ihrer Prognose. Ein ähnliches Regressionsmuster beschreibt im Übrigen Karl Polanyi mit seiner These von der Reaktion der Gesellschaft auf die Verabsolutierung des Marktes, auf die *Entbettung* einer marktförmigen Ökonomie aus den gesellschaftsbezogenen Praktiken und Orientierungen. Produziert die Gesellschaft gegenüber der zerstörenden Vermarktlichung und Entbettung der Ökonomie eine Schutzreaktion, so kann diese entweder in eine faschistisch-regressive oder in eine progressiv-sozialistische Richtung gehen. Siehe dazu Karl Polanyi, *The Great Transformation. Politische und ökonomische Ursprünge von Gesellschaften und Wirtschaftssystemen*, Frankfurt/M. 1973.

Dank

Die Fertigstellung dieses Buches hat deutlich mehr Zeit in Anspruch genommen als ursprünglich gedacht. Das hat zum Teil externe, zum Teil auch in der Sache liegende Gründe. Manches war schlicht *bad luck* und nicht zu ändern. Danken möchte ich an dieser Stelle allen, die mir dabei geholfen haben, das Projekt dennoch zu einem Ende zu bringen.

Auf die Unterstützung von Fred Neuhouser und Eugene O'Keefe konnte ich stets zählen; ohne die Spaziergänge mit Anna Riek, Regina Kreide, Tilo Wesche, Petra Eggers, Christoph Menke und die Ausflüge und Reisen mit Sabine Hark und Ilona Pache, die gemeinsame Lebensbewältigung nicht nur während der Pandemie, wäre alles deutlich schwerer gewesen; mit Robin Celikates und Martin Saar war ich, wie immer, in ständigem Austausch über alle wichtigen Fragen des Lebens und der Philosophie. Ebenso haben mich die Freundschaft und die philosophisch-politische Auseinandersetzung mit Nancy Fraser und Eli Zaretzky stets getragen.

Beständige und unverzichtbare Gesprächspartner:innen waren seit Beginn des Projekts Isette Schuhmacher, Eva von Redecker und Lukas Kübler; später dann ist Christian Schmidt immer wieder zur Stellungnahme zu einem ihm durchaus suspekten Projekt genötigt worden, hat dessen Fortgang begleitet und durch seine hilfreichen Vorschläge ermöglicht. Die freundschaftliche Diskussionsbegeisterung Alex Demirović' hat mich immer wieder beflügelt. Die Skepsis von Robin Celikates und Martin Saar gegenüber dem Fortschrittsbegriff hat, wie auch die Auseinandersetzung mit Amy Allen, das Projekt geschärft, Thomas Seiberts kämpferische Haltung und Gespräche mit Yves Winter haben mir den Rücken gestärkt. Ohne die Anregungen von Axel Honneth und Fred Neuhouser wäre (nicht nur) dieses Buch nicht entstanden. Terry Pinkard, Philip Kitcher, Henry Richardson und Alice Crary sind auf unterschiedliche Weise zu philosophischen Paten des Projekts geworden; ihrer philosophischen Arbeit und unermüdlichen Gesprächsbereitschaft verdankt diese Untersuchung viel. Ohne den beständigen Austausch mit Isette Schuhmacher hätte ich die ambivalente Position Adornos zur Geschichtsphilosophie nie verstanden. Auch sonst kennt sie (ob sie will oder nicht) mein Projekt mittlerweile besser als ich selbst, ebenso wie Robert Ziegelmann, der mich mit seinen eindringlichen Interpretationen immer wieder auf den Weg gebracht hat. Marvin Ester, Carina Nagel, Louis Leary, Josefine Berkholz, Gelareh Shapneh und Friedemann Melcher schließlich haben unersetzliche Korrekturarbeiten geleistet, sich mit detektivischer Raffinesse um die häufig schwer auffindbaren Verweise gekümmert und manches erhellende Zitat hinzugefügt. Mehr als das profitieren vor allem die letzten Kapitel von Marvin Esters ausgedehnter Kenntnis der psychoanalytischen Diskussion. Eva Gilmer hat mit diesem Buch bis über die Grenze der Belastbarkeit hinaus gekämpft; ihr danke ich, mehr noch als für das ausgezeichnete Lektorat und den unermüdlichen Beistand bei einem nicht fortschreiten wollenden Manuskript, für das Verständnis und die Freundschaft, mit der sie mich begleitet hat.

In dieses Buch sind zahlreiche Diskussionen eingeflossen, zu denen mir verschiedene Personen und Institutionen Gelegenheit gegeben haben. So durfte ich meine Überlegungen in verschiedenen Stadien in Colloquien und Veranstaltungen an der Columbia University, der New School for Social Research, der Harvard University, der University of Chicago, der Georgetown University, der Penn State University, am Institute for Advanced Study und dem Center for Human Value in Princeton und an der University of Berkeley vorstellen sowie bei verschiedenen Gelegenheiten in Magdeburg, Marburg, Hamburg, Frankfurt am Main, München, Turin und Rom diskutieren. In Seminaren an der Humboldt-Universität und der New School for Social Research konnte ich meine Überlegungen im Gespräch mit Studierenden entwickeln. Die Theodor-Heuss-Professur an der New School hat mir ein Jahr voller Anregungen beschert, eine Zuwendung durch die Deutsche Forschungsgemeinschaft hat mir die Möglichkeit eröffnet, die hier virulenten Themen in Form einer *Summerschool* und einer Tagung im Gespräch mit wichtigen Protagonisten der Diskussion zu vertiefen.

Den letzten Anstoß zur Veröffentlichung schließlich hat mir ein von Jakob Huber und seiner Forscher:innengruppe »Democratic Hope« angeregter Manuskriptworkshop gegeben, der an unserem Berliner Centre for Social Critique stattgefunden hat. Vor allem Jakob Huber, aber auch den weiteren Organisator:innen – Christian Schmidt, Zveta Pauly, Robin Celikates – möchte ich dafür danken, dass sie mein Zaudern beherzt übergangen haben. Mein Dank geht hier natürlich besonders an die Kommentator:innen, die sich die Mühe gemacht haben, sich mit meinen Überlegungen auseinanderzusetzen: Kristina Lepold, Anna Katarina Sodoma, Peter Dews, Maeve Cooke, Dirk Quadflieg, Hauke Brunkhorst und Robin Celikates; aber auch allen weiteren Diskussionsteilnehmer:innen, die für eine für mich unerwartet beglückende, intensive und engagierte Diskussion gesorgt haben. Auch die weiteren schriftlichen und mündlichen Kommentare zum Manuskript von Titus Stahl, Daniel Loick, Fred Neuhouser, Regina Kreide, Tilo Wesche, Stefan Gosepath und Bastian Ronge haben viel zu dessen Fortschritt beigetragen. Es ist ein immenses Privileg, so viele Kolleg:innen und Freund:innen zu haben, mit denen ein solcher Austausch im wechselseitigen Vertrauen möglich ist. Die Kritische Theorie ist, wie Albrecht Wellmer sagte, keine »Schule«, sondern ein Diskussionszusammenhang. Das hat sich auf wunderbare Weise bestätigt.

Ausführliches Inhaltsverzeichnis

Vorwort 7

Einleitung 19
1 Fortschritt(e) 19
2 Vier Dimensionen der Fortschrittserzählung 21
3 Das Unbehagen am Fortschritt 26
4 Was fehlt? 32
5 Zurück zum Fortschritt? 37
6 Überblick 42

1 Was ist Fortschritt? 45
1.1 Was ist moralischer Fortschritt? 45
Fortschritt als Wandel zum Besseren? 47
Fortschritt als evaluativer Begriff 49
Nichtderivativer Charakter des Fortschritts 51
1.2 Der Vorrang des Fortschritts vor dem Guten 53
Fortschritt ohne Ziel 54
Der Vorrang des Fortschritts 57
1.3 Fortschritt als Lern- und Erfahrungsprozess 60
Lernen 61
Die Form des Wandels 64
Genesis und Geltung 65

2 Reform oder Revolution: Kontinuität und Diskontinuität des Fortschritts 68
2.1 Die Erweiterung des Einzugsbereichs 70
Plausibilität der Erweiterungsthese 72
Grenzen der Erweiterungsthese 73
2.2 Die Vertiefung von Idealen 76
Grenzen des Vertiefungsmodells 80

2.3 Kontinuität in der Diskontinuität, Diskontinuität in der Kontinuität 81
Krise als Vermittlung zwischen Alt und Neu 85

3 Im Kontext: Moralischer Fortschritt und sozialer Wandel 89
3.1 Eine bloße Geschmacksverirrung? Der Gestaltwandel moralischen Fortschritts 90
Die Normalität moralischer Übel 92
Transformation als Gestaltwandel? 95
Tiefendynamik und Reaktion 96
Moral als Ideologie 98
3.2 Passungsverhältnisse: Die sittliche Einbettung moralischer Überzeugungen 101
Mismatches *und gestörte Passungsverhältnisse* 105
Nichtintentionale Verkettungen 108
3.3 Der Zeitkern der Moral 110
Einbettungsverhältnisse und Verflechtungen 111
Moral als Reflexion von Lebensverhältnissen 115
3.4 Begriffliches Zwischenspiel: Lebensformen als träge Ensembles von Praktiken 119
3.5 »Schritt halten«: Ein Geflecht wechselseitiger Beziehungen 126
Überdeterminierte Relationen 128
Mismatches *und Historischer Materialismus* 131
Der normative Richtungsmesser 136

4 Krise und Konflikt: Die Dynamik sozialen Wandels 138
4.1 Das aktive und das passive Element 140
Nicht aus dem Nichts 141
4.2 Lebensformen als Problemlösungsinstanzen zweiter Ordnung 145
Probleme als Aufgabe und Schwierigkeit 145
Problemlösungen 146
Probleme zweiter Ordnung 148
Fortschritt als reflexive Problemlösung 150

Problem, Krise, Widerspruch 152
Krise und Konflikt 153
4.3 Stabilität und Instabilität sozialer Formationen 155
Veränderung 155
Schwerfälligkeit von Gewohnheiten und Stabilität sozialer Strukturen 158
4.4 Von der Krise zum Konflikt 160
Das weltgeschichtliche Individuum und das Proletariat 162
4.5 *Roads not taken:* Entwicklungslogiken und Erfahrungsprozesse 165
Eine schwache, mehrdimensionale Logik der Geschichte 168

5 Wandel zum Besseren? Fortschritt als sich anreichernder Erfahrungsprozess 171
5.1 Teil des Problems: Bestimmter und übergreifender Sinn des Fortschritts 172
Die Ambivalenz des Fortschritts 173
Fortschritt in einem bestimmten Sinn 176
Fortschritt im Ganzen 178
5.2 Teil der Lösung: Fortschritt als Vollzugsform 183
Das Aufräumen mit dem alten Sinn 186
5.3 Fortschritt als Anreicherungsprozess 191
Eine prozessuale Deflationierung des Fortschritts . . . 194
Erfahrungsblockaden und Problemlösungen 195
Fortschritt als Abwesenheit von Regression 197
5.4 Exkurs: Dialektik des Fortschritts 199
Fortschritt als qualitative Erweiterung von Möglichkeiten 200
Emanzipation der Frauen 204
Ambivalenz oder Kehrseite? 209

6 Verrat am Möglichen: Zur Anatomie der Regression 212
6.1 Regression in der Psychoanalyse 214
6.2 Nostalgie, Regression, Rückschritt 218
Nostalgie und Regression 219

Nicht jeder Rückschritt ist regressiv 223
6.3 Faschismus und Nationalismus als Regression 226
Die Regression aufs Völkische 228
Regression als abwehrende Renaturalisierung 232
6.4 Probleme des Regressionsbegriffs 235
Entwicklungslogik 235
Paternalismus 239
6.5 Regression als unangemessene Krisenreaktion und fortschreitende Erfahrungsunfähigkeit 241

Dank 247